# LEVANDO O DIREITO A SÉRIO

Uma crítica hermenêutica ao protagonismo judicial

M9211    Motta, Francisco José Borges.
    Levando o direito a sério: uma crítica hermenêutica ao protagonismo judicial / Francisco José Borges Motta. – 2. ed. rev. e ampl. – Porto Alegre : Livraria do Advogado, 2012.
    232 p. ; 23 cm.
    Inclui bibliografia.
    ISBN 978-85-7348-793-0

    1. Direito. 2. Processo civil - Brasil. 3. Hermenêutica (Direito). 4. Direito - Filosofia. 5. Princípios gerais do direito. 6. Argumentos jurídicos. I. Título.

                    CDU    347.91/.95(81)
                    CDD    341.46

    Índice para catálogo sistemático:
    1. Processo civil69: Brasil    347.91/.95(81)


(Bibliotecária responsável: Sabrina Leal Araujo – CRB 10/1507)

Francisco José Borges Motta

# LEVANDO O DIREITO A SÉRIO
## Uma crítica hermenêutica ao protagonismo judicial

2ª EDIÇÃO
Revista e Ampliada

livraria
DO ADVOGADO
editora

Porto Alegre, 2012

© Francisco José Borges Motta, 2012

*Capa, projeto gráfico e diagramação*
Livraria do Advogado Editora

*Revisão*
Rosane Marques Borba

*Direitos desta edição reservados por*
Livraria do Advogado Editora Ltda.
Rua Riachuelo, 1338
90010-273 Porto Alegre RS
Fone/fax: 0800-51-7522
editora@livrariadoadvogado.com.br
www.doadvogado.com.br

Impresso no Brasil / Printed in Brazil

## *Dedicatória*

Ao Professor Ovídio Araújo Baptista da Silva, cuja generosidade me proporcionou um diálogo que atravessou dois anos, e que terminou, antes do tempo, com os elogios mais marcantes (e com as críticas mais duras) que já recebi.

## *Agradecimentos*

Ao Prof. Dr. Lenio Luiz Streck, pela acolhida, pela orientação, pela amizade e pela inspiração. Sinceramente: agradeço-lhe pela *Crítica Hermenêutica do Direito*.

Ao Adalberto Narciso Hommerding, que tanto *e tanto* me ajudou: este trabalho também é teu!

Ao Fernando Machiavelli Pacheco, pelo contraponto permanente e pela oceânica paciência dispensada na leitura dos meus escritos.

Ao Maurício Ramires, pelo muito que agrega à *causa*.

À minha família, pelo apoio e incentivo constantes.

Ao Ministério Público, pelo apoio institucional.

## *O que é isto "levar o direito a sério?"*
## À guisa de prefácio

Venho defendendo, a partir de uma imbricação da hermenêutica filosófica (Gadamer) com a teoria da *law as integrity* (Dworkin), que existe um *direito fundamental* à obtenção de respostas corretas (adequadas à Constituição). O que venho tentando dizer (e que parece que está difícil de entender!) é algo (que deveria ser) assustadoramente simples: que há um direito fundamental a que a Constituição (compreendida como a explicitação do contrato social, como o estatuto jurídico do político) *seja cumprida*. Afinal, o direito, no paradigma do Estado Democrático de Direito, passa – em razão das contingências históricas – a se preocupar com a democracia e, portanto, com a legitimidade do direito (o problema da validade, pois).

Não será possível fazê-lo, contudo, sem que estejamos dispostos a derrubar a resistência imposta pelo positivismo jurídico e pelo arquétipo político-filosófico que lhe sustenta: a separação entre Direito e Moral e cisão entre razão teórica e razão prática.

Conforme insisto em diversos escritos, há um ponto que marca definitivamente o equívoco cometido por todo o positivismo *ao apostar em certo arbítrio* (eufemisticamente epitetado como "discricionariedade") do julgador no momento de determinar sua decisão. E onde reside o equívoco? A resposta é: parcela majoritária dos juristas ainda pensa que o ato jurisdicional é um *ato de vontade* (Kelsen). Consequentemente, esse ato representa(ria) uma *manifestação da razão prática*, ficando fora das possibilidades do conhecimento teórico.

Note-se, agora, o modo pelo qual a questão da interpretação entendida como ato de vontade e a separação entre direito e moral *se cruzam*: ambos fazem parte daquilo que, desde os gregos, chamamos de filosofia prática e que, na modernidade kantiana, recebeu o nome de razão prática. Ou seja, o positivismo *aposta na discricionariedade* porque o paradigma filosófico sob o qual está assentado *não consegue apresentar uma solução satisfatória para a aporia decorrente da dicotomia "razão teórica-razão prática"*.

E, observemos: venho sempre me referindo ao positivismo pós-exegético, sobre o qual (o positivismo exegético-primitivo) considero a discussão (ultra)passada. Qualquer estudante de direito sabe que o exegetismo tinha a pretensão de igualar direito e lei (texto e norma estariam colados). O grande problema é o positivismo ou os positivismos que se seguem, os quais possuem uma característica comum: a discricionariedade. E isso parece que não foi ainda bem compreendido em *terrae brasilis*. Dito de outro modo: a aposta na discricionariedade implica uma multiplicidade de respostas. Há, entretanto, uma coisa que é pior do que a admissão de múltiplas respostas, ou seja, mais grave que isso é a admissão de qualquer resposta, fruto de uma espécie de "estado de natureza hermenêutico", agravado pelo que venho denunciando como a "era do panprincipiologismo" (especialmente, nesse sentido, o posfácio do *Verdade e Consenso*).

É preciso ter claro, contudo, que a decisão discricionária não passa de uma espécie de embuste ou tergiversação sofisticada para o acolhimento de sentenças e acórdãos absolutamente divorciados do filtro constitucional da resposta correta.

Por isso é que venho elegendo, como o topo das minhas preocupações, a problemática da "validade da explicitação da compreensão" (portanto, da validade da interpretação e, portanto, da decisão), que, segundo penso, deve ser analisada a partir da destruição do método que é proporcionada por Gadamer.

Com efeito, não há nisso um déficit de metodologia ou de racionalidade. Essa ruptura não significou um ingresso na irracionalidade ou no relativismo filosófico. *Muito pelo contrário!* Assim como a integridade está para a teoria dworkiniana, a hermenêutica está fundada na autoridade da tradição, que pode ser autêntica ou inautêntica, além da importância do texto (que, em Gadamer, é um evento, como já demonstrei em *Verdade e Consenso*). Gadamer deixa claro que a ausência do método *não significa que se possa atribuir sentidos arbitrários aos textos*.

Na medida em que a interpretação sempre se dá em um caso concreto, não apenas fica nítida a impossibilidade de cisão entre *quaestio facti* e *quaestio juris*. A hermenêutica não trata apenas da faticidade; ela não apenas explica como se dá o sentido ou as condições pelas quais compreendemos. Na verdade, por ela estar calcada na circularidade hermenêutica, *fato e direito se conjuminam em uma síntese*, que somente ocorre, concretamente, na *applicatio* (lembremos sempre que não se cinde conhecimento, interpretação e aplicação). Se interpretar é explicitar o que compreendemos, a pergunta que se faz é: essa explicitação seria o *locus* da validade? Fosse verdadeira essa assertiva, estaríamos diante de outro problema: o que fazer com a *quaestio facti*?

Daí, para o Direito, a importância de Dworkin, que, por desacreditar na possibilidade de os juízes poderem se livrar da razão prática (eivada de solipsismo), *ataca esse problema a partir da responsabilidade política de cada juiz/intérprete/aplicador,* obrigando-o (*has a duty to*) a obedecer à integridade do direito, evitando que as decisões se baseiem em raciocínios *ad hoc* (teleológicos, morais ou de política).

Veja-se: quando Dworkin diz que o juiz deve decidir lançando mão de *argumentos de princípio,* e não de política, não é porque esses princípios sejam ou estejam elaborados previamente, à disposição da "comunidade jurídica" como enunciados assertóricos ou categorias (significantes primordiais-fundantes). Na verdade, quando sustenta essa necessidade, apenas aponta para os limites que deve haver no ato de aplicação judicial (por isso, ao direito não importam as convicções pessoais/morais do juiz acerca da política, sociedade, esportes etc.; ele deve decidir por princípios). É preciso compreender que essa "blindagem" contra discricionarismos é uma defesa candente da democracia, uma vez que Dworkin está firmemente convencido – e acertadamente – que não tem sentido, em um Estado Democrático, que os juízes tenham discricionariedade para decidir os *hard cases.*

Portanto, através de uma aproximação de Gadamer com Dworkin, podemos falar: a questão da validade reside na circunstância de que não podemos simplesmente confundir essa validade com uma espécie de imposição ontológica (no sentido clássico) nas questões com que se ocupam determinados campos do conhecimento cientifico. Também não podemos mais pensar a validade como uma cadeia causal sucessiva que tornaria verdadeiro um determinado conjunto de proposições jurídicas. *A validade é o resultado de determinados processos de argumentação em que se confrontam razões e se reconhece a autoridade de um argumento.*

Pois bem.

No contexto destas reflexões, percebo que a obra *Levando o Direito a Sério: uma Crítica Hermenêutica ao Protagonismo Judicial,* de Francisco José Borges Motta – que tenho a satisfação de prefaciar –, chega em muito boa hora. O livro de Francisco traz pelo menos três importantes contribuições. Com efeito:

A uma, ao colocar a hermenêutica filosófica em rota de colisão com o protagonismo e a discricionariedade judiciais, Francisco demonstra, de maneira irrevogável, que há, sim, incontornáveis pontos de contato entre o direito compreendido como integridade (Dworkin) e o reconhecimento da autoridade da tradição (Gadamer).

A duas, ao construir um diálogo entre a minha *Crítica Hermenêutica do Direito* e as lições do saudoso professor Ovídio Baptista, o autor não só rende uma homenagem ao mestre, como também desfaz, de forma exemplar, diversos dos mal-entendidos que surgiram a partir de leituras apressadas de suas obras. Aliás, o próprio Ovídio teve a oportunidade de transmitir ao Francisco, durante a redação da obra, que não conhecia outra pessoa, no Brasil, capaz de uma interpretação tão minuciosa e fiel de sua doutrina, e que contava com a publicação do texto, pelos serviços que prestaria à doutrina brasileira e, naturalmente, à sua própria produção.

A três, ao aproximar a *Crítica Hermenêutica da Escola Mineira de Processo* (de Marcelo Cattoni e Dierle Nunes, entre outros), o autor inova ao concluir que "o *contraditório*, hermeneuticamente compreendido, abrirá o almejado caminho para a casuística reconstrução da história institucional do Direito", sugerindo a compreensão de que o contraditório permita "que os contraditores problematizem a causa através de *argumentos de princípio*, que deverão ser efetivamente enfrentados na decisão judicial, de modo que esta espelhe não só uma teoria compartilhada entre os atores processuais, mas, substancialmente, *uma teoria principiologicamente coerente com a integridade do Direito*".

Por tais razões, a obra de Francisco Motta vem preencher uma lacuna na literatura jurídica brasileira. Um texto sofisticado. Reflexivo. Instigante. Contundente. E, fundamentalmente, voltado à transformação do direito. Como um bom hermeneuta, Francisco promove uma desconstrução do pensamento tradicional e, ao mesmo tempo, constrói as bases para uma adequada compreensão do fenômeno. Em síntese, o fenômeno "aparece como ele é". Fazendo justiça ao título, efetivamente Francisco Motta leva "o direito a sério". Por isso, a leitura da obra é indispensável, mormente nestes tempos de fragmentações "pós-modernas", de cultura *prêt-à-portêr* e publicações que buscam simplificar um fenômeno absolutamente complexo: o direito. Definitivamente, o livro *Levando o direito a sério* é uma aposta na reflexão jurídica. E um desafio para o leitor.

Da dacha de São José do Herval, altas colinas gaúchas, maio de 2010.

*Lenio Luiz Streck*

# Sumário

**Prólogo à 2ª edição**..................................................................................15
**Apresentação** – *Marcelo Andrade Cattoni de Oliveira*................................17
**Introdução**................................................................................................21
**1. Fundamentos para uma compreensão hermenêutica do processo civil brasileiro**.....25
    1.1. Considerações preliminares sobre o papel do direito e da jurisdição constitucional no Brasil: noções sobre a leitura moral da Constituição e sobre quem, afinal, é o protagonista.........................................................25
    1.2. Filosofia *no* Direito: entre o "puro filósofo" e o "puro jurista"..............39
    1.3. Por uma compreensão hermenêutica do Direito Processual Civil brasileiro: a necessidade de quebra do protagonismo judicial...........................56
**2. A hermenêutica entre o protagonismo e a discricionariedade judiciais: o papel dos princípios**..................................................................................69
    2.1. A inclusão dos princípios na prática do direito e a necessidade de controle das decisões judiciais: duas faces de uma mesma moeda........................69
    2.2. A autoridade da tradição em Gadamer e o Direito como integridade em Dworkin: colocando "o protagonista" em seu devido lugar....................86
        2.2.1. O Direito como Interpretação (ou: notas sobre o encontro entre Gadamer e Dworkin)..................................................................................87
        2.2.2. O Direito como Integridade: quem protagoniza o "romance-em-cadeia"?....98
**3. O paradigma racionalista e o protagonismo judicial: os argumentos (de princípio?) de Ovídio A. Baptista da Silva**......................................................113
    3.1. O paradigma racionalista e o velamento do processo: da irresponsabilidade dos juízes ao protagonismo judicial...................................................114
    3.2. Os argumentos de princípio e o dever de fundamentação das decisões judiciais (ou: um diálogo necessário entre Lenio Luiz Streck e Ovídio A. Baptista da Silva)..127
**4. O protagonismo judicial e a ponderação de princípios constitucionais: o exemplo privilegiado do Formalismo-valorativo e a última pergunta pelas "boas respostas" do Direito**..................................................................143
    4.1. Noções sobre a *ponderação* de princípios constitucionais (ou: reflexões hermenêuticas sobre o protagonismo do juiz ponderador).....................144
    4.2. O protagonismo judicial e a última palavra sobre a tese das *boas respostas*: o exemplo privilegiado do *Formalismo-valorativo* e o contributo procedimentalista..........................................................................161

    4.2.1. A Leitura "Moral" do Processo (*versus* o Formalismo-valorativo e outras tentativas)..................................................................................162
    4.2.2. A Garantia do Contraditório (ou: um diálogo entre a Escola Mineira do Processo e a Crítica Hermenêutica do Direito)..................................174

**Conclusões**..................................................................................185

**Posfácio: dialogando criticamente com a doutrina**..................................................................................195

    1. Os desvios do anteprojeto do novo Código de Processo Civil brasileiro, ou: por que não se consegue obter uma "sintonia fina" (*sic*) entre a Constituição e a legislação infraconstitucional?..................................................................................197

    2. Um debate com Darci Guimarães Ribeiro: qual o papel do processo na construção da democracia?..................................................................................208

    3. Continuando o debate com o Formalismo-valorativo de Daniel Mitidiero, ou: "colaboração no processo civil" é um princípio?..................................................................................216

**Referências**..................................................................................229

# *Prólogo à 2ª edição*

Aproximadamente dois anos depois do seu lançamento, este *Levando o Direito a Sério* chega à sua segunda edição. Permitam-me que eu explique melhor como chegamos até aqui.

Por uma série de razões que não interessa retomar agora, houve problemas com a divulgação e a distribuição da primeira edição do meu trabalho. Isso quer dizer, em bom português, que as pessoas em geral (refiro-me, é evidente, aos potenciais interessados na matéria) ou não sabiam que o livro existia, ou, sabedoras da sua existência, tinham dificuldades em adquiri-lo. Em mais de uma oportunidade fui cobrado por amigos, colegas, alunos, livreiros etc., questionando-me *como*, afinal, adquirir o tal livro (se é que ele de fato existia: houve até quem duvidasse disso). A verdade – exageros e ironia à parte – é que a obra não chegou a desenvolver a sua trajetória natural, de se submeter ao debate público e de atrair os leitores e a atenção que conseguisse.

Graças à *Livraria do Advogado* – que, muito corajosamente, bancou a segunda edição de um texto praticamente desconhecido – será possível descobrirmos, juntos, o *valor* desse trabalho.

A propósito, assim que consegui dar um fim à comercialização dos exemplares restantes da primeira edição, e já com o sinal verde da Livraria do Advogado para esta segunda tentativa, retomei a leitura do texto original. A ideia inicial era somente revisá-lo e, na medida do possível, atualizá-lo. Mas quê! Fui arrebatado pela tentação de explicitar melhor alguns pontos de vista, de voltar atrás nalguns raciocínios, de aprimorar alguns pensamentos – que, da maneira como foram expostos, talvez não fizessem tanto sentido quanto eu inicialmente imaginava. Enfim, vi-me tentado a *reescrever* o texto. Mas isso seria uma injustiça, creio, com meu próprio trabalho. Ele é o resultado do mestrado em Direito Público que concluí na UNISINOS em 2009. E é assim que, penso, deve ser avaliado.

Por outro lado, a verdade é que não gostaria de perder a ocasião de responder a algumas críticas e observações – muitas delas absolutamente pertinentes – às minhas premissas e conclusões. Também, creio estar diante de uma oportunidade privilegiada de me posicionar com relação a alguns assuntos e autores contemporâneos – o que, espero, deixará mais claras as teses que defendo ao longo do livro.

Então, resolvi fazer o seguinte: por um lado, mantive o texto original praticamente inalterado. Fiz pouco mais do que algumas correções ortográficas. Por outro, agreguei um *posfácio* a esta segunda edição. Nele é que pretendo atualizar observações, sinalizar alguma correção de rumos e dar continuidade ao debate suscitado em torno de pontos, digamos assim, mais *polêmicos* da minha pesquisa. Este complemento é composto, em geral, por fragmentos das pesquisas que venho desenvolvendo no doutorado – novamente na UNISINOS, novamente sob a batuta de Lenio Streck, desde 2010.

Enfim, é com muita alegria que apresento esta segunda edição à comunidade jurídica. E que agradeço às pessoas que tiveram contato com o texto inicial e que me incentivaram – das mais diferentes maneiras – a dar a ele uma segunda vida. Refiro-me especialmente a Alexandre Morais da Rosa, André Karam Trindade, Andressa Ramos Pinto, Clarissa Tassinari, Daniel Francisco Mitidiero, Darci Guimarães Ribeiro, Igor Raatz, Marcelo Andrade Cattoni de Oliveira, Rafael Tomaz de Oliveira, Suelen Webber e Walter Abel –, além dos demais queridos amigos que, por conhecerem bem a minha memória, perdoarão a omissão nominal.

Não custa dizer, por fim, que hoje percebo com nitidez ainda maior a importância das pessoas a quem já agradeci desde a época da dissertação. Lenio, Adalberto, Fernando e Maurício: vocês são, cada um a seu modo, coautores deste livro. E, óbvio, nada disso teria sentido algum para mim sem a presença da minha família.

Dito isso, desejo a vocês uma ótima leitura.

Canela, janeiro de 2012.

*Francisco José Borges Motta*

## Apresentação

*Levando o Direito a Sério: uma crítica hermenêutica ao protagonismo judicial* – ou para uma refundação neoconstitucionalmente adequada do Processo Civil brasileiro

É com grande satisfação que recebo o convite de Francisco José Borges Motta para apresentar a obra resultante de suas importantes reflexões durante o Mestrado em Direito no Programa de Pós-Graduação da UNISINOS.

*Levando o Direito a Sério: uma crítica hermenêutica ao protagonismo judicial* assume um grande e sério desafio: contribuir para a construção de uma proposta de refundação *neoconstitucionalmente adequada* do direito processual civil brasileiro, por meio de uma releitura da tese da única resposta correta, de Ronald Dworkin, a partir da obra recente de Lenio Streck e de sua *Nova Crítica Hermenêutica do Direito*, num diálogo crítico, por um lado, com o pensamento de Ovídio Baptista e, por outro, com as reflexões de autores mineiros inspiradas pela teoria do processo de Elio Fazzalari e Aroldo Plínio Gonçalves. Para isso, toma como fio condutor o desenvolvimento consistente de uma crítica ao chamado protagonismo judicial que, no Brasil, se reveste da roupagem da ponderação de valores e do instrumentalismo processual, a influenciar, em maior ou menor medida, não apenas as atuais reformas legislativas do processo civil, mas a mentalidade de parte da doutrina e da jurisprudência.

Nesse sentido, a presente obra encontra-se dividida em quatro capítulos. O primeiro, intitulado *Fundamentos para uma compreensão hermenêutica do processo civil brasileiro*, propõe uma reflexão teórica sobre o sentido do Direito e de sua teoria filosófica, assim como delineia as razões a partir das quais se deve pensar o processo jurisdicional para além do chamado protagonismo judicial, sumarizando a perspectiva crítica e hermenêutica com base na qual se empreenderá toda a reflexão ao longo dos demais capítulos. Aqui são recuperados os pontos centrais de uma "teoria da constituição dirigente para países de modernidade tardia" e de uma "nova crítica hermenêutica do Direito", intenta-se, com certo sucesso, aproximar a hermenêutica filosófica de Gadamer à *Tese do Direito como Integridade* e à noção dessa de uma "leitura moral da constituição" propostas por Dworkin e apresenta-se o que se considera serem os supostos pontos de contato e de distanciamento entre uma chamada perspectiva substancialista – ali defendida – e outra procedimentalista – que seria defendida por alguns autores mineiros – do Direito e do Estado Democrático de Direito.

Uma vez, pois, lançadas suas premissas, o segundo capítulo, *A hermenêutica entre o protagonismo e a discricionariedade judiciais: o papel dos princípios,*trata das profundas implicações do reconhecimento do caráter normativo dos princípios. Tais implicações serão mostradas a partir, mais uma vez, de um diálogo – de aproximação e aproximador – com e entre Gadamer e Dworkin. E uma das principais implicações é a da negação da tese da discricionariedade em sentido forte, em que se pergunta pelo devido papel e pela adequada compreensão da autoridade das tradições interpretativas, seja para Gadamer, seja para Dworkin. Uma questão, talvez, sintetiza a preocupação central do capítulo: quem protagonizaria, afinal, o processo de aprendizagem histórica com o Direito que, para falar com Dworkin, a metáfora do chamado "romance em cadeia" representa?

No terceiro capítulo, *O paradigma racionalista e o protagonismo judicial: os argumentos (de princípio?) de Ovídio A. Baptista da Silva,* a estratégia de abordagem crítico-hermenêutica do direito processual civil sofre uma já anunciada inflexão a partir do diálogo com as críticas às concepções "racionalistas" de processo e de jurisdição empreendidas ao longo das reflexões empreendidas por Ovídio Baptista. A garantia constitucional de fundamentação das decisões jurisdicionais e a exigência hermenêutica de fundamentação dessas decisões em princípios levam a presente obra a um rico debate entre a teoria processual do grande e saudoso mestre Ovídio e as reflexões recentes de Lenio Streck sobre teoria da decisão.

Por fim, o quarto capítulo, *O protagonismo judicial e a ponderação de princípios constitucionais: o exemplo privilegiado do Formalismo-valorativo e a última pergunta pelas "boas respostas" do direito,* assume inicialmente a tarefa de aprofundar as críticas normativas à teoria dos princípios de Robert Alexy, e seu juiz ponderador, e num segundo momento propor relevantes contribuições para uma concepção neoconstitucionalmente adequada dos princípios, do processo, da jurisdição. Para isso, no capítulo quarto analisam-se as fórmulas de ponderação alexyanas, buscando-se explicitar seus supostos teóricos e suas inevitáveis consequências distorcivas para a compreensão do papel da jurisdição e do processo. A proposta de uma compreensão neoconstitucionalmente adequada da "aplicação" dos princípios constitucionais ali sugerida, assim como a compreensão hermenêutica do processo desenvolvida ao longo de toda a obra, será aperfeiçoada num importante diálogo com as reflexões empreendidas por autores mineiros no campo do direito processual. Assim, o capítulo quarto apresenta uma "pauta mínima" para uma leitura principiológica ou "moral" do processo civil: a garantia do contraditório.

*Levando o Direito a Sério: uma crítica hermenêutica ao protagonismo judicial*, de Francisco José Borges Motta, é autêntica e genuína expressão de uma nova jornada do pensamento jurídico no País. O pensar filosoficamente *no* Direito e mobilizar as grandes conquistas teóricas dos últimos anos para a construção de uma *juridicidade* comprometida com a consolidação do Estado Democrático de Direito entre nós.

Belo Horizonte, 1º de maio de 2010.

*Marcelo Andrade Cattoni de Oliveira*

## Introdução

As reflexões que desenvolvo no presente trabalho poderiam ser resumidas na seguinte pergunta: o que a teoria do Direito de Ronald Dworkin, filtrada pela Crítica Hermenêutica do Direito de Lenio Streck, tem a dizer sobre o processo jurisdicional que se pratica no Brasil?

Situo melhor a questão. Dworkin desenvolveu a noção, por todos conhecida, de que há, nos quadros de um Direito democraticamente produzido, uma "única resposta correta" (*the one right answer*) para cada um dos casos que o interpelam. Movia-lhe, desde o início, o propósito de identificar os direitos (principalmente, os individuais) que as pessoas realmente têm, e o entendimento de que o "tribunal" deveria torná-los, o quanto possível, acessíveis aos seus titulares. Para o jusfilósofo estadunidense, disso dependia o futuro da democracia norte-americana.

Agora, dezenas de anos depois, e num ambiente jurídico diferente daquele que se respira nos Estados Unidos da América, vem Lenio Luiz Streck e afirma serem não só possíveis, mas também *necessárias* as tais "respostas corretas" em Direito. Lenio sugere uma postura (por mim endossada) de que a Academia deve justificar-se através da construção das *condições de possibilidade* para a concretização de direitos e para a interdição dos relativismos interpretativos (é o combate da *discricionariedade judicial*, cuja aceitação abre as portas para a *arbitrariedade judicial*).

Eis aí o nosso primeiro desafio: compreender melhor estas mensagens (tanto a de Dworkin como a de Streck), "traduzi-las" para o meio acadêmico e, com elas, conduzir uma reflexão sobre o processo jurisdicional brasileiro, sobre as necessárias transformações que ele deverá sofrer para dar conta desta ambiciosa tarefa de proporcionar a produção das tais "respostas corretas" em Direito. Em resumo, vou propor uma *compreensão hermenêutica* do processo civil brasileiro, apta a dar conta desta complexa missão que, segundo defenderei, a jurisdição (neo)constitucional lhe devota.

Um bom eixo para guiar essa minha exploração hermenêutica do processo jurisdicional é a pesquisa daquilo que se convencionou chamar de *protagonismo judicial*. Como se sabe, *protagonista* é o personagem principal de uma peça, é quem ocupa o primeiro lugar num acontecimento. E, no Brasil (não exclusivamente, diga-se), esse "personagem principal" do drama judiciário vem sendo, por uma série de razões tão complexas como distintas, o juiz. Pior: o juiz e a sua *subjetividade*, a sua *capacidade pessoal* de interpretação da realidade, o seu *senso de justiça*, o seu *bom discernimento* corretivo das vicissitudes do Direito. Tanto assim, por exemplo, que as últimas microrreformas processuais vieram, quase todas, com uma nítida aposta na concentração dos poderes de direção da marcha processual nas mãos do juiz. Da "doutrina tradicional" – que vem recebendo esse fenômeno com algum entusiasmo –, recolhemos um arquétipo de atuação que justifica esta tendência, sugerindo novas formas de *instrumentalidade* do processo e da sua *adequação* (sempre, pelo juiz) aos reclamos de uma "justiça" que se quer "efetiva" (na verdade, "célere").

Defenderei ao longo do trabalho que esta é uma compreensão *fraca* do que seja o Direito, principalmente do Direito que entendo deva ser praticado nos quadros de um Estado Democrático. Sustentarei o ponto de que o "processo" é (bem) mais do que um "instrumento" do juiz e da "jurisdição", ao menos enquanto esta for compreendida como a tarefa de o juiz dizer (aquilo que entende d)o Direito.

Daí o título do meu trabalho e a minha sugestão: *levar o Direito a sério*.[1] Trata-se não só de uma óbvia referência ao marco teórico que me subsidia (a teoria do Direito de Dworkin), mas também do prenúncio da minha *cruzada*, que é a de me lançar à construção das *condições de possibilidade* para dissolver, *no paradigma hermenêutico* (e, para tanto, contamos com a ajuda de Lenio), este verdadeiro "dogma" no qual se transformou o *protagonismo judicial*.

Para tanto, no primeiro capítulo, fornecerei as *bases da discussão*, ou seja, tratarei de desenvolver fundamentos mínimos para uma *compreensão hermenêutica do processo civil brasileiro*. Isso nos levará a discutir o papel do Direito e da jurisdição constitucional no Brasil, para descobrirmos, afinal, *quem é o protagonista*. Também, navegaremos pelas conquistas filosóficas do século XX, em especial, pelos contributos da Filosofia Hermenêutica de Martin Heidegger e da Hermenêutica Filosófica de Hans-Georg Gadamer. Minha missão, nesse ponto, será a de seguir a sugestão de Lenio Streck, de que pensemos a Filosofia *no* Direito. Em especial, *no Direito Processual Civil*, que deverá ser redefinido a partir da necessidade de quebra do protagonismo judicial.

---

[1] O título original deste trabalho, que foi apresentado, no formato de dissertação, dos bancos do Mestrado da UNISINOS, era: *"Levando o Direito a sério: uma exploração hermenêutica do protagonismo judicial no processo jurisdicional brasileiro".*

Com essas premissas fixadas, começarei o segundo capítulo com a análise da "tese da única resposta correta" de Dworkin, que será trabalhada a partir de seu célebre debate com Herbert Hart. A ideia é demonstrar as razões pelas quais os princípios ingressam *no* Direito (em Dworkin, isso acontece para a defesa de direitos e para a restrição da discricionariedade judicial), e, de pronto, estabelecer um ponto de contato hermeneuticamente válido para que nos "apropriemos" das lições do jusfilósofo norte-americano. Aliás, não paremos por aí: nosso propósito, ao longo deste ponto, será o de mediar a hermenêutica filosófica gadameriana e os aportes substantivos de Dworkin para a teoria do Direito. Adianto: a tarefa é facilitada porque ambos são antirrelativistas. Na verdade, a minha intenção aqui será a de investigar uma importante afirmação de Lenio Streck: a de que há pontos de contato entre o Direito compreendido como integridade (Dworkin) e a autoridade da tradição (Gadamer). Veremos quais. E veremos porque, dessa interlocução, pouco espaço sobra para o *protagonismo judicial*.

Já o capítulo terceiro é uma aproximação dessas noções todas, até então desenvolvidas, com o processo (jurisdicional) civil que vem sendo pensado no Brasil. E não seria possível fazê-lo sem que necessariamente enfrentássemos as lições de Ovídio A. Baptista da Silva. Na verdade, eu tinha a intenção de, com este tópico, prestar uma homenagem àquele que foi (na minha compreensão) o maior processualista que o Brasil já produziu. Mas a sua obra me permitiu tentar ir bem além disso. Se, num primeiro momento, nos ocuparemos de desvelar os principais pensamentos de Ovídio sobre a jurisdição e o processo (o que nos levará a bater de frente com o *Paradigma Racionalista*), na sequência arriscarei uma aproximação entre a garantia constitucional de fundamentar decisões (nos moldes preconizados por Ovídio) e a necessidade de que esta fundamentação seja vazada em *argumentos de princípio* (Dworkin). A isso dei o nome de *um diálogo necessário entre Lenio Streck e Ovídio Baptista*.

Com essas coisas todas postas, no quarto e último capítulo deste livro, desenvolverei a noção de que a jurisdição neoconstitucional exige, para que o processo tenha a validade de um "direito fundamental aplicado" (Alvaro de Oliveira), que ele possa ser entendido como o *lócus* da aplicação dos princípios constitucionais. E, para explicar isso melhor, confrontarei (sempre, desde Dworkin e Streck) a minha compreensão a respeito da "aplicação" dos princípios constitucionais com outras posturas que, imbuídas de propósitos parecidos (concretizar direitos, diminuir a margem de liberdade judicial), adotaram caminhos distintos. Isso implicará o exame da *fórmula da ponderação*, de Robert Alexy, e, entre nós, dos supostos do *Formalismo-Valorativo*, escola processual tributária (em parte) das lições do jusfilósofo alemão. O arremate será a sugestão de uma pauta mínima para uma leitura principiológica (ou "moral", se se quiser) do processo civil: a garantia do contraditório.

Enfim. Minha tarefa é (bem) menos ambiciosa do que parece. Não me proponho a nada que possa ser considerado *revolucionário*. Trata-se, tão só, dos meus melhores esforços em torno da concretização do ideal de que o processo seja, no final das contas, apto a dar acesso a uma *ordem jurídica principiologicamente justa*. Se eu tiver um mínimo de sucesso, o *protagonismo judicial* estará em xeque. Portanto, mãos à obra.

# 1. Fundamentos para uma compreensão hermenêutica do processo civil brasileiro

## 1.1. Considerações preliminares sobre o papel do direito e da jurisdição constitucional no Brasil: noções sobre a leitura moral da Constituição e sobre quem, afinal, é o protagonista

Neste primeiro momento, cumpre-nos deixar bem clara a nossa visão a respeito do sentido da Constituição do Brasil (e, consequentemente, da jurisdição constitucional que lhe sustenta), situar a posição do Direito (e do juiz constitucional) nos quadros de um Estado assim constituído e, finalmente, sugerir uma estratégia de interpretação que permita ao texto constitucional, tanto quanto isto for possível, atuar ("acontecer") de maneira autêntica (não subjetivista ou arbitrária) na realidade.

Assim, estamos em que a Constituição de 1988 inaugurou, no Brasil, o marco de um Estado Democrático (e Social) de Direito. Isso significa dizer que, contingencialmente, a nossa vida política passou a ser arrebatada por um acentuado deslocamento do centro de decisões do Legislativo e do Executivo para o plano da justiça constitucional. Simplificando,

> no Estado Liberal, o centro de decisão apontava para o Legislativo (o que não é proibido é permitido, direitos negativos); no Estado Social, a primazia ficava com o Executivo, em face da necessidade de realizar políticas públicas e sustentar a intervenção do Estado na economia; já no Estado Democrático de Direito, o foco de tensão se volta para o Judiciário.[2]

---

[2] STRECK, Lenio Luiz. *Hermenêutica Jurídica e(m) Crise*: Uma Exploração Hermenêutica da Construção do Direito. 5. ed. rev. Porto Alegre: Livraria do Advogado, 2004, p. 55. Esse fenômeno (expansão da competência do Poder Judiciário) não é privilégio do Brasil. Exemplificativamente, uma função mais proeminente da Magistratura já fora percebida por Cappelletti como resposta ao "gigantismo das formações econômicas e sociais, o '*Big Business*', o '*Big Labor*', a '*Big Organization*'", e aos aumentados poderes legislativo e executivo do (que o autor chama de) "estado leviatã", o que seria um fenômeno próprio das sociedades contemporâneas; bem assim, o próprio *gigantismo* das agências executiva e legislativa já determinara, antes, o incremento do Poder Judiciário, "a fim de ter sob controle os aumentados poderes legislativo e executivo do 'estado leviatã'", soerguendo-se os juízes como "protetores dos novos direitos 'difusos', 'coletivos' e 'fragmentados', tão característicos e importantes na nossa civilização de massa, além dos tradicionais direitos individuais". CAPPELLETTI, Mauro. *Juízes Legisladores?* Porto Alegre: Sergio Antonio Fabris, 1999, p. 59-60.

O Direito, nos quadros de um Estado assim formatado, é sempre um instrumento de transformação, porque regula a intervenção do Estado na economia, estabelece a obrigação da realização de políticas públicas e traz um imenso catálogo de direitos fundamentais-sociais.[3]

Para tanto, reconhecemos a *força normativa* da Constituição, isto é, a sua "pretensão de eficácia" (Hesse),[4] e a sua característica *dirigente* e *compromissória*, ligada à noção de "direito directamente aplicável" através da qual "pretende-se afirmar que a Constituição se impõe como lei mesmo no âmbito dos direitos fundamentais que, desta forma, não podem ser rebaixados a simples declarações ou normas programáticas ou até a simples fórmulas de oportunidade política".[5] Mais do que isso: reconhecemos a Constituição como *topo normativo*.

---

[3] STRECK, Lenio Luiz. *Verdade e Consenso*: Constituição, Hermenêutica e Teorias Discursivas. Rio de Janeiro: Lumen Juris, 2006, p. 2. Salienta-se que a internalização de catálogos de direitos fundamentais, verificada em quase todas as constituições do século XX – especialmente naquelas promulgadas como reação aos abusos e perversões que conduziram à segunda guerra mundial –, urdiu a chamada *jurisdição constitucional das liberdades*, ou seja, a *proteção constitucional dos direitos fundamentais*. CAPPELLETTI, Mauro. *Juízes Legisladores?* op. cit., p. 62. Aliás, acompanhou essa contingência histórica a criação de *tribunais constitucionais*, que introduziram o controle jurisdicional-constitucional das leis, obrigando que a jurisprudência se ajustasse aos princípios constitucionais, na medida em que os *tribunais ordinários* viram-se também "necessitados de interpretar a lei no marco da Constituição". ZAFFARONI, Eugenio Raúl. *Poder Judiciário*: Crise, Acertos e Desacertos. São Paulo: Revista dos Tribunais, 1995, p. 76.

[4] Para Hesse, "A norma constitucional não tem existência autônoma em face da realidade. A sua essência reside na sua *vigência*, ou seja, a situação por ela regulada pretende ser concretizada na realidade. Essa pretensão de eficácia (*Geltungsasnspruch*) não pode ser separada das condições históricas de sua realização, que estão, de diferentes formas, numa relação de interdependência, criando regras próprias que não podem ser desconsideradas. [...] A pretensão de eficácia da norma jurídica somente será realizada se levar em conta essas condições". HESSE, Konrad. *A Força Normativa da Constituição*. Porto Alegre: Sergio Antonio Fabris, 1991, p. 14-5.

[5] CANOTILHO, José Joaquim Gomes. *Constituição Dirigente e Vinculação do Legislador*: Contributo para a Compreensão das Normas Constitucionais Programáticas. 2. ed. Coimbra: Coimbra Editora, 2001, p. XV. É bem de ver que o próprio Canotilho, que foi quem adaptou a teoria da Constituição Dirigente à doutrina constitucional portuguesa, praticou uma releitura de sua produção científica, tida por alguns como "um filho engeitado pelo próprio progenitor" (*sic*); bem assim, no prefácio à segunda edição da sua *Constituição Dirigente*, concluiu o autor que "a Constituição dirigente está morta se o dirigismo constitucional for entendido como normativismo constitucional revolucionário capaz de, só por si, operar transformações emancipatórias. Também suportará impulsos tanáticos qualquer texto constitucional dirigente introvertidamente vergado sobre si próprio e alheio aos processos de abertura do direito constitucional ao *direito internacional* e aos *direitos supranacionais*". CANOTILHO, José Joaquim Gomes. *Constituição Dirigente e Vinculação do Legislador*: Contributo para a Compreensão das Normas Constitucionais Programáticas, op. cit., p. XXIX. Apesar disso, concordamos com Lenio Streck quando este afirma que "Há que se deixar assentado que o constitucionalismo dirigente-compromissório não está esgotado. A Constituição ainda deve 'constituir-a-ação', mormente porque, no Brasil, nunca constituiu. No texto da Constituição de 1988, há um núcleo essencial, não cumprido, contendo um conjunto de promessas da modernidade, que deve ser resgatado (o ideal moral transforma-se em obrigação jurídica)". STRECK, Lenio Luiz. *Verdade e Consenso*: Constituição, Hermenêutica e Teorias Discursivas, op. cit., p. 96. Mais: resistir é preciso. Insistamos na lição de Lenio Streck: "penso que o constitucionalismo do Estado Democrático de Direito (guardadas as especificidades de cada país e de seus respectivos estágios de desenvolvimento social e econômico) tem uma força sugestiva relevante quando associado à idéia de estabilidade que, em princípio, supõe-se lhe estar imanente.

Isso implica dizer que a "constituição programático-dirigente não substitui a política, mas torna-se premissa material da política",[6] donde resulta que as "inércias do Executivo e falta de atuação do Legislativo passam a poder ser supridas pelo Judiciário, justamente mediante a utilização dos mecanismos jurídicos previstos na Constituição que estabeleceu o Estado Democrático de Direito".[7]

A reunião destas premissas configura o fenômeno do (neo)constitucionalismo, tradição (no sentido hermenêutico da palavra) na qual estamos inseridos, e que convive com a anunciada concepção de que o Direito é um instrumento de transformação da sociedade. E isso (somente) é assim porque, na nossa visão, a Constituição assim o impõe, na medida em que testemunha, repita-se, a passagem do Estado Liberal[8] absenteísta, garantidor das regras do jogo, ao Estado Social,[9] promovedor de direitos

---

Esta estabilidade está articulada com o projeto da modernidade política, que, sucessivamente implementado, respondeu a três violências ('triângulo dialético'), através da categoria político-estatal: (a) respondeu à falta de segurança e de liberdade, impondo a ordem e o direito (o Estado de Direito contra a violência física e o arbítrio); (b) deu resposta à desigualdade política alicerçando liberdade e democracia (Estado democrático); (c) combateu a terceira violência – a pobreza – mediante esquemas de socialidade. [...] Na medida em que não resolvemos essas três violências – e essa questão aparece dramaticamente na realidade de países como Brasil, Colômbia, Venezuela, Argentina, para falar apenas destes –, mostra-se equivocado falar em desregulamentação do Estado e enfraquecimento da força normativa dos textos constitucionais e, conseqüentemente, da própria justiça constitucional no seu papel de garantidor da Constituição". STRECK, Lenio Luiz. A Constituição (ainda) Dirigente e o Direito Fundamental à Obtenção de Respostas Corretas. In: *Revista do Instituto de Hermenêutica Jurídica*, Porto Alegre: Instituto de Hermenêutica Jurídica, n. 6, v. 1, 2008, p. 285-6.

[6] CANOTILHO, José Joaquim Gomes. *Constituição Dirigente e Vinculação do Legislador*: Contributo para a Compreensão das Normas Constitucionais Programáticas, op. cit., p. 487.

[7] STRECK, Lenio Luiz. *Hermenêutica Jurídica e(m) Crise*, op. cit., p. 55.

[8] Jorge Miranda traz à luz as características conformadoras do Estado Liberal burguês implantado, ou revolucionariamente, ou por cedência régia, na primeira metade do século XIX, afirmando que "O Estado constitucional, representativo ou de Direito surge como Estado *liberal*, assente na idéia de liberdade e, em nome dela, empenhado em limitar o poder público tanto internamente (pela sua divisão) como externamente (pela redução ao mínimo das suas funções perante a sociedade). [...] Mas, apesar de concebido em termos racionais e até desejavelmente universais, na sua realização histórica não pode desprender-se de certa situação socioeconômica e sociopolítica. Exibe-se também como Estado *burguês*, imbricado ou identificado com os valores e interesses da burguesia, que então conquista, no todo ou em grande parte, o poder político e econômico". MIRANDA, Jorge. *Manual de Direito Constitucional*. 6. ed. Coimbra: Coimbra Editora, 1997, (Tomo I), p. 88.

[9] Miranda caracteriza o Estado Social de Direito – modelo de organização constitucional que sucede o Estado liberal ou que com ele parcialmente coexiste – como "um esforço de aprofundamento e de alargamento concomitantes da liberdade e da igualdade em sentido social, com integração política de todas as classes sociais". MIRANDA, Jorge. *Manual de Direito Constitucional*, op. cit., p. 95. Vale dizer que, no rol das Constituições sociais que seguiaram a mexicana de 1917 e a alemã de 1919, o constitucionalista inclui a Constituição Brasileira de 1988. E que, adiante, são apontados os sintomas de crise do Estado-Providência, "derivada não tanto de causas ideológicas (o refluxo das idéias socialistas ou socializantes perante ideais neoliberais) quanto de causas financeiras (os insuportáveis custos de serviços cada vez mais extensos para as populações activas cada vez menos vastas), de causas administrativas (o peso da burocracia, não raro acompanhada de corrupção) e de causas comerciais (a quebra da competitividade, numa economia globalizante, com países sem o mesmo grau de protecção social)", MIRANDA, op. cit., p. 98.

sociais, culminando no advento do Estado Democrático de Direito,[10] no âmbito do qual o Direito é um *plus* normativo em relação às fases anteriores (justamente, o *plus* – e os ônus – de se assumir como transformador da sociedade).[11]

Esse câmbio de modelo de Estado deve(ria) refletir na alteração do perfil de atuação da agência judiciária, que passa a ter de se entender com conflitos (notadamente, os de perfil social) que até então não pertenciam ao seu cotidiano. E deve(ria) fazê-lo a partir de uma compreensão do sentido da Constituição, caso queira fazer *jus* à sua cimeira condição de topo normativo e interpretativo. Afinal de contas, é como diz Lenio Streck: qualquer ato judicial é ato de jurisdição constitucional, de modo que é dever do juiz examinar, antes de qualquer outra coisa, a compatibilidade do texto normativo infraconstitucional com a Constituição.[12] E essa conformidade, essa verdadeira *filtragem constitucional permanente*, há de ser feita – repitamos o quanto for necessário – em conformidade com a *materialidade* da Constituição, ou seja, a partir de (alg)um sentido de (e da) Constituição.

Eis aqui, portanto, o nosso ponto de partida (e de chegada!): delimitar um sentido de Constituição a partir do qual possamos compreender (e resolver) os problemas do Direito contemporâneo, ou, mais especialmente, os do processo jurisdicional (civil) brasileiro. Elegemos, a exemplo do que já fizera, à sua própria maneira, Lenio Streck,[13] os aportes substantivos da teoria do direito de Ronald Dworkin (filtrada, sempre, pela *Crítica*

---

[10] Pontua Miranda: "*Estado de Direito* é o Estado em que, para garantia dos direitos dos cidadãos, se estabelece juridicamente a divisão do poder e em que o respeito pela legalidade (seja a mera legalidade formal, seja – mais tarde – a conformidade com valores materiais) se eleva a critério de acção dos governantes". MIRANDA, Jorge. *Manual de Direito Constitucional*, op. cit., p. 86.

[11] Cf. STRECK, Lenio Luiz. *Verdade e Consenso*: Constituição, Hermenêutica e Teorias Discursivas, op. cit., p. 7. Pontua Lenio que: "Nestes (duros) tempos de pós-positivismo e (neo)constitucionalismo, assume relevância, minuto a minuto, a discussão acerca das condições de possibilidade de o direito fincar as bases de sua autonomia, mormente em face dos fenômenos da globalização, do enfraquecimento do direito dos Estados Nacionais e das perspectivas advindas das mudanças cotidianas da economia. Há uma constante ameaça de fragilização do direito construído democraticamente. Como manter as perspectivas do "jurídico" sem o "juridicismo"? E como manter o "jurídico" se o direito sucumbir aos discursos predadores? Mais do que sustentáculo do Estado Democrático de Direito, a preservação do acentuado grau de autonomia conquistado pelo direito é a sua própria condição de possibilidade, unindo, conteudisticamente, a visão interna e a visão externa do direito. Trata-se, também, de uma "garantia contra o poder contra-majoritário" (segundo Guastini, as denominadas "garantias contra o Poder Judiciário"), abarcando o princípio de legalidade na jurisdição (que, no Estado Democrático de Direito, passa a ser o princípio da constitucionalidade)". Cf. STRECK, Lenio Luiz. Apresentação do livro. In: ROSA, Alexandre Morais da; LINHARES, José Manuel Aroso. *Diálogos com a Law & Economics*. Rio de Janeiro: Lumen Juris, 2009, p. ix.

[12] STRECK, Lenio Luiz. *Jurisdição Constitucional e Hermenêutica:* Uma Nova Crítica do Direito. Porto Alegre: Livraria do Advogado, 2002, p. 362.

[13] Em especial, e com grande ênfase, em *Verdade e Consenso*, op. cit.

*Hermenêutica do Direito*[14]) como guia de nossas reflexões. Adiantamos que o autor norte-americano nos é muito caro – como ficará mais nítido ao longo do texto – porque desenvolveu uma teoria que, se de um lado reconhece o caráter (inexoravelmente) interpretativo do Direito, de outro, nega aos juízes a prática de um decisionismo arbitrário, defendendo a existência de *boas respostas* (respostas *corretas*, se se quiser) no Direito para todos os casos que o interpelam. Com isso, apesar de Dworkin admitir a invasão da demanda política no âmbito do Direito, ele rejeita a ideia de que o juiz seja o principal ator desta cena, trabalhando e delimitando, hermeneuticamente (e essa hermenêutica é, demonstraremos, filosófica), as suas responsabilidades enquanto agente político e como intérprete. E isso tudo é feito, em Dworkin, com o reconhecimento da autonomia do Direito (o que não quer dizer que ele não se relacione com a Política e com a Moral, como se verá) e da Constituição enquanto topo normativo, tal como os (neo)constitucionalistas sustentamos. São aportes como esses que nos permitirão afirmar que o protagonista da dinâmica instaurada neste Estado Democrático de Direito *é o Direito* (e isso porque, repita-se, a Constituição assim possibilita e determina), e não o juiz individualmente considerado (peça importante – mas não a única e nem a principal – desta engrenagem). Todas essas noções ganharão, na medida em que isto for viável (e útil para os objetivos estabelecidos), o devido destaque. Mas, agora, atenção: passamos a nos entender com Dworkin.

Assim é que se deve ter presente – e por aqui começamos nosso diálogo com o jusfilósofo norte-americano – que uma Constituição como a do Brasil, que estabelece um generoso catálogo de direitos fundamentais, inclusive de cariz social, adota uma teoria moral específica, a saber, a de que os indivíduos têm direitos morais *contra* o Estado. Desta sorte, cláusulas importantes do texto constitucional, como o direito à igualdade, ou ao devido processo legal, têm de ser entendidas como um apelo a conceitos morais, e não como uma formulação de concepções específicas. Nesses termos, um tribunal que assuma o ônus de aplicar plenamente tais cláusulas "como lei" (ou seja, que aprove o caráter normativo da Constituição) deve ser um tribunal "ativista", no sentido (e *só* neste sentido, diga-se, na medida em que não fazemos nenhuma apologia ao chamado "ativismo judicial"[15]) de que deve estar preparado para formular questões de moralidade política e dar-lhes uma resposta.[16]

---

[14] Igualmente desenvolvida, de forma original, por Lenio Luiz Streck. Conferir, em especial, as obras *Hermenêutica Jurídica e(m) Crise*: Uma Exploração Hermenêutica da Construção do Direito, op. cit., e *Jurisdição Constitucional e Hermenêutica*: Uma Nova Crítica do Direito, op. cit.

[15] Concordamos inteiramente com Lenio: "Não se pode confundir, entretanto, a adequada/necessária intervenção da jurisdição constitucional com a possibilidade de decisionismos por parte de juízes e tribunais. Seria antidemocrático. Com efeito, *defender um certo grau de dirigismo constitucional e um nível determinado de exigência de intervenção da justiça constitucional não pode significar que os tribunais e*

Mais: é preciso que o Judiciário de um país que se pretenda democrático esteja preparado para enfrentar as *maiorias eventuais*, as *vontades sociais de ocasião*, sempre sustentadas em argumentos pouco claros a respeito do *ganho geral*, ou de alguma forma de *bem comum*. É preciso ter presente que a perspectiva de ganhos *utilitaristas* não pode justificar que se impeça um homem de fazer o que tem direito de fazer. Afinal, não haveria nenhum ganho em alardear nosso respeito pelos direitos se essa postura não envolvesse algum sacrifício. E esse sacrifício, pensa Dworkin, deve ser o de renunciar a quaisquer benefícios marginais que nosso país possa vir a obter, caso ignore esses direitos, quando eles se mostrarem *inconvenientes*.[17]

Acompanhamos Dworkin, assim, na premissa de que um Estado Democrático somente encontrará justificativa moral e política se, através do Direito, vier a garantir igual consideração e respeito pelos seus cidadãos. E isso porque "democracia", na linguagem do jusfilósofo norte-americano, implica a compreensão de que a maioria não deve ser sempre a juíza suprema de quando seu próprio poder deve ser limitado para protegerem-se os direitos individuais; em outras palavras, o fato de as decisões coletivas serem sempre, ou normalmente, as decisões que a maioria dos cidadãos tomaria se fossem plenamente informados ou racionais não é nem uma meta nem uma definição da democracia (isso equivaleria a uma "concepção majoritária" de democracia, que não adotamos). Na realidade, "O objetivo da democracia tem de ser diferente: que as decisões coletivas sejam tomadas por instituições políticas cuja estrutura, composição e modo de operação dediquem a todos os membros da comunidade, enquanto indivíduos, a mesma consideração e o mesmo respeito"; mantém-se a necessidade de que as decisões políticas do dia a dia sejam tomadas por agentes políticos escolhidos nas eleições populares, mas estes proce-

---

*assenhorem da Constituição*. Além disso, é necessário alertar para o fato de que a afirmação 'a norma é (sempre) produto da interpretação do texto', ou de que o 'intérprete sempre atribui sentido (*Sinngebung*) ao texto', nem de longe pode significar a possibilidade deste – o intérprete – poder 'dizer qualquer coisa sobre qualquer coisa', atribuindo sentidos de forma arbitrária aos textos, como se texto e norma estivessem separados (e, portanto, tivessem 'existência' autônoma)". STRECK, Lenio Luiz. *Verdade e Consenso*: Constituição, Hermenêutica e Teorias Discursivas, op. cit., p. 117. De todo modo, de ora em diante, uma vez reconhecida a enorme dificuldade na definição do que possa, de fato, ser considerado "ativismo judicial", e observados os limites desta pesquisa, a expressão será empregada como "*a recusa dos tribunais de manterem-se dentro dos limites jurisdicionais estabelecidos para o exercício de seus poderes*"; a respeito do assunto, e inclusive do sentido aqui definido, consultar: VIEIRA, José Ribas; TAVARES, Rodrigo de Souza; VALLE, Vanice Regina Lírio do. *Ativismo Jurisdicional e o Supremo Tribunal Federal*. Disponível em <www.conpedi.org>.

[16] DWORKIN, Ronald. *Levando os Direitos a Sério*. São Paulo: Martins Fontes, 2002, p. 231. Aliás, concordamos com Dworkin quando afirma que "o direito constitucional não poderá fazer um verdadeiro progresso enquanto não isolar o problema dos direitos contra o Estado e tornar esse problema parte de sua própria agenda" (p. 233).

[17] Ibidem, p. 296.

dimentos majoritários são requeridos "em virtude de uma preocupação com a igualdade dos cidadãos, e não por causa de um compromisso com as metas da soberania da maioria".[18]

É importante insistir nesse ponto. Ainda segundo Dworkin, a instituição de direitos contra o Estado não é um "presente de Deus", um "antigo ritual" ou um "esporte nacional"; essa noção deve aceitar, no mínimo, duas ideias importantes: a ideia de "dignidade humana" (associada a Kant[19]), e a segunda, mais familiar, de "igualdade política", segundo a qual mesmo os membros mais frágeis da comunidade política têm direito à mesma consideração e ao mesmo respeito que o governo concede a seus membros mais poderosos.[20] Nessa linha, "faz sentido" defender que um cidadão é titular de um direito fundamental contra o Estado (liberdade de expressão, por exemplo) quando esse direito for necessário para a proteção de sua dignidade, ou então quando de seu reconhecimento depender a manutenção de seu *status* de merecedor de igual consideração e respeito, por parte do Estado, do que os demais integrantes da comunidade.

Para tanto, Dworkin reconhece que o Direito, enquanto "executor" de políticas sociais, econômicas e externas, não pode ser "neutro": deve afirmar, em sua maior parte, o ponto de vista da maioria sobre a natureza do bem comum. Justamente por isso, a instituição dos direitos é decisiva, pois representa a promessa da maioria às minorias de que sua dignidade e igualdade serão respeitadas. No fio dessas premissas, conclui o jusfilósofo norte-americano que: "se o governo não levar os direitos a sério, é evidente que também não levará a lei a sério".[21]

É isso, em resumo: levar *o Direito* a sério é levar *os direitos* (fundamentais, preferenciais) a sério, e isso não se faz sem que se leve a sério, também – e fundamentalmente – a Constituição. Esta é a mensagem que

---

[18] DWORKIN, Ronald. *O Direito da Liberdade*: a Leitura Moral da Constituição Norte-Americana. São Paulo: Martins Fontes, 2006, p. 24-6.

[19] Para Kant, "o homem – e, de uma maneira geral, todo o ser racional – existe como fim em si mesmo, e não apenas como meio para o uso arbitrário dessa ou daquela vontade. Em todas as suas ações, pelo contrário, tanto nas direcionadas a ele mesmo como nas que o são a outros seres racionais, deve ser ele sempre considerado simultaneamente como fim"; além disso, "os seres racionais denominam-se *pessoas*, porque a sua natureza os distingue já como fins em si mesmos, ou seja, como algo que não pode ser empregado como simples meio e que, portanto, nessa medida, limita todo o arbítrio (e é um objeto de respeito)"; daí deriva a ideia de *dignidade* associada à *pessoa humana*, já que "no reino dos fins, tudo tem um preço ou uma dignidade. Quando uma coisa tem preço, pode ser substituída por algo equivalente; por outro lado, a coisa que se acha acima de todo preço, e por isso não admite qualquer equivalência, compreende uma dignidade". KANT, Immanuel. *Fundamentação da Metafísica dos Costumes e Outros Escritos*. São Paulo: Martin Claret, 2005, p. 58-65.

[20] DWORKIN, Ronald. *Levando os Direitos a Sério*, op. cit. p. 305.

[21] Ibidem, p. 314.

serve de ponto de contato, inicialmente, entre o neoconstitucionalismo[22] e a tese dos direitos de Dworkin.

Desnecessário dizer que uma postura forjada nestes moldes exige que o Direito seja mais do que um *sistema de regras*,[23] prévias, abstratas e universais, a serem "aplicadas", dedutivamente (ou subsuntivamente), às situações mundanas. O Direito tem de ser algo mais complexo do que isso, se quiser fazer frente ao gravíssimo mister, de perfil transformador da realidade, concretizador de direitos, que a Constituição deposita em suas mãos. Dito de outra forma – e isso será melhor explicado na sequência –, estamos em rota de colisão com todas as formas de *positivismo jurídico*,[24] responsáveis que foram por uma *ficcionalização* que distancia da discussão jurídica as questões concretas da sociedade, de molde a não ser exagero afirmar: a matriz positivista *seqüestrou o mundo prático*.[25]

Dito com outras palavras: na evidente impossibilidade de que as regras "abarquem" a complexidade do mundo prático, os positivistas habituaram-se a confiar a solução dos casos *não contemplados* (*sic*) ao discernimento pessoal do juiz (enquanto autoridade pública encarregada de dar a última palavra, de decidir), o que fica particularmente visível em autores como Kelsen e Hart. Acontece que isso aniquila as possibilidades

---

[22] *Neoconstitucionalismo* é uma expressão plurívoca. Como dito no início da nossa pesquisa, aqui deverá significar a tradição na qual estamos situados, que percebe a Constituição como topo normativo, de perfil dirigente e compromissório. Significa, pois, compreender o Direito *a partir de* um sentido de (e da) Constituição. Mais especificamente, isso implica reconhecer, no Direito, um *lócus* de transformação social (que se dá através da concretização de direitos com assento constitucional, isso nas insuficiências e omissões das agências executiva e legislativa). A adesão a essa corrente de pensamento exige que reconheçamos, entre outras coisas, a interlocução que se dá entre a Moral e o Direito. Ou melhor: a institucionalização da Moral no Direito, através, significativamente, da positivação dos direitos fundamentais. Insistimos nesse ponto para evitar mal-entendidos. Autores como Luís Flávio Gomes, para citar apenas este, quando falam em (neo)constitucionalismo referem-se a um fenômeno distinto, consistente na "(neo)constitucionalização do Direito", e que correria, entre outros 17 "riscos", o de "superposição da Moral sobre o Direito vigente", já que no moral estaria "o núcleo do Direito". GOMES, Luis Flávio. "Candidatos Fichas-Sujas": STF Afasta o Risco da Hipermoralização do Direito. In: *Carta Forense*, dez. 2008, p. 11. Não cabe, agora, aprofundar nossas diferenças entre o neoconstitucionalismo advogado no presente trabalho e o que se tem chamado, por aí, de teoria neoconstitucionalista. Mas fica o alerta de que quem quer que não reconheça a autonomia do Direito (em relação à Política e à Moral), ou melhor, que não trabalhe com a co-originariedade (Habermas) entre Direito, Moral e Política, está falando de outra coisa que não aquilo que nós (junto com Lenio Streck, entre outros) entendemos por *neoconstitucionalismo*.

[23] Confiram-se, neste sentido: HART, Herbert. *O Conceito de Direito*. Lisboa: Calouste Gulbenkian, 1988; e KELSEN, Hans. *Teoria Pura do Direito*. 7. ed. São Paulo: Martins Fontes, 2006. Esse tópico será destacado na sequência do nosso trabalho.

[24] A respeito do conceito "positivismo jurídico" tematizado nesta pesquisa, consultar DWORKIN, Ronald. *Levando os Direitos a Sério*, op. cit., p. 27-8. Esse ponto será retomado, e melhor explicado, no ponto "2.1" deste trabalho.

[25] Cf. STRECK, Lenio Luiz. Da Interpretação de Textos à Concretização de Direitos: A Incindibilidade entre Interpretar e Aplicar a Partir da Diferença Ontológica (Ontologische Differetz) entre Texto e Norma. In: COPETTI, André; STRECK, Lenio Luiz; ROCHA, Leonel Severo. *Constituição, Sistemas Sociais e Hermenêutica*. Porto Alegre: Livraria do Advogado, 2005.

de um controle qualitativo da democracia dessas decisões (afinal, como, e a que título, "sindicar" o discernimento pessoal de alguém?), e coloca em iminente aflição a potencialidade de concretização das promessas constitucionais (que ficaria à mercê do *bom senso*, da *prudência*, da autoridade judicial).

De modo que – estamos convencidos disto – precisamos investir nas condições de possibilidade de um modelo diverso de Direito, apto a superar esse convívio pacífico com o *protagonismo judicial*, aqui compreendido como a possibilidade de o juiz – a quem todos os conflitos chegam –, decidir casos complexos, ou difíceis, de acordo com a sua moralidade individual, com o seu "prudente arbítrio" (*sic*) ou, enfim, de acordo com todos os nomes a que se dê à sua capacidade pessoal de discernimento.

Também por isso nos encontramos com Dworkin que, como mostraremos, densifica a discussão jurídica justamente a partir do questionamento dos pressupostos do positivismo jurídico (mundo de regras, amplo poder *discricionário*[26] ao tribunal), aos quais ataca mediante a virtuosa inclusão dos princípios na prática do Direito (e isso exatamente, como se verá, para defender direitos e evitar arbitrariedades decisórias).

Esse particular aspecto – inclusão de princípios na prática do Direito – traz Dworkin para bem perto dos supostos da *Crítica Hermenêutica do Direito*. De acordo com Lenio Streck, a instituição de um Estado Democrático de Direito proporciona, em países como o Brasil, a "superação do direito-enquanto-sistema-de-regras, fenômeno que (somente) se torna possível a partir dos princípios introduzidos no discurso constitucional, que representam a efetiva possibilidade de resgate do mundo prático (faticidade) até então negado pelo positivismo".[27] Então, guardemos bem isso desde já: os princípios vêm para o Direito "como" Direito na exata medida em que permitem a re-inclusão do mundo prático no discurso jurídico, que servem para a concretização de direitos e que permitem o controle qualitativo das decisões judiciais.

Essa, portanto, é a dimensão da importância do exercício da atividade judicial enquanto jurisdição constitucional. Ela é que permitirá o *acontecer hermenêutico* do texto constitucional, em sua amplitude de regras, princípios e valores materiais, além da concretização de direitos fundamentais; por isso é que defendemos o que se pode chamar de *direito constitucional material*, ou seja, um direito essencialmente jurisprudencial,

---

[26] O normalmente equívoco conceito de "poder discricionário" será objeto de tópico próprio ("2.1"); de qualquer forma, adiantamos que, no contexto deste parágrafo, falamos em "poder discricionário" no sentido "forte" do qual nos fala Dworkin, entendido como ausência de padrões superiores de limitação para a tomada de decisão.

[27] Cf. STRECK, Lenio Luiz. *Verdade e Consenso*: Constituição, Hermenêutica e Teorias Discursivas, op. cit., p. 4.

caracterizado pela potencialidade de abertura, ultrapassando-se, assim, as posturas singularizadas pelo agir dogmático-formal.[28]

Essas premissas nos colocam ao lado de autores que, como Lenio Streck, são defensores das teorias *substancialistas*[29] da Constituição, porque "trabalham com a perspectiva de que a implementação dos direitos e valores substantivos afigura-se como condição de possibilidade e validade da própria Constituição, naquilo que ela representa de elo conteudístico que une política e direito".[30] E não só Política e Direito: Dworkin lembra que a Constituição também "funde questões jurídicas e morais",[31] transformando direitos morais em direitos jurídicos.[32] Mas – e isso deverá ficar mais claro ao longo da nossa pesquisa –, a razão aqui está antes com Habermas:[33] Direito e Moral (e também a Política, diga-se) são *co-originá-*

---

[28] OHLWEILER, Leonel. O Contributo da Jurisdição Constitucional para a Formação do Regime Jurídico-Administrativo. In: *Revista do Instituto de Hermenêutica Jurídica*, n. 2, v. 1, 2008, p. 285.

[29] Não é o nosso objetivo aprofundar, agora, o debate que há entre as posturas *substancialistas* (como a por nós adotada) e as *procedimentalistas* (Habermas, Luhmann, Ely, etc.), que veem o Judiciário (numa grosseira síntese) como o guardião dos processos da Democracia, mas não ele próprio tomando decisões sobre o conteúdo da Constituição em casos determinados. Em todo o caso, adiantamos que concordamos, em linhas gerais, com as colocações de Dworkin a favor das decisões de "devido processo legal substantivo", como deverá ficar melhor explicado ao longo do trabalho (em especial, quanto tematizarmos o processo judicial). De momento, deixemos dito apenas que o processo não deve ser tomado como distinto da substância, se quisermos tratar os integrantes de uma mesma comunidade com igual respeito (afinal, sabemos todos que democracia não pode conviver com majoritarismos puros); e que o tribunal não pode fazer julgamentos sobre a "justiça" de um processo sem que isso implique na feitura de "julgamentos políticos substantivos" (decisões sobre "direitos substantivos individuais", dirá Dworkin), tais como os rejeitados pela doutrina procedimentalista em geral. Por isso é que diz Dworkin: "Direitos de participar no processo político são igualmente valiosos para duas pessoas apenas se esses direitos tornam provável que cada um receba igual respeito, e os interesses de cada um receberão igual atenção não apenas na escolha de funcionários políticos, mas nas decisões que esses funcionários tomam". DWORKIN, Ronald. *Uma Questão de Princípio*. 2. ed. São Paulo: Martins Fontes, 2005, p. 91.

[30] STRECK, Lenio Luiz. *Verdade e Consenso*: Constituição, Hermenêutica e Teorias Discursivas, op. cit., p. 14.

[31] DWORKIN, Ronald. *Levando os Direitos a Sério*, op. cit., p. 285.

[32] Ibidem, p. 292.

[33] Diz Habermas: "Eu penso que no nível de fundamentação pós-metafísico, tanto as regras morais como as jurídicas diferenciam-se da eticidade tradicional, colocando-se como dois tipos diferentes de normas de ação, que surgem *lado a lado*, completando-se. [...] uma ordem jurídica só pode ser legítima, quando não contrariar princípios morais. Através dos componentes de legitimidade da validade jurídica, o direito adquire uma relação com a moral. Entretanto, esta relação não deve levar-nos a subordinar o direito à moral, no sentido de uma hierarquia de normas. A idéia de que existe uma hierarquia de leis faz parte do mundo pré-moderno do direito. A moral autônoma e o direito positivo, que depende de fundamentação, encontram-se numa *relação de complementação* recíproca". HABERMAS, Jürgen. *Direito e Democracia:* Entre Facticidade e Validade. Rio de Janeiro: Tempo Brasileiro, 1997, v. I, p. 139-41. É importante deixar dito, contudo, que Habermas tem uma abordagem distinta da empregada na presente pesquisa. Concordamos que a moralidade não se contrapõe ao Direito, e sim se estabelece no próprio Direito (através dos direitos fundamentais positivados, por exemplo); contudo, para Habermas, a natureza da moralidade e do Direito é puramente procedimental, sem espaço, portanto, para posturas substancialistas, ou conteudísticas, como as sustentadas neste trabalho.

*rios*, sendo indevido falar numa pretensão "corretiva" da Moral sobre o Direito, como o próprio Lenio nos vem denunciando.[34]

É justamente por termos em conta esta complexidade toda do sentido da Constituição que nos sentimos à vontade para defendermos a legitimidade de uma tal jurisdição constitucional material, e de nela reconhecermos a sua capacidade de contribuir para a consolidação do nosso Estado Democrático de Direito. Jurisdicionar é fazer atuar e cumprir a Constituição. Sendo assim, segundo Ohlweiler, "o elemento justificador de sua atuação – suficiente para lhe conferir legitimidade – é a garantia da supremacia da Constituição".[35] E isso desde o célebre *Marbury vs. Madison*, quando John Marshall, presidente da Suprema Corte norte-americana de então (1803), já afirmara que "o poder e o dever da Corte de fazer cumprir a Constituição derivava da própria declaração contida neste documento, de que a Constituição era a norma jurídica suprema do país".[36]

Agora, sejamos francos: em que pese nosso projeto se concentre na problemática das decisões judiciais, é certo que, como já observara Dworkin, os juízes togados "não são os únicos protagonistas do drama jurídico, nem mesmo os mais importantes"; afinal, um apanhado mais detido das questões da teoria do Direito tem de tomar em consideração os demais agentes cujas decisões afetam os direitos de seus concidadãos (é o caso dos legisladores, promotores de justiça, banqueiros, líderes sindicais, etc.).[37] Mas isto não diminui (em nada) a carga depositada sobre a jurisdição constitucional. Apenas ressalta que a Constituição não se dirige apenas aos juízes ou à agência judiciária em geral: a Constituição é a constituição do Estado e da sociedade (que dela deve poder participar, portanto – daí, aliás, a importância de compreender o processo como direito e garantia fundamentais –, tarefa com a qual nos ocuparemos em seguida).

Dito isso, e avançando, percebemos que a Constituição é composta por princípios amplos e abstratos de moralidade política que, juntos, abarcam, sob uma forma excepcionalmente abstrata (e, também por isso, sempre dependentes de interpretação), todas as dimensões da moralida-

---

[34] Para Lenio, a crise do modelo liberal-burguês (que havia expungido a moral do direito) proporciona a produção de um direito que incorpore a moral; nesse sentido, a razão estaria mesmo com Habermas, para quem "direito e moral são co-originários, isto é, a moral não é corretiva e nem a Constituição é uma 'ordem concreta de valores', circunstância que enfraqueceria sobremodo o caráter normativo dos princípios, que são deontológicos". STRECK, Lenio Luiz. Constituição e Hermenêutica em Países Periféricos. In: *Constituição e Estado Social*: os Obstáculos à Concretização da Constituição. Coimbra: Coimbra Editora, 2008, p. 201.

[35] OHLWEILER, Leonel. O Contributo da Jurisdição Constitucional para a Formação do Regime Jurídico-Administrativo. In: *Revista do Instituto de Hermenêutica Jurídica*, n. 2, v. 1, op. cit., p. 301.

[36] DWORKIN, Ronald. *O Império do Direito*. 2. ed. São Paulo: Martins Fontes, 2003, p. 426.

[37] Ibidem, p. 16.

de política que, em nossa cultura política, podem servir de base ou justificativa para um determinado direito constitucional (individualmente considerado).[38]

A interpretação adequada desse emaranhado de princípios "abstratos" é o tema que merece (ainda que antes do fornecimento de maiores subsídios sobre hermenêutica filosófica), no fechamento deste tópico, a nossa atenção.

O caso é que, para sermos (hermeneuticamente) fiéis ao substancialismo de Dworkin (e, possivelmente, ao neoconstitucionalismo), devemos estar preparados para operacionalizar, abertamente, uma "leitura moral" da Constituição. Trata-se de uma proposta de que "todos nós – juízes, advogados e cidadãos – interpretemos e apliquemos esses dispositivos abstratos [como os que consagram o contraditório e a ampla defesa, por exemplo] considerando que eles fazem referência a princípios morais de decência e justiça", isso como forma de inserir a "moralidade política no próprio âmago do direito constitucional".[39] Na verdade, o jusfilósofo norte-americano não tem a pretensão de sugerir algo novo ou revolucionário; ele apenas pretende "institucionalizar" uma prática tradicionalmente encontrável (e, para o autor, recomendável) na história judiciária. O ponto é o de que, na medida em que os juristas sigam (qualquer) uma estratégia coerente para interpretar a Constituição, já estarão fazendo uso da leitura moral a respeito dos valores que julgam estarem inseridos no texto constitucional.[40]

Dito de forma mais simples: com a sua técnica de "leitura moral", Dworkin apenas dá uma roupagem mais específica à postura interpretativa do Direito que pontua toda a sua obra. Para ele, em particular, trata-se interpretar determinados dispositivos da Constituição norte-americana (sobretudo a chamada *Declaração de Direitos*) como referências a princípios morais abstratos, que devem ser incorporados como limites aos poderes do Estado. Em resumo, Dworkin sustenta que os princípios estabelecidos na Declaração de Direitos, tomados em conjunto, comprometem os Estados Unidos da América com os seguintes ideais jurídicos e políticos: "o Estado deve tratar todas as pessoas sujeitas a seu domínio como dotadas do mesmo *status* moral e político; deve tentar, de boa-fé, tratar a todas com a mesma consideração (*equal concern*); e deve respeitar todas e quaisquer liberdades individuais que forem indispensáveis para esses fins".[41]

---

[38] DWORKIN, Ronald. *O Direito da Liberdade*: A Leitura Moral da Constituição Norte-Americana, op. cit., p. 124.

[39] Ibidem, p. 02.

[40] Ibidem, p. 03.

[41] Ibidem, p. 10-1.

Percebem-se, pois, bons pontos de contato entre essas premissas e a estrutura da Constituição do Brasil, do que são indícios eloquentes (ainda que não exclusivamente) os dispositivos dos Títulos I (Dos Princípios Fundamentais) e II (Dos Direitos e Deveres Individuais e Coletivos) do texto constitucional. E, seja como for, não pode haver dúvida que a democracia brasileira deve conviver com a necessidade de que o Estado tenha igual interesse por seus cidadãos, sendo que este aspecto, por si só, já serve de ponte entre o Direito que se pratica no Brasil e os aportes substantivos da teoria de Dworkin.

Em todo o caso, a "estratégia" em questão já nos seria atraente por ser consistentemente hermenêutica, no sentido de que obriga o intérprete a ter de se ver com o papel da história e da linguagem, se quiser entender o(s) sentido(s) (possíveis) da Constituição; quer dizer, "a interpretação da Constituição não deve levar em conta somente o que os próprios autores queriam dizer, mas também a prática política e jurídica do passado", ou seja, "tem de partir do que os autores disseram; e, do mesmo modo que nossos juízos sobre as palavras de amigos e desconhecidos têm de basear-se em informações específicas sobre eles e sobre o contexto em que foram ditas, o mesmo vale para nosso entendimento do que os autores disseram".[42] Há uma articulação, pois, entre as perguntas que foram respondidas pelas afirmações contidas no texto (aquilo que os autores quiseram dizer) e as perguntas que nos remetem a ele *hoje*; dito de outro modo, isso é hermenêutica "como" filosofia (ou seja, como mais do que um método para "extrair" sentidos do texto)!

Desde sempre, pois (se quisermos superar o positivismo), devemos ter cuidado com o alinhamento dos contornos (e limites) da atividade judicial, e a "leitura moral" dworkiniana é uma boa tática para esse propósito, na medida em que impede os juízes de afirmarem que a Constituição expresse suas próprias convicções, equilibrando essa necessidade com a correta afirmação de que "somos governados pelo que nossos legisladores disseram – pelos princípios que declararam – e não por quaisquer informações acerca de como eles mesmos teriam interpretado esses princípios ou os teriam aplicado em casos concretos".[43]

Desta sorte, qualquer estratégia de interpretação constitucional deverá respeitar, a um só tempo (e aqui reside a diferença entre o que defendemos e as metafísicas tentativas de clarificação das *mens legis* e/ou *mens legislatoris*) as amarras da história, da prática e, sobremaneira, da in-

---

[42] DWORKIN, Ronald. *O Direito da Liberdade*: A Leitura Moral da Constituição Norte-Americana, op. cit., p. 14.
[43] Ibidem, p. 15.

tegridade de princípios (ponto que será adiante desenvolvido, com maior cuidado e ênfase).

Memorizemos este dado, pois: a Constituição não é só um documento, mas também uma *tradição*; assim, o operador do Direito (intérprete) deve ter a disposição de entrar nessa tradição e ajudar a interpretá-la de maneira condizente com a ciência do Direito, e não de questioná-la e substituí-la por alguma (ou qualquer) visão política (ou jurídica) radical que não possa ser objeto de argumentos.[44] E isso (antecipamos) o próprio Gadamer (filósofo da linguagem que, como veremos, atravessa a obra de Dworkin), com outras palavras, já o dissera: se o juiz tem o dever de intervir "praticamente na vida", deve fazê-lo pautado por uma "interpretação correta" (*i.e.*, justa e não arbitrária) das leis, e isso "implica necessariamente que a compreensão faça a mediação entre a história e a atualidade".[45]

Nesta ordem de ideias, se é correto dizer que a Constituição estabelece princípios abstratos (cujas dimensões e aplicações são intrinsecamente controversas), temos (com Dworkin) que os juízes têm a responsabilidade de "interpretar esses princípios de modo que, inserindo-se nessa história política, chegue a dignificá-la e melhorá-la", sendo que, para tanto, devem ser "encorajados a levar em conta e assimilar os trabalhos de outras pessoas que refletiram e escreveram sobre esses difíceis assuntos".[46]

Perfeito: o juiz não pode ser um "solista", e nem haverá "grau zero" na interpretação dos textos constitucionais e dos casos que os interpelam. O trabalho do juiz é um "trabalho de equipe" com os demais juízes do presente e com aqueles do passado. Mais do que isso, é um trabalho construído em conjunto com (e através d)os argumentos trazidos pelos participantes do processo particularmente considerado, não haverá jurisdição democrática sem que isso seja assegurado. Para tanto, não operará com regras prévias acabadas e nem com qualquer delas isoladamente: deverá ter uma visão do Direito (e, decorrentemente, da Constituição), como um todo coerente e íntegro. Nessa tarefa, a doutrina (e os precedentes, se forem adequadamente compreendidos, e vistos como corretos) o socorrerá.

Isto é certamente menos extravagante do que parece. O apelo de Dworkin é, apenas, o de que tenhamos a responsabilidade de assumir

---

[44] DWORKIN, Ronald. *O Direito da Liberdade*: A Leitura Moral da Constituição Norte-Americana, op. cit., p. 424.

[45] GADAMER, Hans-Georg. *Verdade e Método I*: traços fundamentais de uma hermenêutica filosófica, op. cit., p. 19.

[46] DWORKIN, Ronald. *O Direito da Liberdade*: A Leitura Moral da Constituição Norte-Americana, op. cit., p. 487.

abertamente aquilo que, como juristas, (ainda que de modo muitas vezes não refletido) já fazemos com sucesso. Desta sorte, por exemplo, diante de uma alegação de violação à cláusula do contraditório em determinado processo judicial, o juiz deverá, para resolver a questão, estar preparado para compreender o sentido deste princípio constitucional não como uma regra "absoluta", ou a partir da qual devesse "deduzir" soluções ou conclusões, mas como uma norma (um conceito, se quiserem) que carrega uma determinada dimensão de moralidade, e que deve ser compreendido com um "dever-ser" enfeixado em meio a um emaranhado coerente de outros princípios constitucionais, cujo sentido, importância e "peso" só se verificará nas especificidades do caso particular.

É disso que trata, em suma, a tal "leitura moral", estratégia hermenêutica que ora se apresenta em defesa do neoconstitucionalismo. Com ela, damos (apenas) o primeiro passo para retirar das mãos da individualidade do juiz o "protagonismo" que o positivismo lhe deixou como legado. Quem vem à fala é *o Direito*, e com ele a Constituição, em toda a sua complexidade material, e não (ou, pelo menos, não "só") a capacidade individual e particularizada do julgador. Com ela, pois, damos o pontapé inicial para a construção de um saber sobre um processo judicial constitucional democrática e hermeneuticamente compreendido.

### 1.2. Filosofia *no* Direito: entre o "puro filósofo" e o "puro jurista"

Arthur Kaufmann, sustentando a necessidade de retomada do pensamento filosófico, coloca que:

> Após o terrível abuso do direito causado pelo pensamento positivista extremo do nosso século, é agora nossa missão descobrir algo de 'indisponível', que coloque a arbitrariedade na disposição e interpretação do direito dentro de limites, mas que não deve ser procurado num abstracto "firmamento de valores", devendo, sim, ser buscado na realidade jurídica.[47]

Em seguida, tratando dos problemas da Filosofia no âmbito do Direito, Kaufmann distingue duas posturas igualmente criticáveis: a dos *puros filósofos* e a dos *puros juristas*. Nas suas palavras: "o 'filósofo do direito', orientado exclusivamente para o jurídico, incorre no erro do *cientismo*, ou seja, cai na sobrevalorização da ciência (particular e dogmática), numa orientação parcial do pensamento (jurídico-)científico. Ele pretende responder aos problemas da filosofia do direito – que são também as questões fundamentais do direito – sem recorrer à filosofia e, na maior parte dos casos, sem conhecimentos filosóficos. [...] O resultado de uma con-

---

[47] KAUFMANN, Arthur. Filosofia do Direito, Teoria do Direito, Dogmática Jurídica. In: KAUFMANN, Arthur; HASSEMER, Winfried (Orgs.). *Introdução à Filosofia do Direito e à Teoria do Direito Contemporâneas*. Lisboa: Fundação Calouste Gulbenkian, 2002, p. 31.

sanguinidade tal é, na melhor das hipóteses, uma filosofia vulgar, que talvez chegue, intuitivamente, a alguma conclusão acertada, mas que nada sabe de si própria. Em regra, trata-se do mais trivial diletantismo"; de um outro lado, "o 'filósofo do direito', inspirado e orientado apenas pela filosofia, comete o erro oposto, ao não se preocupar com os problemas característicos do direito, com as perguntas que a ciência do direito dirige, aqui e agora, à filosofia. Ele apresenta-nos, por vezes, investigações impressionantemente profundas sobre os resultados da tradução desta ou daquela corrente de pensamento para a linguagem da filosofia do direito, mas, ao fazê-lo, 'responde' a questões que, nessa situação histórica concreta, nem sequer se levantam e, por isso, não merecem ser colocadas *hic et nunc*".[48]

As preciosas considerações de Kaufmann servem bem de introdução à postura que se pretende, nas pegadas de Lenio Streck,[49] desenvolver no presente estudo: falamos em superar a Filosofia *do* Direito (que "entifica" o Direito, posicionando-se alheia à sua dinâmica interna) para passar a trabalhar a Filosofia *no* Direito, a partir do reconhecimento de que o Direito possui um campo próprio a ser articulado e pensado em linguagem filosófica. Nessa direção, não queremos a Filosofia transformada em um discurso otimizador (ou ornamental) do Direito, mas como *condição de possibilidade* das pesquisas em Direito.[50]

Expliquemos melhor: o cotidiano do Direito tem de se entender com conceitos, categorias, palavras, iminentemente filosóficas, tais como "verdade", "valor", etc.; desta sorte, como (ou por quê?) haveríamos de abrir mão do contributo da investigação filosófica? Por acaso o Direito é um discurso que retira validade de si mesmo?

Aqui, aliás, localizamos mais um ponto importante de contato entre os nossos propósitos e as principais teses de Dworkin, que tem (sempre) bem presente o lugar de fala da Filosofia no âmbito do Direito. Estamos com o jusfilósofo norte-americano quando este percebe que "qualquer argumento jurídico, não importa quão detalhado e restrito seja, adota o tipo de fundamento abstrato que lhe oferece a doutrina, e, quando há confronto entre fundamentos antagônicos, um argumento jurídico assume um deles e rejeita os outros"; por isso mesmo é que "o voto de qualquer juiz é, em si, uma peça de filosofia do direito, mesmo quando a filosofia está oculta e o argumento visível é dominado por citações e listas de fatos"; a

---

[48] KAUFMANN, Arthur. Filosofia do Direito, Teoria do Direito, Dogmática Jurídica. Op. cit., p. 32-3.

[49] Conferir, em especial: STRECK, Lenio Luiz. *Verdade e Consenso*: Constituição, Hermenêutica e Teorias Discursivas, op. cit.

[50] STRECK, Lenio Luiz. A Constituição (ainda) Dirigente e o Direito Fundamental à Obtenção de Respostas Corretas, op. cit., p. 277-8.

conclusão é arrebatadora: "a doutrina é a parte geral da jurisdição, o prólogo silencioso de qualquer veredito".[51]

Perfeito: queiramos ou não, "os juristas são sempre filósofos, pois a doutrina faz parte da análise de cada jurista sobre a natureza do direito, mesmo quando mecânica e de contornos pouco nítidos".[52]

Mais do que isso, e insistindo no que já foi dito antes, é inevitável que a doutrina jurídica seja exposta de maneira filosófica (não fosse assim, como trabalhar uma matéria que envolve concepções radicalmente filosóficas, como vontade, intenção, significado, responsabilidade e justiça?); por isso é que, como adverte Dworkin os "juristas da academia não podem fugir da filosofia – ela corre a encontrá-los no seu próprio território –, embora possam filosofar de maneira ignorante e fazer má filosofia"; nessa linha (e isso é um testemunho claro de que Dworkin está influenciado pela filosofia da linguagem, aspecto que lhe deixa cada vez mais próximo dos supostos da *Crítica Hermenêutica do Direito*), "seria irresponsável o jurista que insistisse que os conceitos de significado e intenção original devem ocupar o próprio centro da prática constitucional, mas ao mesmo tempo negasse a revolução que ocorreu em nossa compreensão desses conceitos no decorrer do século XX", ou seja, seriam irresponsáveis os juristas "se ignorassem a discussão filosófica dos conceitos que consideram essenciais para o seu trabalho".[53] Se isso é assim, ainda com Dworkin, podemos acrescentar que, nesta ordem de ideias, "política, arte e Direito estão unidos, de algum modo, na filosofia".[54]

Não nos parece ser necessário prolongar este argumento. Sendo inexorável o encontro entre a Filosofia e o Direito, vemo-nos constrangidos a refletir sobre a adoção de posturas filosóficas que deem conta da complexidade da prática judiciária. Dworkin tem razão: queiramos ou não, faremos Filosofia; e entre fazer uma "filosofia ignorante" (*sic*) ou interessar-nos pelas conquistas filosóficas que nos são contemporâneas, e que nos podem dar uma maior compreensão sobre a nossa situação enquanto juristas, não nos parece que haja, verdadeiramente, uma escolha a fazer.

Mas vale lembrar: de nada nos adianta nem o *puro filósofo* nem o *puro jurista* de que falava antes Kaufmann:[55] É preciso adotar uma postura filosófica *no* Direito.

---

[51] DWORKIN, Ronald. *O Império do Direito*, op. cit., p. 113.

[52] Ibidem, p. 454.

[53] DWORKIN, Ronald. *O Direito da Liberdade*: A Leitura Moral da Constituição Norte-Americana, op. cit., p. 486-7.

[54] DWORKIN, Ronald. *Uma Questão de Princípio*, op. cit., p. 249.

[55] Consultar também, a propósito, a distinção feita por Siches entre o que ele denominou de "Filosofia del Derecho académica" e a "Filosofia no académica del Derecho". SICHES, Luis Recaséns. *Nueva Fi-*

Para nos mantermos fiéis aos supostos da matriz teórica à qual estamos alinhados – a da *Crítica Hermenêutica do Direito* –, nossa mirada sobre a Filosofia será especialmente dedicada às consequências da *viragem linguístico-ontológica* (*linguistic-ontological turn*) para o Direito, e daquilo que ela significa quando existencializada na linguagem da jurisdição constitucional. Falamos da ultrapassagem da *filosofia da consciência*[56] pela *filosofia da linguagem*, especialmente no que pertine aos contributos de Martin Heidegger (Filosofia Hermenêutica) e de Hans-Georg Gadamer (Hermenêutica Filosófica) para o pensamento filosófico.

Muito resumidamente, a *reviravolta* consiste em que a linguagem deixa, a partir da Filosofia Hermenêutica, de ser relegada a uma terceira coisa que se interpõe entre um sujeito (o intérprete) e um objeto (a realidade), para ser alçada à cimeira condição de possibilidade do nosso *modo-de-ser-no-mundo*; supera-se, assim, a *metafísica* relação cognitiva sujeito-objeto, desmistificando, consequentemente, a ideia de que a *verdade* possa ser produto de um procedimento cognitivo (quase sempre, um *método*).[57]

Essas ideias todas têm de ser, necessariamente, melhor explicadas. O caso é que, desde Heidegger, a hermenêutica passa a ser associada a uma perspectiva fundamental (não como "arte da interpretação", ou coisa do gênero), dizendo agora respeito às condições prévias não só da interpretação de textos de todo pensamento e atividade humana.[58]

Situemos de plano a questão: a filosofia de Heidegger (na parte que nos interessa mais proximamente) parte da "necessidade de uma retomada explícita da questão do ser", que teria sido emudecida enquanto "questão temática de uma real investigação" desde as "pesquisas de Platão e Aristóteles"; mais especificamente, o filósofo pretende responder à

---

*losofia de la Interpretación del Derecho*. 2. ed. México: Editorial Porrúa, 1973, p. 18-22. Dworkin também denuncia preocupação semelhante: "A tradição acadêmica aplica uma certa divisão do trabalho ao refletir sobre o direito. Os filósofos políticos examinaram os problemas relativos à força do direito, e os acadêmicos e os doutrinadores se dedicam aos problemas de seus fundamentos. Em consequência, as filosofias do direito são em geral teorias desequilibradas do direito: tratam basicamente dos fundamentos e praticamente silenciam sobre a força do direito". DWORKIN, Ronald. *Uma Questão de Princípio*, op. cit., p. 137.

[56] No paradigma das *filosofias da consciência*, segundo Ernildo Stein, "o ponto de partida é de certo modo absoluto, o que permite a produção de um observador imparcial dos passos que a consciência realiza através das figuras que se sucedem, e a introdução de uma teleologia como resultado já está, entretanto, no começo". STEIN, Ernildo. *Seis Estudos Sobre "Ser e Tempo"*. 3. ed. Petrópolis: Vozes, 2005, p. 53.

[57] STRECK, Lenio Luiz. Hermenêutica (Jurídica): Compreendemos Porque Interpretamos ou Interpretamos Porque Compreendemos? Uma Resposta a Partir do *Ontological Turn*. In: *Anuário do Programa de Pós-Graduação em Direito da UNISINOS*. São Leopoldo, 2003, p. 223-4.

[58] SILVA FILHO, José Carlos Moreira da. *Hermenêutica Filosófica e Direito*: O Exemplo Privilegiado da Boa-Fé Objetiva no Direito Contratual, Rio de Janeiro: Lúmen Júris, 2003, p. 50.

questão sobre o sentido de "ser", que seria o "conceito mais universal e mais vazio", e que, não podendo ser concebido como um "ente", possui a característica da "indefinibilidade", o que, nem por isso "dispensa a questão de seu sentido; ao contrário, justamente por isso a exige".[59]

Essa questão, que abre *Ser e Tempo*, é a questão da "ontologia fundamental", domínio no qual se estabelece a distinção entre "ser" e "ente" (*diferença ontológica*[60]), o que exige programaticamente uma destruição da ontologia do ente puramente subsistente, e que elabora metodologicamente uma fenomenologia hermenêutica cujos enunciados pretendem validade transcedental.[61]

Heidegger explica que a palavra "fenomenologia" (etimologicamente, algo como "a ciência dos fenômenos") exprime uma máxima que se pode formular (desde Husserl, diga-se) na expressão: "para as coisas elas mesmas", isso "por oposição às construções soltas no ar, às descobertas acidentais, à admissão de conceitos só aparentemente verificados, por oposição às pseudoquestões que se apresentam, muitas vezes, como 'problemas' ao longo de muitas gerações".[62] Na verdade, com essa expressão "fenomenologia", Heidegger determina o conceito de um "método" (compreendido não como algo exterior e puramente técnico, mas tanto mais ligado à discussão das coisas em si mesmas quanto mais determina o movimento básico de uma ciência) que não visa a caracterizar os conteúdos dos objetos da pesquisa filosófica, mas que apenas caracteriza o "como", a maneira de proceder da filosofia.[63] Enfim, o conceito (preliminar) a que Heidegger chega da palavra "fenomenologia" resume-se no seguinte: "deixar e fazer ver por si mesmo aquilo que se mostra, tal como se mostra a partir de si mesmo"; com isso, entretanto, "não se faz outra coisa do que exprimir a máxima formulada anteriormente – 'para as coisas elas mesmas!'".[64]

Tenhamos presente que, para Heidegger, em sentido fenomenológico (que é o que nos importa), "fenômeno é somente o que constitui o ser,

---

[59] HEIDEGGER, Martin. *Ser e Tempo*. Petrópolis: Vozes; Bragança Paulista: Editora Universitária São Francisco, 2006, p. 37-9.

[60] Gadamer deixa esta questão particularmente clara: "Nenhum homem sabe no fundo o que o conceito 'o ser' designa, e, apesar disso, nós todos temos uma primeira pré-compreensão ao ouvirmos a palavra 'ser' e compreendermos que aqui o ser, que cabe a todo ente, é elevado desde então ao nível do conceito. Com isso, ele é diferenciado de todo ente. É isso que significa inicialmente a 'diferença ontológica'". GADAMER, Hans-Georg. *Hermenêutica em Retrospectiva*: Heidegger em Retrospectiva. 2. ed. Petrópolis, RJ: Vozes, 2007, p. 92.

[61] STEIN, Ernildo. *Seis Estudos sobre "Ser e Tempo"*, op. cit., p. 13.

[62] HEIDEGGER, Martin. *Ser e Tempo*, op. cit., p. 66.

[63] STEIN, Ernildo. *Compreensão e Finitude*: Estrutura e Movimento da Interrogação Heideggeriana. Ijuí: Unijuí, 2001, p. 162.

[64] HEIDEGGER, Martin. *Ser e Tempo*, op. cit., p. 74.

e ser é sempre ser de um ente"; portanto, "ao se visar uma liberação do ser, deve-se, preliminarmente, aduzir de modo devido o próprio ente", ou seja, "este ente também deve mostrar-se no modo de acesso que genuinamente lhe pertence"; e, nesse sentido é que, em seu conteúdo, "a fenomenologia é a ciência do ser dos entes – é ontologia".[65]

Em todo o caso – e praticando aqui um verdadeiro "encurtamento hermenêutico", para não nos distanciarmos muito do objeto do nosso estudo –, interessa-nos mais propriamente esclarecer em que medida a fenomenologia em questão deva ser *hermenêutica*. E, para tanto, precisamos de uma elaboração mínima de uma das categorias fundamentais para o pensamento de Heidegger: falamos do *Dasein*, que é exatamente o tema de uma ontologia fundamental (que, como se verá, temo como *pedra de toque* a analítica existencial do ser-aí).

Trata-se, pois, o *Dasein* (habitualmente traduzido como "ser-aí", "estar-aí", "pre-sença" ou mesmo por "homem"),[66] de um ente compreensivo, um ente que *é* justamente se questionando a respeito do sentido de *ser*. Um ente que, como diz Heidegger, é "dotado de um privilégio ôntico-ontológico", na medida em que "somente a ontologia fundamental pode colocar-se diante de um problema cardeal, a saber, da questão sobre o sentido de ser em geral"; e é a partir dessas considerações – bem por isso basilares – que o filósofo dirá que "da própria investigação resulta que o sentido metodológico da descrição fenomenológica é *interpretação*".[67] Assim, fenomenologia do *Dasein* é "*hermenêutica* no sentido originário da palavra em que se designa o ofício de interpretar"; é desvendando-se o sentido de ser e as estruturas fundamentais do *Dasein* em geral que se abre "o horizonte para qualquer investigação ontológica ulterior dos entes não dotados do caráter de presença", donde decorre que "a hermenêutica da

---

[65] HEIDEGGER, Martin. *Ser e Tempo*, op. cit., p. 77.

[66] Márcia Sá Cavalcante Schuback, que traduz e prefacia a edição de *Ser e Tempo* consultada nesta pesquisa (e que traduz a expressão "*Dasein*" como "*presença*"), faz considerações esclarecedoras para a compreensão desta categoria hermenêutica fundamental, e sobre o dilema de traduzir, ou não, a expressão "*Dasein*": "Se o leitor lê a tradução porque não sabe alemão, ele lerá em primeiro lugar não uma palavra mas um conjunto de letras e fonemas, e essa palavra só terá sentido, ou bem quando explicada e traduzida, ou bem quando o leitor aprender alemão, e nesse caso poder prescindir da tradução. A não-tradução faz da palavra mais cotidiana em alemão, *Dasein*, a palavra mais esdrúxula quando pronunciada em português, '*Dasein*', tornando-se assim infiel à característica mais própria da linguagem de Heidegger, que não é tanto a introdução de palavras inusitadas, mas o uso inusitado e extraordinário de palavras usuais e cotidianas da língua alemã"; dito isso, guarde-se bem que "*Dasein* é um termo decisivo em *Ser e Tempo*. Mas é decisivo precisamente por indicar a condição existencial de possibilidade de um pensamento que não se define e nem se esgota com a racionalidade categorial dos conceitos. *Dasein* não é um conceito, mas uma 'indicação formal', um aceno. Distintamente de um conceito, que é síntese do múltiplo e diverso numa universalidade, *Dasein* é indicação de experiência, onde compreender não diz agarrar a realidade com esquemas já dados, mas deixar-se tomar pelo que faz a compreensão buscar compreender". HEIDEGGER, Martin. *Ser e Tempo*, op. cit., p. 16-7.

[67] HEIDEGGER, Martin. *Ser e Tempo*, op. cit., p. 77.

presença torna-se também uma 'hermenêutica' no sentido de elaboração das condições de possibilidade de toda investigação ontológica".[68]

A contar do momento em que a investigação do sentido de ser parte de uma analítica do *Dasein* (um ente que atua, como visto, a partir de uma certa compreensão de seu próprio ser – e que é, neste sentido, "pré-ontológico"[69]), trabalha-se com uma interpretação fundada no momento mais radical, o da abertura para o mundo, o da compreensão primeira, a partir da qual se desenvolve a ação humana; essa *compreensão existencial* faz com que a hermenêutica passe a ser o fundamento ontológico do próprio *Dasein*, sendo anterior à cisão entre sujeito e objeto, natureza e cultura, ou até mesmo à própria consciência.[70]

Ainda é necessário ir além na Filosofia Hermenêutica, se quisermos chegar bem a Gadamer (e à sua Hermenêutica Filosófica, que nos auxiliará, e muito, na compreensão do contributo dworkiniano para o processo jurisdicional democrático). Para tanto, precisamos saber que, em sua cotidianidade, o *Dasein* é o pressuposto inafastável a partir do qual se pode entrar em contato com o ser; daí Heidegger utilizar a expressão "ser-no-mundo" para designar a estrutura do *Dasein*, que deve ser o ponto de partida de sua analítica; Silva Filho leciona que a referência a *ser-no-mundo*[71] implica, basicamente, três abordagens elaboradas na primeira parte de *Ser e Tempo*: "o conceito de *mundo* e a ideia de *mundanidade*; o *ser-aí* enquanto jogado no cotidiano, isto é, a referência ao homem concreto, visto em sua vivência; e, finalmente, a relação de sentido unitária que se estabelece entre os entes a partir do *ser-aí* em sua mundanidade, o que Heidegger designa por *ser-em*"; por isso mesmo é que a analítica do *Dasein* se revelará um caminho que encontra os entes e sua significação no

---

[68] HEIDEGGER, Martin. *Ser e Tempo*, op. cit., p. 77.

[69] Ensina Stein que "para colocar a questão do sentido do ser, de modo expresso, era necessária uma explicação ontológica do ser-aí. Isto seria necessário porque 'compreensão do ser é, sem si mesma, uma determinação ontológica do ser-aí', justamente porque a 'a cada característica ôntica do ser-aí deve-se ao fato de ele ser ontológico', o que não quer dizer que ele tenha elaborado uma ontologia. E porque reservamos o nome ontologia para a interrogação explícita e teórica a respeito do sentido do ser, o ser-aí assume uma característica pré-ontológica. Isto quer dizer que o ser-aí é ao modo de compreensão do ser". STEIN, Ernildo. *Compreensão e Finitude: Estrutura e Movimento da Interrogação Heideggeriana*, op. cit., p. 186.

[70] SILVA FILHO, José Carlos Moreira da. *Hermenêutica Filosófica e Direito*: O Exemplo Privilegiado da Boa-Fé Objetiva no Direito Contratual, op. cit., p. 58-9.

[71] Em um texto posterior a *Ser e Tempo*, Heidegger clarificou esta noção de *ser-no-mundo*: "Naquela determinação, 'mundo' não significa um ente e nem o âmbito do ente, mas a abertura do ser. O homem é e é homem, na medida em que é ek-sistente. Ele está postado na e a caminho da abertura do ser, abertura que é, como tal, o próprio ser, o qual, como jogada, jogou a si mesmo como essência do homem no 'cuidado'. E é assim 'jogado' que se encontra o homem 'na' abertura do ser. 'Mundo' é clareira do ser, na qual o homem, a partir de seu ser jogado, surge e se põe de pé". HEIDEGGER, Martin. *Marcas do Caminho*. Petrópolis, RJ: Vozes, 2008, p. 362.

plano da faticidade, o que desembocará na "hermenêutica da faticidade", entendida como a investigação ontológica fundamental de Heidegger.[72]

Aliás, antes mesmo de *Ser e Tempo* Heidegger já introduzira a expressão "hermenêutica da faticidade", a fim de contrapor seu próprio modo de colocação do problema ao idealismo da consciência; Gadamer explica que "facticidade é mesmo manifestamente o inaclarável que resiste a toda tentativa de alcançar a transparência da compreensão", donde "fica claro que permanece em toda compreensão de sentido algo impassível de ser esclarecido e que se precisa retrojetar a questão àquilo que motiva toda a compreensão".[73] Essa faticidade, que visa ao ser-aí (*Dasein*) do homem, e que sublinha a "fatualidade do fato", torna-se um novo desafio para o querer compreender; assim, é constitutivo do *Dasein* humano "o fato de virmos ao mundo sem sermos questionados e de sermos chamados sem sermos questionados", sendo que "em todo o nosso 'ter-sido-jogado', vivemos em vista de nosso futuro, de um futuro para o qual nos projetamos".[74]

Com isso – segue Gadamer –, a hermenêutica concentra-se (passa a se concentrar) em algo incompreensível, sendo por meio daí (do desafio do incompreendido e do incompreensível) que ela é trazida para o caminho do questionamento e obrigada a compreender, o que acaba por minimizar o paradoxo que reside na hermenêutica da faticidade; não isso ou aquilo que não foi compreendido, mas o incompreensível puro e simples, o fato de estar aí, e, ainda mais, a incompreensibilidade de não ser: é isso que projetamos em vista de sentido.[75]

No tear dessas premissas é que, em *Ser e Tempo*, Heidegger re-elabora a relação entre "compreensão" e "interpretação", dando primazia existencial à primeira. O caso é que o compreender passa a ser interpretado como um "existencial fundamental", como um fenômeno concebido "como modo fundamental de *ser* da presença"; isto é: se o *Dasein* é um ente no qual, como ser-no-mundo, está em jogo "seu próprio ser" (cujo sentido é interrogado), ele *é*, sobretudo, "possibilidade de ser", ou seja, "toda presença é o que ela pode ser e o modo em que é a sua possibilidade", entendida esta como designativa do que "*ainda* não é real e que *nunca*

---

[72] SILVA FILHO, José Carlos Moreira da. *Hermenêutica Filosófica e Direito*: O Exemplo Privilegiado da Boa-Fé Objetiva no Direito Contratual, op. cit., p. 59-60.

[73] GADAMER, Hans-Georg. *Hermenêutica em Retrospectiva*: A Virada Hermenêutica. Petrópolis, RJ: Vozes, 2007, v. II , p. 19.

[74] GADAMER, Hans-Georg. *Hermenêutica em Retrospectiva*: Heidegger em Retrospectiva, op. cit., p. 96.

[75] Ibidem, p. 96-7.

será necessário"; neste sentido, "a presença é de tal maneira que ela sempre compreendeu ou não compreendeu ser dessa ou daquela maneira".[76]

É importante tentar explicar isso melhor, até porque, se isso não for bem digerido, crescerão as chances de não nos entendermos com Gadamer. Nesta altura de *Ser e Tempo*, Heidegger responde a uma pergunta esclarecedora (e fundamental para o bom desenvolvimento da nossa tarefa): por que o compreender em todas as dimensões essenciais do que nele se pode abrir, sempre conduz às *possibilidades*? Eis a resposta: "porque, em si mesmo, compreender possui a estrutura existencial que chamamos de *projeto*"; com isso, ele quer dizer que "como presença, ela já sempre se projetou e só é em se projetando", ou seja, "na medida em que é, a presença já se compreendeu e sempre se compreenderá a partir de possibilidades", ou, resumindo tudo: "enquanto projeto, compreender é o modo de ser da presença em que a presença *é* as suas possibilidades enquanto possibilidades".[77]

Claro: o *Dasein* é (guardemos bem isso) um ente compreensivo, ou seja, ele *é* questionando-se a respeito do sentido de ser. Ao fazê-lo, sempre estará em jogo uma compreensão de si mesmo (como ser-aí, jogado no mundo), que lhe possibilitará *projetar-se* na direção de possibilidades (de si mesmo). Este *é* o seu modo de ser. É neste sentido que a proposição "o *Dasein* é suas possibilidades enquanto possibilidades" deve ser assimilada. O *Dasein é* compreendendo! Este é o seu comportamento. Por isso é que Heidegger dirá que "no projetar de possibilidades já se antecipou uma compreensão de ser. Ser é compreendido no projeto e não concebido ontologicamente" e que "o ente que possui o modo de ser do projeto essencial de ser-no-mundo tem a compreensão de ser como um constitutivo de seu ser".[78]

Essas colocações todas eram mandatórias para que pudéssemos chegar aonde estamos, ou seja, em condições de entender a real extensão da espetacular conclusão de Heidegger – da qual não se pode discordar – de que "interpretar não é tomar conhecimento do que se compreendeu, mas elaborar as possibilidades projetadas no compreender".[79]

Perfeito: vale dizer, qualquer significação que se atribua a um ente é, na verdade, uma interpretação, visto que toda a atividade do sujeito está calcada em um momento prévio, fundante, de abertura para o mundo; é a *este* instante que se denomina *compreensão existencial*, e que permitirá instaurar inúmeras possibilidades do ser-aí, a serem desenvolvidas,

---

[76] HEIDEGGER, Martin. *Ser e Tempo*, op. cit., p. 203-4.
[77] Ibidem, p. 205-6.
[78] Ibidem, p. 208.
[79] Ibidem, p. 209.

portanto, na *interpretação*.[80] Em resumo: compreendemos para poder interpretar, e não o reverso, como nos vem alertando há horas Lenio Streck.[81]

A percepção da dinâmica que se instaura entre o compreendido (algo que nos chega *como* algo,[82] sendo este significado desde sempre previamente mediado pela linguagem, pela significação que o ente – já – possui no mundo que nos constitui) e o interpretado (retorno da compreensão fundante, que só agora pode ser tematizada)[83] é uma contribuição visceral de Heidegger para as hermenêuticas, e que será apropriada, como se verá, por Gadamer, na forma de seu *círculo hermenêutico* (ou *espiral hermenêutica*).

Mas insistamos ainda especificamente em Heidegger: depois de afirmar que a "totalidade conjuntural" torna-se "fundamento essencial da interpretação cotidiana da circunvisão" (isso porque, mesmo depois de ter sido percorrida por uma interpretação, ela se recolhe novamente numa compreensão implícita), o filósofo explicará que a interpretação sempre se funda numa *posição prévia*,[84] numa *visão prévia*[85] e numa *concepção prévia*[86] (o que será *traduzido* em Gadamer, adiantamos, na *pré-compreensão*). Com isso, o ponto a ser clarificado é o de que a compreensão prévia é um

---

[80] SILVA FILHO, José Carlos Moreira da. *Hermenêutica Filosófica e Direito*: O Exemplo Privilegiado da Boa-Fé Objetiva no Direito Contratual, op. cit., p. 60-1.

[81] Diz Lenio: "Ora, é preciso ter claro que a compreensão antecede a qualquer interpretação, o que significa dizer, com todas as letras, que *não é a interpretação que conduz a alguma coisa, mas, antes, é a compreensão que atua como condição de possibilidade desse ato interpretativo*, que funciona como uma elaboração (explicitação) do (já) compreendido". STRECK, Lenio Luiz. Hermenêutica (Jurídica): Compreendemos Porque Interpretamos ou Interpretamos Porque Compreendemos? Uma Resposta a Partir do *Ontological Turn*, op. cit., p. 228.

[82] "O que se abre no compreender, o compreendido, é sempre de tal modo acessível que pode relevar-se expressamente em si mesmo 'como isto ou aquilo'. O 'como' constitui a estrutura do *expressamente* compreendido; ele constitui a interpretação". HEIDEGGER, Martin. *Ser e Tempo*, op. cit., p. 210.

[83] SILVA FILHO, José Carlos Moreira da. *Hermenêutica Filosófica e Direito*: O Exemplo Privilegiado da Boa-Fé Objetiva no Direito Contratual, op. cit., p. 61-2.

[84] "Ao apropriar-se da compreensão, a interpretação se move em sendo compreensivamente para uma totalidade conjuntural já compreendida. A apropriação do compreendido, embora ainda velado, sempre cumpre o desvelamento guiada por uma visão que fixa o parâmetro na perspectiva do qual o compreendido há de ser interpretado". HEIDEGGER, Martin. *Ser e Tempo*, op. cit., p. 211.

[85] "A interpretação funda-se sempre numa *visão prévia*, que 'recorta' o que foi assumido na posição prévia, segundo uma possibilidade determinada de interpretação. O compreendido, estabelecido numa posição prévia e encarado numa 'visão previdente' (*vorsichtig*) torna-se conceito através da interpretação". HEIDEGGER, Martin. *Ser e Tempo*, op. cit., p. 211.

[86] "A interpretação pode haurir conceitos pertencentes ao ente a ser interpretado a partir dele mesmo, ou então forçar conceitos contra os quais o ente pode resistir em seu modo de ser. Como quer que seja, a interpretação sempre já se decidiu, definitiva ou provisoriamente, por uma determinada conceituação, pois está fundada numa *concepção prévia*". HEIDEGGER, Martin. *Ser e Tempo*, op. cit., p. 211.

*sentido*[87] que o homem assume de modo inconsciente e que, ademais, já lhe é transmitido pela própria linguagem (que já nos envolve e nos comunica inúmeros sentidos).[88]

E aqui chegamos ao (já antes anunciado) caráter circular da compreensão, na exata medida em que a "interpretação já sempre se movimenta no já compreendido e dele se deve alimentar", o que não deve ser entendido como "um vício", mas, sim, como um reconhecimento das condições essenciais de realização de qualquer interpretação possível; é no contexto destas reflexões que Heidegger lança uma de suas máximas mais conhecidas: "o decisivo não é sair do círculo mas entrar no círculo de modo adequado", o que quer dizer que a possibilidade positiva do conhecimento mais original só pode ser apreendida de modo *autêntico* se a interpretação tiver compreendido que "sua primeira, única e última tarefa é de não se deixar guiar, na posição prévia, visão prévia e concepção prévia, por conceitos populares e inspirações", ou seja, na "elaboração da posição prévia, da visão prévia e concepção prévia, ela deve assegurar o tema científico a partir das coisas elas mesmas".[89] Quer dizer, voltamos (na verdade, daqui nunca saímos) à fenomenologia.

Stein faz a seguinte leitura do "círculo da compreensão" em Heidegger: "somente o ser-aí pode ter ou estar privado de sentido. Portanto, pela compreensão prévia, que é a abertura do ser-aí, nós já sempre levamos conosco o sentido que buscamos"; e *disso* é que resulta, arremata o filósofo gaúcho, "o círculo da compreensão ou o círculo hermenêutico".[90]

Nas palavras de Gadamer, a reflexão hermenêutica de Heidegger (que neste particular lhe é especialmente cara) tem o seu ponto alto não no fato de demonstrar que prejaz um círculo à interpretação compreensiva, mas em demonstrar que este círculo tem um sentido ontológico positivo, pela exata razão de que "toda interpretação correta tem que proteger-se da arbitrariedade de intuições repentinas e da estreiteza dos hábitos de pensar imperceptíveis e voltar seu olhar para 'as coisas elas mesmas'", pois "o que importa é manter a vista atenta à coisa através de todos os desvios a que se vê constantemente submetido o intérprete em

---

[87] A expressão "sentido", para Heidegger, tem um significado diferenciado: "Se junto com o ser da presença o ente intramundano também se descobre, isto é, chega a uma compreensão, dizemos que ele tem *sentido*. Rigorosamente, porém, o que é compreendido não é o sentido, mas o ente e o ser. Sentido é aquilo que sustenta a compreensibilidade de alguma coisa. [...] *Sentido é a perspectiva na qual se estrutura o projeto pela posição prévia, visão prévia e concepção prévia. É a partir dela que algo se torna compreensível como algo*". HEIDEGGER, Martin. *Ser e Tempo*, op. cit., p. 212-3.

[88] SILVA FILHO, José Carlos Moreira da. *Hermenêutica Filosófica e Direito*: O Exemplo Privilegiado da Boa-Fé Objetiva no Direito Contratual, op. cit., p. 63.

[89] HEIDEGGER, Martin. *Ser e Tempo*, op. cit., p. 214-5.

[90] STEIN, Ernildo. *Compreensão e Finitude*: Estrutura e Movimento da Interrogação Heideggeriana. op. cit., p. 247.

virtude das idéias que lhe ocorrem".[91] Essa preocupação com a obstrução dos relativismos, com a busca pela interpretação correta, desde um método fenomenológico, pautará a obra de Gadamer e as energias do nosso estudo.

Em todo caso, ainda interessa destacar, agora de modo mais agudo, e com a finalidade de concluir esse (necessariamente) resumido percurso pelo caminho da interrogação heideggeriana, o papel que a *linguagem* assume em relação à Filosofia a partir das suas reflexões.

A celebrada frase "a linguagem é a morada do ser",[92] lançada por Heidegger em sua carta *Sobre o Humanismo*, é um bom eixo para desenvolvermos este tópico. O que sustenta essa poderosa afirmação é o fato de a linguagem ser indissociável do pensamento, isto é, "não podemos presumir um momento em que, ao mesmo tempo, temos consciência de algo e estamos despidos de linguagem, podendo utilizá-la como mero instrumento de expressão de ideias", visto que o pensar já traz *em si* o acesso à linguagem; dessa forma, "é a linguagem que nos traz a verdade do ser, ou seja, o desenvolvimento das possibilidades em nós previamente instauradas (a interpretação)".[93] Dito de maneira mais simples, é justamente com a linguagem que pensamos: é ela que nos possibilita interpretar o compreendido.

Portanto, com Lenio Streck, podemos dizer que a linguagem é totalidade; é abertura para o mundo; é, enfim, *condição de possibilidade*; melhor dizendo, a linguagem "é constituinte e constituidora do saber, e, portanto, do nosso modo-de-ser-no-mundo, que implica as condições de possibilidades que temos para compreender e agir".[94] Nas palavras do próprio Heidegger, a linguagem, enquanto *casa do ser*, é "apropriada pelo ser em meio ao acontecimento e estabelecida pelo ser. Por isto há que se pensar a essência da linguagem a partir de sua correspondência, ou seja, como morada da essência do homem".[95] Heidegger retomou o assunto na con-

---

[91] GADAMER, Hans-Georg. *Verdade e Método I*: Traços Fundamentais de Uma Hermenêutica Filosófica. 6. ed. Petrópolis: Vozes, Bragança Paulista: Editora Universitária São Francisco, 2004, p. 356.

[92] Eis o contexto em que a frase foi empregada: "O pensamento leva a cabo a relação entre o ser e a essência do homem. Ele não faz, nem produz essa relação. O pensamento se limita a oferecê-la ao ser como aquilo que a ele próprio foi doado pelo ser. Esse oferecer consiste no fato de o ser vir à linguagem no pensar. A linguagem é a morada do ser. Na habitação da linguagem mora o homem. Os pensadores e os poetas são os guardiões dessa morada. Sua vigília consiste em levar a cabo a manifestação do ser, na medida em que, por seu dizer, a levam a linguagem e nela a custodiam". HEIDEGGER, Martin. *Marcas do Caminho*, op. cit., p. 326.

[93] SILVA FILHO, José Carlos Moreira da. *Hermenêutica Filosófica e Direito*: O Exemplo Privilegiado da Boa-Fé Objetiva no Direito Contratual, op. cit., p. 67.

[94] STRECK, Lenio Luiz. *Hermenêutica Jurídica e(m) Crise*: Uma Exploração Hermenêutica da Construção do Direito, op. cit., p. 196.

[95] HEIDEGGER, Martin. *Marcas do Caminho*, op. cit., p. 346.

ferência intitulada *A Essência da Linguagem*, na qual insistiu nesse ponto, explicando-o melhor. Num primeiro momento, ao abordar a relação entre a "palavra" e a "coisa", colocou que "esta relação não é contudo um relacionamento entre a coisa de um lado e a palavra de outro. A palavra é ela mesma a relação que a cada vez envolve de tal maneira a coisa dentro de si que a coisa 'é' coisa"; isso quer dizer que "o ser de tudo aquilo que é mora na palavra", já que "é a palavra que confere ser às coisas".[96] Ou seja, não há "mundo" sem (ou fora da) linguagem. Não há *ser* fora da palavra. Mundo é mundo pensado (Streck). É a linguagem (a palavra) que constitui (e institui) a possibilidade de ser-no-mundo. É por isso que Heidegger explica que para se questionar sobre a linguagem ou sobre a sua essência, é preciso que tanto a linguagem como a essência já se nos tenham indicado (como tais), ou seja, "tanto o questionamento quanto a interrogação necessitam, não só aqui como em qualquer outro lugar, de ter dado indícios daquilo que tocam e buscam com suas questões".[97]

Mas atenção: a linguagem como totalidade não implica dizer que ela – linguagem – *cria* o mundo: este existe independentemente de nós; o que se quer dizer é que, já que a linguagem nos precede (estamos *sempre* e *desde sempre* nela), o mundo somente será mundo, como mundo, se o nomearmos, é dizer, se lhe dermos sentido como mundo (e não como mundo em si).[98] *Isso é* a centralidade da linguagem, que "transcende o pensamento apresentacional, pertence ao modo de ser do homem, não é um mero instrumento de comunicação"; e é *isso* que nos permite concluir, com a feliz síntese de Silva Filho, que "a função do pensamento passa a ser a de trazer a ocorrência do ser para uma forma falada".[99]

O conjunto destas noções promove uma verdadeira *revolução* na concepção do "conceito corrente" de *verdade*, que, segundo Heidegger, se exprimiria de duas maneiras: "por um lado, a consonância entre uma coisa e o que dela previamente se presume, e, por outro lado, a concordância entre o que é visado pela enunciação e a coisa"; ou, dito de outro modo, verdade como "adequação da coisa com o conhecimento" ou como "adequação do conhecimento com a coisa".[100]

Ora, a partir do momento em que não há uma dicotomia (separação) entre um sujeito cognoscente e um objeto (a ser conhecido), não há mais

---

[96] HEIDEGGER, Martin. *A Caminho da Linguagem*. 3 ed. Petrópolis, RJ: Vozes; Bragança Paulista, SP: Editora Universitária São Francisco, 2003, p. 127-30.

[97] Ibidem, p. 134-5.

[98] STRECK, Lenio Luiz. *Hermenêutica Jurídica e(m) Crise*: Uma Exploração Hermenêutica da Construção do Direito, op. cit., p. 197-8.

[99] SILVA FILHO, José Carlos Moreira da. *Hermenêutica Filosófica e Direito*: O Exemplo Privilegiado da Boa-Fé Objetiva no Direito Contratual, op. cit., p. 71.

[100] HEIDEGGER, Martin. *Marcas do Caminho*, op. cit., p. 192.

espaço para se pensar a verdade como a representação do real. Indo direto ao assunto, Heidegger demonstrará que, na contramão da metafísica, é a *liberdade* a essência da verdade; não a liberdade como "arbítrio humano", mas como aquilo que "deixa que cada ente seja o que ele é", ou seja, a liberdade revela-se como aquilo que "deixa-ser" o ente.[101] Melhor explicado, "deixar-ser" o ente – a saber, o ente como ele é – significa entregar-se ao aberto e à sua abertura, na qual todo ente entra e permanece, e que cada ente traz, por assim dizer, consigo; verdade como "desvelamento", portanto, compreende a indicação de pensar a noção de verdade no sentido "do caráter de ser desvelado e do desvelamento do ente", o que se desdobra num "recuo diante do ente, a fim de que este se manifeste naquilo que é e como é, de tal modo que a adequação representativa dele receba a medida".[102]

Aqui entra em campo o outro *teorema fundamental heideggeriano* (Stein) da "diferença ontológica", a respeito do qual já falamos, mas que merece ter o seu papel melhor explicado. É que, se verdade é des-velamento, é des-ocultação, esse des-velamento, esse des-cobrimento, como verdade sobre o "ser", será chamado *verdade ontológica*; acontece que "des-velamento do ser é, sempre verdade do ser do ente. No des-velamento do ente já sempre reside um des-velamento de seu ser. Verdade ôntica e ontológica sempre se referem, de maneira diferente, ao ente em seu ser e ao ser do ente"; desta sorte, "a essência ôntico-ontológica da verdade em geral, desta maneira necessariamente bifurcada, somente é possível junto com a irrupção dessa *diferença ontológica*".[103]

Gadamer nos auxiliará no esclarecimento desse importante *teorema*; ele próprio teve a oportunidade de perguntar a Heidegger como é que se chegava ao ponto de *fazer* uma tal diferenciação ontológica, o obteve como resposta – isso em 1924 – o seguinte: "Mas não! Essa distinção não é de modo algum feita por nós"; aos olhos de Gadamer, isso quer dizer que "a diferença não é algo feito por alguém, mas que somos colocados nessa diferenciação, nessa diferença"; vale dizer, "ser" mostra-se "no" ente e nisso já reside a questão sobre o que significa o fato de o ente se "dar", ou seja, "o nosso pensamento se encontra desde o princípio sobre o ca-

---

[101] HEIDEGGER, Martin. *Marcas do Caminho*, op. cit., p. 200.

[102] Ibidem, p. 200-1. O filósofo ainda arremata: "A liberdade assim compreendida, como deixar-ser do ente, realiza e efetua a essência da verdade sob a forma de desvelamento do ente. A 'verdade' não é uma característica de uma proposição conforme, enunciada por um 'sujeito' relativamente a um 'objeto' e que, então, é 'válida' não se sabe em que âmbito; a verdade é muito mais o desencobrimento do ente graças ao qual se realiza uma abertura. Em seu âmbito aberto se desenvolve, ex-pondo-se, todo o comportamento, toda tomada de posição do homem. É por isso que o homem é sob o modo da ek-sistência", op. cit., p. 202.

[103] STRECK, Lenio Luiz. *Hermenêutica Jurídica e(m) Crise*: Uma Exploração Hermenêutica da Construção do Direito, op. cit., p. 200.

minho da diferenciação do ente em relação ao ser".[104] Gadamer continua: "a diferença não é algo que se faça, mas algo que se apresenta aí, que se abre como um abismo. Algo se afasta. Um despontar em lugar".[105] Não há mistério algum aqui: é a esse "acontecimento apropriativo" que se chama a "abertura do ser".

Mas enfim: é tempo de recuperarmos o discurso e o foco, e as aproximações do Direito com a hermenêutica gadameriana são as que nos interessam mais de perto, se quisermos nos manter fiéis aos limites fixados pela nossa proposta (tecer reflexões sobre uma teoria processual interpretativa). Importa saber (e reter), portanto, que Gadamer "apropriou-se" das lições de Heidegger e passou a desenvolver (também ele) uma filosofia hermenêutica, situada em relação de continuidade com a filosofia de seu mestre. Podemos dizer, numa síntese apertada, que a "descoberta de uma pré-estrutura da compreensão 'se revela', ao mesmo tempo, o ponto de partida de Gadamer e o ponto de chegada do Heidegger de 1927".[106] Preocupado não tanto com uma ontologia fundamental (que investiga o sentido do ser em geral), mas com a construção de uma hermenêutica (prática) filosoficamente pensada, que reconhece o caráter universal da linguagem e que o enfrenta numa batalha para a superação de arbitrariedades interpretativas, Gadamer desenvolverá uma série de categorias hermenêuticas (pré-conceito, *applicatio*, tradição, história efeitual, círculo hermenêutico, fusão de horizontes) cujo esclarecimento depende (em grande medida) de uma compreensão inicial de Heidegger, e que pontuarão a nossa pesquisa de ora em diante. Como veremos, a filosofia gadameriana serve bem ao propósito de melhor interpretar o Direito e os seus textos, circunstância que a torna mais compreensível e palatável mesmo aos juristas "não iniciados" em hermenêutica.

Em todo caso, fixemos que a hermenêutica filosófica de Gadamer coloca em questão não o que fazemos, ou o que deveríamos fazer, mas o que nos acontece além do nosso querer e fazer; neste sentido, seu escopo não é (e nem poderia ser) o de estabelecer um método, mas descobrir e tornar consciente algo que foi encoberto e ignorado pela disputa sobre os métodos, algo que, antes de limitar e restringir a ciência moderna, precede-a e em parte torna-a possível.[107] Por isso é que nos é permitido afirmar que sua principal obra, *Verdade e Método*, é melhor lida enquanto *Verdade con-*

---

[104] GADAMER, Hans-Georg. *Hermenêutica em Retrospectiva*: Heidegger em Retrospectiva, op. cit., p. 92-3.

[105] Ibidem, p. 93.

[106] SILVA FILHO, José Carlos Moreira da. *Hermenêutica Filosófica e Direito*: O Exemplo Privilegiado da Boa-Fé Objetiva no Direito Contratual, op. cit., p. 72.

[107] GADAMER, Hans-Georg. *Verdade e Método I*: Traços Fundamentais de Uma Hermenêutica Filosófica, op. cit., p. 14-5.

*tra o Método*. É bem isso: o próprio Gadamer deixa claro que compreender e interpretar textos não é um expediente reservado apenas à ciência, mas pertence ao todo da experiência do homem no mundo, de modo que, na sua origem, o fenômeno hermenêutico não é (não poderia ser), de forma alguma, um problema de método.[108]

Mais particularmente, para efeito da hermenêutica gadameriana, interessa saber que a pertença do intérprete ao seu objeto, que não conseguia encontrar uma legitimação correta na reflexão da escola histórica, obtém, com Heidegger, um sentido que pode ser demonstrado concretamente; e é no fio dessa fala que Gadamer dirá que "demonstrar esse sentido é tarefa da hermenêutica".[109]

E *dessa* (experiência) hermenêutica, de cariz filosófico – esse é o ponto a ser defendido –, não pode (mais) prescindir o Direito.

A situação é a seguinte: estamos alinhados com Lenio Streck em sua verdadeira *cruzada* pela ontologização do Direito, que está situada desde a introdução do mundo prático na Filosofia, o que aconteceu, como visto, e com bastante ênfase, por Heidegger, e que revolucionou a estrutura do pensamento da humanidade. Trata-se, pois, da assimilação de que há um novo *a priori* que precede qualquer discurso, e que faz derreter, a partir da diferença ontológica, o esquema sujeito-objeto, pois o antecede e, antecedendo-o, liquida-o, pois pulveriza o fundamento (subjetivo ou objetivo) do qual parte a fala da(s) metafísica(s). Ora, se a linguagem passa a ser aceita como "modo de acesso às coisas e ao mundo",[110] e o Direito "se dá" na linguagem, como (ou por quê?) *blindar* o Direito destes influxos? Na falta de uma resposta convincente a essa pergunta, cabe a nós, isso sim, trabalhar a filosofia – repetimos – como *condição de possibilidade* do Direito, pensá-la *no* Direito, introduzindo o *mundo* no Direito.[111]

Por isso é que, insistimos: Filosofia *no* Direito. Não como ornamento ou por diletantismo, mas para resolver de maneira autêntica problemas práticos, para pensar o Direito em seu *acontecer*, ou, simplesmente, para deixar que o Direito *seja* aquilo que ele deve ser: o lugar da concretização justa de direitos.

---

[108] GADAMER, Hans-Georg. *Verdade e Método I*: Traços Fundamentais de Uma Hermenêutica Filosófica, op. cit., p. 29.

[109] Ibidem, p. 353.

[110] Cf. STEIN, Ernildo. *Novos Caminhos para uma Filosofia da Constitucionalidade*: Notas Sobre a Obra Jurisdição Constitucional e Hermenêutica – Uma Nova Crítica do Direito, de Lenio Luiz Streck. Porto Alegre, 2003. Disponível em <www.ihj.org.br>.

[111] STRECK, Lenio Luiz. A Constituição (ainda) Dirigente e o Direito Fundamental à Obtenção de Respostas Corretas, op. cit., p. 277-8.

Desnecessário dizer que uma proposta filosófica nestes moldes bate-se de frente com o *habitus* dos operadores do Direito que, de maneira irrefletida, mantêm o discurso de que "interpretar é descobrir o sentido e o alcance da norma; fazer hermenêutica jurídica é procurar a significação dos conceitos jurídicos; enfim, interpretar é explicar, esclarecer, dar o verdadeiro (sic) significado ao vocábulo; extrair da norma tudo que ela contém".[112]

Claro: afinal de contas, o *legislador* é uma figura *singular* (não obstante os colegiados) que é *permanente* (pois não desaparece com a passagem do tempo), *consciente* (porque conhece todas as normas que emana), *finalista* (pois sempre tem uma intenção), *onisciente* (já que nada lhe escapa, sejam eventos futuros, passados ou presentes), *coerente* (ainda que se contradiga na prática), *onicompreensivo* (pois o ordenamento tudo regula, implícita ou explicitamente), *econômico* (nunca é redundante), *operativo* (pois todas as normas têm aplicabilidade, não havendo normas nem palavras inúteis) e *preciso* (porque, apesar de se valer da linguagem natural, sempre lhe confere um sentido rigorosamente técnico), como ironiza Santiago Nino, citado por Lenio Streck.[113]

Ora, isso de considerar a *intenção* do legislador como um "fato psicológico complexo, trancado na história, à espera de ser extraído de panfletos, cartas e antigos anais" é um erro comum e sério, porque não há nada semelhante a uma tal intenção esperando para ser descoberta, mesmo que em princípio: o que existe é, como diz Dworkin, "apenas alguma coisa esperando para ser criada".[114] E a aposta na extração de uma espécie de *mais-valia* dos sentidos dos conceitos do Direito (Streck) é igualmente ingênua: como poderíamos pensar "que decisões importantes sobre o uso do poder do Estado pudessem se transformar em um mero jogo de palavras"?[115]

É exatamente isso: a prática do Direito é hermenêutica, e hermenêutica é filosofia. Assim, somente poderemos entender afirmações e argumentos interpretativos "se pararmos de tratá-los como tentativas condenadas a relatar significados ontologicamente independentes, espalhados entre os objetos do universo".[116]

---

[112] STRECK, Lenio Luiz. Hermenêutica (Jurídica): Compreendemos Porque Interpretamos ou Interpretamos Porque Compreendemos? Uma Resposta a Partir do *Ontological Turn*, op. cit., p. 225.

[113] *Apud* STRECK, Lenio Luiz. *Hermenêutica Jurídica e(m) Crise*: Uma Exploração Hermenêutica da Construção do Direito, op. cit., p. 88.

[114] DWORKIN, Ronald. *Uma Questão de Princípio*, op. cit., p. 51.

[115] DWORKIN, Ronald. *O Império do Direito*, op. cit., p. 50.

[116] DWORKIN, Ronald. *Uma Questão de Princípio*, op. cit., p. 252.

Nesta conjuntura, fica (ainda mais) nítida a importância da Filosofia *no* Direito, já que é com ela que poderemos tematizar toda essa dimensão que sustenta o *campo raso* do direito positivo. Explica Stein que, nesta lógica, "o direito ganha uma densidade em sua linguagem e todo operador no direito, atinge uma auto-compreensão que aumenta o aparecer das raízes que o alimentam com um nível em que ao operar se soma um compreender prévio, antecipador de um acontecer sustentado pela hermenêutica da faticidade".[117]

Pontuando, o fato é que (de acordo com o argumento que será desenvolvido ao longo da nossa pesquisa) se os grandes dispositivos constitucionais estabelecem princípios morais extremamente abstratos, e que precisam ser interpretados para que possam ser aplicados, (aliás, interpretar é aplicar, não há cisão possível entre estes atos), "qualquer interpretação comprometerá o intérprete com determinadas respostas a certas questões fundamentais de filosofia e moralidade política".[118]

Finalizando: se estas lições forem bem assimiladas, estaremos em condições de iniciar nossos estudos sobre um processo jurisdicional democrático e hermeneuticamente compreendido.

### 1.3. Por uma compreensão hermenêutica do Direito Processual Civil brasileiro: a necessidade de quebra do protagonismo judicial

Uma vez que nos declaramos situados na tradição do neoconstitucionalismo (constituição normativa, dirigente, compromissória), que estamos abertos aos aportes substantivos da teoria do Direito de Ronald Dworkin (direito enquanto prática interpretativa, compreendido como integridade), e que estamos, finalmente, dispostos a nos deixar arrebatar pela virada linguístico-ontológica promovida pela Filosofia Hermenêutica de Heidegger e secundada pela Hermenêutica Filosófica de Gadamer, cabe-nos agora dirigir nossas energias para uma reflexão sobre o processo jurisdicional (civil) que se entende deva ser praticado no Brasil.

Adiantamos que não é nossa pretensão, dados os contornos da presente pesquisa, entabular uma exploração filosófica dos principais processualistas clássicos e de seus supostos sobre a jurisdição e o processo;[119]

---

[117] STEIN, Ernildo. Breves Considerações Históricas sobre as Origens da Filosofia no Direito. In: *Revista do Instituto de Hermenêutica Jurídica*, n. 5, v. 1, 2005, p.54-5.

[118] DWORKIN, Ronald. *O Direito da Liberdade*: A Leitura Moral da Constituição Norte-Americana, op. cit., p. 548.

[119] Tais como Bülow (e a teoria do processo como relação jurídica); Chiovenda (e o problema da vontade concreta da lei enunciada pelo juiz); Carnelutti (e composição da sua lide); Couture (e as garan-

cumpre-nos antes, apropriando-nos das corretas investigações que já foram conduzidas sobre o assunto (aqui destaco o trabalho de autores contemporâneos, como Adalberto Narciso Hommerding,[120] André Cordeiro Leal[121] e Dierle José Coelho Nunes[122]), investir no que pode haver de "novo" em nossa tentativa, que é a de filtragem do processo pela *Crítica Hermenêutica do Direito* (Streck), desde o marco teórico substantivo dworkiniano, voltadas as baterias à (necessária) quebra da tendência "moderna" de aposta no protagonismo judicial.

É hora de deixarmos isso mais claro: desde o momento em que aceitamos a Constituição, em sua materialidade, como topo normativo e interpretativo, em que interpretamos cláusulas constitucionais importantes (como a do devido processo legal, a do contraditório e da ampla defesa) como princípios "abstratos" de moralidade política, que devem, por sua vez, ser tomados como um todo coerente (e cuja importância só se existencializa no caso particular), e que sustentamos que toda atividade judicial é ato de jurisdição constitucional, não podemos mais conviver com um processo (judicial) que não seja embebido dessas noções todas. E isso quer dizer, com todas as letras, que a integralidade das suas disposições e instituições (não raro, de inspiração liberal-individual-normativista) devem ser submetidas a uma sincera (e radical) *filtragem constitucional*, de molde a permitir que o processo "atue" como aquilo que *é*: direito e garantia fundamentais, *condição de possibilidade* de acesso a uma ordem jurídica justa (constitucional e principiologicamente íntegra). É por intermédio do processo, pois, que o cidadão não só "pede jurisdição" (*sic*), mas verdadeiramente dela *participa*, concorrendo efetivamente para a adequada concretização dos seus próprios direitos (tomados em conjunto, repita-se, com a integridade do ordenamento jurídico), o que não ocorre sem que um diálogo seja permitido (e estimulado) pela agência judiciária, que, de sua vez, só se justificará democraticamente na medida em que se deixe influenciar pelos argumentos (de princípio!) universalizáveis e relevantes das partes, relacionados com a causa em disputa. E *essa* fórmula judiciária, que se pretende democrática (e democratizante), não pode ficar confiada à subjetividade assujeitadora (no sentido do esquema sujei-

---

tias constitucionais do processo); Liebman (a jurisdição como atividade do juiz no exame do mérito); e Fazzalari (processo enquanto procedimento em contraditório). Essa análise já foi feita, ainda que sob o domínio de outro marco teórico (habermasiano), de maneira incensurável por André Cordeiro Leal, a cuja obra permitimo-nos remeter: LEAL, André Cordeiro. Instrumentalidade do Processo em Crise. Belo Horizonte: Mandamentos, Faculdade de Ciências Humanas, FUMEC, 2008.

[120] HOMMERDING, Adalberto Narciso. *Fundamentos para uma Compreensão Hermenêutica do Processo Civil*. Porto Alegre: Livraria do Advogado, 2007.

[121] LEAL, André Cordeiro. Instrumentalidade do Processo em Crise, op. cit.

[122] NUNES, Dierle José Coelho. *Processo Jurisdicional Democrático*: Uma Análise Crítica das Reformas Processuais. Curitiba: Juruá, 2008.

to-objeto) de um juiz "protagonista". A formação da decisão é um papel a ser cumprido a partir da Constituição, e que transita, sim, pelo juiz, mas com o reconhecimento de que este não é o único (e nem bem o principal) ator desta intrincada engrenagem. A jurisdição há de se entender, pois, com a efetiva participação dos demais interessados, com o que se desloca o centro das decisões do Direito da consciência do julgador para um lugar mais amplo, mais plural e, consistentemente, mais democrático. Falamos, pois, no processo de uma autêntica jurisdição constitucional.

Essas proposições todas serão clarificadas ao longo do nosso estudo, mas é importante, desde já, anunciar nossos pontos de partida e de chegada (até porque, já se sabe, esta pré-compreensão deve estar lançada para a melhor compreensão do texto que apresentamos).

Vejamos.

O primeiro passo, pensamos, é o de reconhecer que o direito processual civil não vem, nem de longe, desempenhando este papel que lhe recomendamos no Brasil: ele está em crise, e as causas são muitas e variadas. Entre estas, aponta Adalberto, está o diagnóstico de que os fundamentos do "processo civil desenvolvido no quotidiano dos foros do país" podem ser encontrados na ideologia liberal, na filosofia da consciência (razão moderna), na busca da "verdade" e da "segurança jurídica" pelo método, e no respeito a institutos jurídicos protetores da individualidade e da autonomia da vontade, tais como o ato jurídico perfeito, o direito adquirido e a coisa julgada, elementos típicos do modelo de Direito praticado nos quadros de um Estado Liberal; com isso, o processo tem recebido o homem, o cidadão, apenas como "parte", considerando-o (na melhor das hipóteses) como um "portador de direitos subjetivos", que se deve sujeitar a regras previamente traçadas pelo legislador que, de sua vez, por estar comprometido ideologicamente, lhe dá, pela lei processual, apenas um caminho: "ou se sujeita às regras ou está 'fora do jogo'".[123]

Tem razão. Os apontamentos acima nos descortinam, na realidade, dois problemas: um, de modelo de Direito (preparado para o enfrentamento de conflitos interindividuais – típicos da jurisdição de um Estado Liberal –, o direito não tem condições de enfrentar/atender as demandas de uma sociedade repleta de conflitos supraindividuais, autênticos de um Estado Democrático de Direito); outro, de parâmetro filosófico-interpretativo (presos ao arquétipo aristotélico-tomista e aos supostos da filosofia

---

[123] HOMMERDING, Adalberto Narciso. *Fundamentos para uma Compreensão Hermenêutica do Processo Civil*, op. cit., p. 92-3. A exploração (e exposição) desses compromissos ideológicos (e, até por isso, não abertamente tematizados) do processo vem sendo objeto de profundos estudos e críticas por parte do nosso mestre Ovídio A. Baptista da Silva, que aborda esta "crise" a partir do enfoque do que vem chamando de "Paradigma Racionalista". A compreensão hermenêutica das reflexões do Professor Ovídio, pela sua importância e densidade, será objeto de capítulo próprio deste livro.

da consciência, ainda estamos gravemente reféns do esquema sujeito-objeto); a esse estado de coisas, que não é privilégio do Direito Processual, Lenio Streck dá o nome de "crise de paradigma de dupla face".[124]

Assim, de um lado, a transposição do *logos* matemático ao campo jurídico,[125] na pretensão de conceber o direito (em especial, o processual) como uma ciência "exata", como uma "técnica", um "método", uma "fórmula", cuja obediência fornecesse respostas "seguras", peca por desconsiderar o Direito (todo ele) como integrante das *ciências do espírito* (ciências humanas e sociais), ou seja, erra ao desconsiderar a virada hermenêutica e o impacto que a filosofia de Gadamer (em especial) produz sobre o conceito de ciência em geral.[126] A hermenêutica de perfil filosófico nos denuncia que aí está a crença (metafísica e, portanto, anti-hermenêutica) de que a "lei" possui uma "vontade", que será "revelada" na sentença, a pedido do cidadão, funcionando o processo judicial como um "caminho", uma "etapa", para a obtenção dessa "clarificação". Ora, já sabemos o suficiente para dizer que a jurisdição democrática tem de ser mais do que isso; e que "a suposição de que a lei tenha uma 'vontade' suprime a Hermenêutica, no pressuposto de que a missão do julgador seja apenas a descoberta dessa 'vontade', para proclamá-la na sentença, como se a norma tivesse sempre o 'sentido' que lhe atribuíra o legislador", e isso "mesmo que as circunstâncias históricas e os padrões de moralidade sejam outros, inteiramente diversos daqueles existentes ao tempo da edição da lei".[127]

Dito com outras palavras, o Direito "se dá" na linguagem, e não há como ser diferente (já que a linguagem é o modo de acesso às coisas e ao mundo, como visto). O Direito não é algo fixo, pois, ao qual se recorra em busca de respostas (que estariam "já dadas" na vontade do legislador ou da lei, para ficar apenas nestes "parâmetros" interpretativos). Ora, assim como a linguagem não está à disposição do intérprete para que a manipu-

---

[124] STRECK, Lenio Luiz. *Verdade e Consenso*: Constituição, Hermenêutica e Teorias Discursivas, op. cit., p. 149. A expressão "paradigma", no presente trabalho, vai empregada no sentido proposto por Thomas Kuhn, para quem um paradigma é um modelo ou concepção, calcado em certos pressupostos, que são aceitos pela comunidade científica como "verdades" indiscutíveis. KUHN, Thomas S. *A Estrutura das Revoluções Científicas*. São Paulo: Perspectivas, 1998.

[125] Siches aponta que esta equivocada convicção, apesar de ser característica do século XIX, reflete sintomas encontráveis bem antes, visto que já "algunas Constituciones de Justiniano declarabam que la obra legislativa de este emperador era perfecta, prohibían todo comentário privado y reducían la función Del juiz a términos casi mecânicos, reservando sólo al emperador la interpretación y resolución de las dudas que pudiera suscitar el sentido de la ley". SICHES, Luis Recaséns. *Nueva Filosofia de la Interpretación del Derecho*, op. cit., p. 190-1.

[126] NETTO, Menelick de Carvalho. A Hermenêutica Constitucional sob o Paradigma do Estado Democrático de Direito. In: OLIVEIRA, Marcelo Andrade Cattoni de (Coord.). *Jurisdição e Hermenêutica Constitucional no Estado Democrático de Direito*. Belo Horizonte: Mandamentos, 2004, p. 28.

[127] BAPTISTA DA SILVA, Ovídio. Verdade e Significado. In: ROCHA, Leonel Severo; STRECK, Lenio Luiz. *Constituição, Sistemas Sociais e Hermenêutica*. Porto Alegre: Livraria do Advogado, 2005, p. 268.

le como um instrumento, ele também não pode "operar" o Direito como quem "assujeita" um "objeto". O intérprete deve estar antes disposto a deixar que o Direito "seja" em seu "ser", sem com isso esquecer que ele próprio (intérprete) é parte integrante do processo compreensivo, e que, portanto, estará em jogo (mesmo em termos de processo!) uma *produção* de sentido (e não uma "extração"). Por isso é que, se quisermos pensar em um "método", devemos ficar com o "método" fenomenológico (lembremos Heidegger e Gadamer: o negócio é manter a vista atenta à coisa), e não com o cartesiano (que vai das dúvidas às certezas "racionalmente" comprovadas[128]). Resumindo tudo, a prática do Direito é bem mais complexa do que a esquematização de um silogismo, ou algo parecido.

Enfim. A análise da deficiência hermenêutica nos processos de compreensão/interpretação/aplicação do Direito voltará todo o tempo na nossa pesquisa. Agora, queremos nos dedicar à outra "face" da *crise*, que trata da "baixa constitucionalidade" (Streck) dos agentes judiciários, consistente na falta de compreensão do modelo de Direito adequado para os quadros de um Estado (Social) e Democrático de Direito.

De fato, estamos às voltas com dois desvios: de um lado, convivemos com traços do "liberalismo processual" – típico de um Estado Liberal de Direito[129] –, em cujos quadros o "protagonismo" é inteiramente das partes, sendo o juiz um mero "espectador" desta cena, um "mediador" do

---

[128] A referência constante ao método cartesiano e à sua metafísica não é sem justificativa: ninguém como Descartes representa tão bem o ideal racionalista da obtenção de conhecimento (certezas) através do uso disciplinado da razão. Observe-se a imprecação que abre a segunda das suas *Regras para Direção do Espírito*: "Toda ciência é um conhecimento certo e evidente; e o que duvida de muitas coisas não é mais sábio do que o que nunca pensou nelas e, ao contrário, parece-me mais ignorante que este, se de alguma delas chegou a conceber opinião falsa; portanto, é melhor não estudar nunca, do que ocupar-se de objetos de tal modo difíceis que, não podendo distinguir os verdadeiros dos falsos, nos vejamos obrigados tomar como certo o que é duvidoso, já que neles não há tanta esperança de aumentar a instrução como o perigo de diminuí-la. De modo que pela presente regra, rejeitamos todos os conhecimentos que apenas sejam prováveis, e declaramos que não se deve dar assentimento senão aos perfeitamente conhecidos a respeito dos quais não se pode duvidar". DESCARTES, René. *Discurso do Método; Regras para a Direção do Espírito*. São Paulo: Martin Claret, 2007, p. 75. Agora, acompanhamos Ovídio em sua ressalva de que Descartes, quando tratava dos problemas da moral prática, tinha entendimento diverso, entendendo inevitável que se sigam, muitas vezes, opiniões (apenas) verossímeis. O problema decorre muito mais da transferência, para o Direito, do *logos* matemático, coisa que se deve mais a Leibniz, *e.g.*, do que a Descartes. BAPTISTA DA SILVA, Ovídio. *Jurisdição e Execução na Tradição Romano-Canônica*. 3. ed. Rio de Janeiro: Forense, 2007, p. 183.

[129] A correlação que se traça entre a preferência por um ou outro modelo processual e o regime político do Estado, apesar de não ser "aleatória" (afinal de contas, é intuitivo que o processo civil não esteja imunizado a este tipo de influência), tem finalidade mais "didática" e "ilustrativa" do que, propriamente, "científica". Faço esta ressalva em atenção à seguinte observação de Barbosa Moreira: "A observação atenta da experiência histórica, porém, não confirma a tese de uma vinculação constante e necessária entre a prevalência dos traços 'inquisitivos' e de feição autoritária do regime político, ou entre a prevalência dos traços 'dispositivos' e a feição liberal desse regime". MOREIRA, José Carlos Barbosa. Reformas Processuais e Poderes do Juiz. In: *Temas de Direito Processual*: Oitava Série. São Paulo: Saraiva, 2004, p. 54.

conflito, que age de modo "imparcial",[130] nos limites permitidos pelo que é articulado/provado pelos contraditores. É o processo escrito e dominado pelas partes (*Sache der Partein* – *señores de los pleitos*),[131] e que inspira as noções de "princípio da demanda" (*sic*) e de "princípio dispositivo" (*sic*), para falar apenas nestas leituras desdobradas de disposições do Código de Processo Civil Brasileiro.[132] O juiz, nesta perspectiva "liberal", cumpre um papel visivelmente "passivo", sem qualquer ingerência interpretativa que possa causar embaraços às partes e às relações (especialmente contratuais e econômicas) que as envolvem.[133] É o processo, ilustrativamente, do juiz que prefere, a decidir "corretamente", valer-se da "tábua de salvação" que lhe oferecem as regras sobre o chamado "ônus da prova" (art. 333 do Código de Processo Civil), tudo isso sempre coberto pelo manto (ou "desculpa") da "imparcialidade".[134]

De outro vértice, nos batemos com outra valência: a chamada "socialização do processo", correspondente ao marco do Estado Social (*Welfare State*), e que, a pretexto de funcionalizar socialmente o processo (e, decorrentemente, de publicizá-lo), passa a fornecer respostas que dependem cada vez menos da atuação/fala das partes, na medida em que a jurisdição (enquanto atividade dos juízes) vem revestida de um perfil de "tutela paternalística", quando não de opressão autoritária, mesmo.[135] É o

---

[130] Ensina Ovídio que: "A concepção que costumamos fazer da *imparcialidade* do juiz tem direta relação com a imagem do magistrado do Processo de Conhecimento, que pressupõe um julgador ainda perplexo e indeciso quanto à sorte dos litigantes. É a figura de um magistrado a presidir uma pugna privada, cujo resultado é-lhe, por definição, inteiramente indiferente; o qual, tendo proclamado existente e digno de proteção o direito invocado pelo autor, mesmo assim cruza os braços, sem nada fazer, à espera de provocação do autor vitorioso que, em nova demanda, mais uma vez invoque a proteção do Estado". BAPTISTA DA SILVA, Ovídio. *Da Sentença Liminar à Nulidade da Sentença*. Rio de Janeiro: Forense, 2002, p. 189.

[131] NUNES, Dierle José Coelho. Apontamentos Iniciais de um Processualismo Constitucional Democrático. In: OLIVEIRA, Marcelo Andrade Cattoni de; MACHADO, Felipe (Coord.). *Constituição e Processo*: a Contribuição do Processo ao Constitucionalismo Democrático Brasileiro. Belo Horizonte: Del Rey, 2009, p. 350.

[132] Aqui, a noção de princípio pouco tem a ver com os padrões de moralidade e justiça de que nos fala Dworkin, e que serão estudados no próximo capítulo. De qualquer forma, os chamados "princípios" (*sic*) dispositivo e da demanda são, *grosso modo*, interpretações derivadas das disposições contidas, substancialmente, no art. 128 do Código Processual Civil Brasileiro, e que significam limitações do alcance da atividade jurisdicional quanto ao conhecimento de determinadas questões e quanto à iniciativa probatória do juiz. Com palavras mais autorizadas, leciona Ovídio que "O *princípio dispositivo*, que ilumina inteiramente nosso sistema processual, pressupõe que a ordem jurídica seja coisa do interesse exclusivo das partes, de modo que o juiz do Processo de Conhecimento, como proclama o art. 463 do CPC, nada mais poderá fazer, uma vez publicada a sentença de mérito". BAPTISTA DA SILVA, Ovídio. *Da Sentença Liminar à Nulidade da Sentença*, op. cit., p. 191.

[133] NUNES, Dierle José Coelho. *Processo Jurisdicional Democrático*: Uma Análise Crítica das Reformas Processuais, op. cit., p. 77.

[134] MOREIRA, José Carlos Barbosa. Reflexões sobre a Imparcialidade do Juiz. In: *Temas de Direito Processual*: Sétima Série. São Paulo: Saraiva, 2001, p. 23.

[135] CAPPELLETTI, Mauro. *Juízes Legisladores?* op. cit., p. 45.

processo como "instituição estatal de bem-estar social" (Klein).[136] Sob os auspícios desta inspiração (ainda que em países como o Brasil, por exemplo, não tenhamos sequer "passado" por um Estado Social, como lembra sempre Lenio Streck) é que toma forma o "protagonismo judicial", compreendido como o movimento de expansão dos poderes do juiz na condução/resolução das causas. É essa "visão socializadora" a (principal, ainda que não a única) responsável por enxergar o processo como um mero instrumento técnico de resolução de conflitos de interesses (Carnelutti), e/ou de aplicação quase mecânica do direito objetivo ao caso concreto (Chiovenda), e que tem, como pano de fundo, o processo como um mero instrumento da jurisdição.[137]

Abordando esta questão do desenvolvimento histórico do tal "protagonismo judicial" por uma lente filosófica, Lenio Streck esclarece que se trata de uma "aposta solipsista", lastreada no "paradigma representacional", que atravessa dois séculos, e que poderia ser facilmente percebida em autores como Chiovenda (para quem a vontade concreta da lei é aquilo que o juiz afirma ser a vontade concreta da lei), Carnelutti (que sustenta que a jurisdição é "prover", "fazer o que seja necessário"), Couture (que chegou a resumir o problema da justiça a um problema de "escolha" do juiz) e Liebman (para quem o juiz é um "intérprete qualificado da lei", livre de vínculos, pois, quando no exercício da jurisdição).[138]

Ao que tudo indica, essa "aposta solipsista" denunciada por Lenio – e o "protagonismo judicial" que a secunda, como epifenômeno – só faz crescer no Direito Processual que se pratica no Brasil. Disso são exemplos eloquentes não só as assim denominadas "minirreformas processuais" dos últimos 20 anos – que, a pretexto de proporcionar "efetividade quantitativa" e "eficacialidade" ao sistema jurídico, vem solapando a análise de identidade do caso sob julgamento, concentrando mais e mais capacidade decisória monocrática nas mãos do juiz[139] – como também grande parte da produção (dita) "doutrinária" a respeito de processo. Para ilustrar este ponto, basta tomar, por exemplo, a "novel" contribuição para a "comunidade jurídica" do processualista José Roberto Bedaque, que recentemente nos brindou com a tese de que cabe ao juiz, com o uso de seu

---

[136] NUNES, Dierle José Coelho. *Processo Jurisdicional Democrático*: Uma Análise Crítica das Reformas Processuais, op. cit., p. 46.

[137] Ibidem, p. 39.

[138] STRECK, Lenio Luiz. Hermenêutica, Constituição e Processo, ou de "Como Discricionariedade não Combina com Democracia": O Contraponto da Resposta Correta. In: OLIVEIRA, Marcelo Andrade Cattoni de; MACHADO, Felipe (Coord.). *Constituição e Processo*: A Contribuição do Processo ao Constitucionalismo Democrático Brasileiro. Belo Horizonte: Del Rey, 2009, p. 9-10.

[139] Ibidem p. 08. Neste texto, Lenio também faz um apanhado histórico das tais microrreformas, no qual demonstra, passo a passo, a firme caminhada solipsista da legislação processual civil brasileira.

"bom-senso", e investido de "amplos poderes de direção", "adequar" o procedimento à finalidade do processo, como forma de relativização do seu formalismo, para o que poderá "adotar soluções não previstas pelo legislador".[140] E, por falar em "formalismo", tanto nos chamou a atenção a sofisticação da recente corrente do *Formalismo-Valorativo* de Carlos Alberto Alvaro de Oliveira (secundado por Daniel Mitidiero), que lhe dedicaremos um espaço próprio para demonstrar que, também ali, não se escapa do paradigma representacional, do positivismo jurídico e do inextricável protagonismo judicial.

Que seja. Em meio a esse emaranhado de influxos, vale insistir que queremos, com o presente estudo, fornecer subsídios para uma teoria processual hermenêutica e democrática, que faça *jus* aos desafios que o neoconstitucionalismo propôs à jurisdição constitucional. E lembramos que, para tanto, contamos com o contributo de Dworkin, que nos acompanhou até aqui e que seguirá conosco até o final da nossa pesquisa.

Assim, retomemos: não estamos nos quadros de um Estado Liberal ou nos de um Estado Social, mas nos de um Estado (Constitucional) Democrático de Direito. E uma postura *substancialista*, como a por nós endossada, implica que construamos um sentido constitucional, um sentido de (e da) Constituição, que deve estar inserido já na nossa pré-compreensão de qualquer atividade atravessada pelo Direito. De modo que a pergunta inicial é: o que a Constituição, assim compreendida, tem a dizer sobre o processo?

Então, vamos lá, resgatemos a estratégia de "leitura moral": desde o início vimos prenunciando que cláusulas constitucionais importantes, como a do devido processo legal (art. 5º, LIV), do contraditório e da ampla defesa (art. 5º, LV), para citar apenas estas, devem ser compreendidas como veículos de princípios morais "abstratos", enfeixados num sistema constitucional (principiologicamente coerente) que comungue de uma determinada "teoria moral", qual seja, a de que o cidadão possui direitos "contra" o Estado. Mas reflitamos: no Estado Democrático de Direito não há oposição entre "Estado" e "sociedade" (Streck); então, esses direitos ditos "contra" o Estado na verdade não devem ser (tão somente) entendidos como direitos do homem "contra" a Administração, mas, antes, como direitos cuja importância (até por isso, fundamental), não se pode dobrar à vontade da maioria (isso se quisermos nos orgulhar de integrar um Estado que tenha igual interesse por seus cidadãos). E isso é um pres-

---

[140] BEDAQUE, José Roberto. *Efetividade do Processo e Técnica Processual*. São Paulo: Malheiros, 2006. Remetemos o leitor à crítica de Lenio Luiz Streck sobre a tese de Bedaque, situada no prefácio de: HOMMERDING, Adalberto Narciso. *Fundamentos para uma Compreensão Hermenêutica do Processo Civil*, op. cit.

suposto de uma autêntica Democracia (soberania popular mais direitos fundamentais), na linguagem dworkiniana.

Também, já sabemos que o cidadão que convive num Estado Constitucional assim formatado não é um mero "cliente" da agência estatal, que vai até ela em busca de soluções de perfil "promovedor/paternalista". Dito em outros termos, o sujeito não vai ao tribunal "pedir" jurisdição, se esta for entendida como a atividade de o juiz dizer (o que entende d)o Direito. Não é um mero "consumidor" de um "serviço público". É, antes, um cidadão, titular de uma plêiade de direitos (fundamentais, preferenciais) sem os quais o Estado Democrático de Direito não é senão um simulacro.

Então, quando as agências executiva e legislativa cumprem deficientemente o mister do qual que lhes incumbe a Constituição (e falamos aqui, especialmente, na concretização de direitos fundamentais), é certo que se abrirão as portas do Judiciário para atender o cidadão, que não vai ao tribunal como um "pedinte", mas como o titular de uma promessa que lhe deve ser resgatada, e cujo resgate não se limita ao atendimento de um direito individualmente considerado: desse resgate depende a legitimidade do próprio Estado Constitucional. Nesta conformidade, exatamente porque não há relação de oposição entre o *status* de integrante da sociedade e o *status* do "Estado" "como" "Estado Democrático de Direito", é que ao cidadão não pode ficar relegado um papel "passivo" nesta dinâmica: ele deve poder "participar", de maneira efetiva e principiologicamente coerente, da construção e materialização do direito que reivindica.

Como fazê-lo? Não há surpresa alguma aqui: através do processo, que deve, pois (repitamos), ser compreendido como "direito" (também ele!) de acesso à ordem jurídica justa (principiologicamente coerente), ladeado por outros direitos e garantias fundamentais (como o contraditório, a igualdade e a ampla defesa, por exemplo), que garantirão o devido processo no Estado Democrático de Direito.[141] E esse "acesso" há de se dar ao cidadão permitindo-lhe que exponha a sua causa (e não só a sua "tese"!) argumentadamente (e esses argumentos, veremos, serão "válidos" na medida em que forem argumentos "de princípio"). O processo

---

[141] Joan Picó I Junoy já dissera que o caráter normativo da Constituição, ao comportar que os direitos fundamentais vinculem a todos os poderes públicos, requer um adequado sistema de garantias constitucionais dentro das quais haja a exigência dirigida aos juízes de que apliquem, de modo direto e imediato, as normas constitucionais, o que torna, aliás, as tais garantias irrenunciáveis aos particulares. PICÓ I JUNOY, Joan. *Las Garantías Constitucionales Del Proceso*. Barcelona: Bosch, 1997, p. 24.

deverá, portanto, "viabilizar participação",[142] parecendo correta a afirmação, ressignificada a partir destas premissas, de que este deve ser compreendido como "direito constitucional aplicado".[143]

Essas noções deverão ficar mais claras à medida em que o nosso trabalho for evoluindo. Mas é interessante reconhecer que há valiosíssimos subsídios para a concretização desse ideal de uma teoria processual hermenêutica vindo dos ventos "procedimentalistas", aqui entendida esta designação como dirigida aos processualistas que tem em autores como Habermas e Günther seus esteios filosófico-normativos. Neste sentido, embora insistamos que a tarefa da jurisdição não possa ser resumida a uma compreensão procedimental da Constituição (proteção do processo de criação democrática do Direito), mas, isso sim, que deva trabalhar com a perspectiva de fazer prevalecer a Constituição contra as maiorias eventuais, assumindo-se o juiz como (um dos) intérprete(s) do (con)texto constitucional, inserido no interior do processo de pactuação da sociedade, coinstituindo o "novo" proporcionado pelo paradigma hermenêutico,[144] somos obrigados a não ignorar os avanços da teoria processual que vem sendo trabalhada pela chamada "Escola Mineira do Direito Processual".[145]

Muito resumidamente, a tal "Escola Mineira" entendendo-se às voltas com o "paradigma procedimental do Estado Democrático de Direito", visa à estruturação das bases de um "modelo democrático de processo", ou de um "processualismo constitucional democrático", caracterizado: a) pela compartipação processual (com o decorrente policentrismo e interdependência processual entre os sujeitos processuais); b) pelo resgate de uma leitura forte dos princípios processuais constitucionais; e c) pelo resgate do papel técnico e institucional do processo.[146]

O caso é que – ainda que reconhecendo as importantes divergências entre nossas posturas teóricas, as quais, no mais das vezes, não acomodam nenhuma forma de *sincretismo* – advogamos a tese de que nos é possível a "apropriação", em termos de processo jurisdicional, de grande parte do

---

[142] NUNES, Dierle José Coelho. Apontamentos Iniciais de um Processualismo Constitucional Democrático, op. cit., p. 351.

[143] OLIVEIRA, Carlos Alberto Alvaro de. O Processo Civil na Perspectiva dos Direitos Fundamentais. In: *Do Formalismo no Processo Civil*. 2. ed. São Paulo: Saraiva, 2003, p. 261.

[144] STRECK, Lenio Luiz. *Jurisdição Constitucional e Hermenêutica:* Uma Nova Crítica do Direito, op. cit., p. 139-47. Salientamos que aqui subscrevemos, uma vez mais, os supostos da *Crítica Hermenêutica do Direito*.

[145] Da qual são integrantes, entre outros, Marcelo Cattoni, Dierle José Coelho Nunes, André Cordeiro Leal e Alexandre Gustavo Melo Franco Bahia.

[146] NUNES, Dierle José Coelho. *Processo Jurisdicional Democrático*: Uma Análise Crítica das Reformas Processuais, op. cit., p. 176.

contributo dos citados processualistas, que falam a partir de Habermas e Günther, ou, mais especificamente, de uma releitura de Fazzalari.[147]

Uma boa "ponte" para permitir este diálogo é a leitura substancialista de Dworkin, cujo construtivismo principiológico (objeto de tópico específico da nossa pesquisa) foi acolhido pelo próprio Habermas,[148] no sentido de concordar que as normas jurídicas possuem um conteúdo moral que, embora traduzido para o Direito, possibilita ao indivíduo atuar juridicamente por exigência moral, reconhecendo, no entanto, ao Direito e às normas jurídicas especificidades tais que impedem que o Direito seja considerado como um caso especial de aplicação da moral; bem assim, Habermas acredita, com Dworkin, na natureza deontológica e não diretamente axiológica da validade jurídica.[149] Mais especificamente ainda, a teoria da integridade do Direito (igualmente, objeto de tópico próprio do nosso estudo), por fornecer os pressupostos necessários para a produção legítima do Direito, no marco do Estado Democrático do Direito, é a mesma adotada por Habermas como fio condutor de seu trabalho.[150]

Na verdade, a principal divergência instalada entre a *Crítica Hermenêutica do Direito*, trabalhada a partir de Dworkin, e a compreensão procedimental da democracia, reside noutro aspecto: a (esta sim, anti-hermenêutica) cisão entre os discursos de fundamentação e de adequação. A ideia, aqui, em síntese (muito) apertada, é a de que o processo legislativo se diferencia do processo jurisdicional quanto à lógica da argumentação, já que, o primeiro, estrutura discursos de justificação jurídico-normativa e, o segundo, discursos de aplicação; melhor explicado, um se refere à justificação da validade jurídica (universal); o outro, à adequa-

---

[147] Para Fazzalari, como é notório, o processo é um procedimento que se desenvolve em contraditório. Nas suas palavras, o *processo* "é um procedimento do qual participam (são habilitados a participar) aqueles em cuja esfera jurídica o ato final é destinado a desenvolver efeitos: em contraditório, e de modo que o autor do ato não possa obliterar as suas atividades"; e o *contraditório* consiste "na participação dos destinatários dos efeitos do ato final em sua fase preparatória; na simétrica paridade de suas posições; na mútua implicação de suas atividades (destinadas, respectivamente, a promover e impedir a emanação do provimento); na relevância das mesmas para o autor do provimento; de modo que cada contraditor possa exercitar em conjunto – conspícuo ou modesto, não importa – de escolhas, de reações, de controles, e deva sofrer os controles e as reações dos outros, e que o autor do ato deva prestar contas dos resultados". FAZZALARI, Elio. *Instituições de Direito Processual*. Campinas: Bookseller, 2006, p. 118-20.

[148] HABERMAS, Jürgen. *Direito e Democracia*: Entre Facticidade e Validade, op. cit., p. 261-76.

[149] STRECK, Lenio Luiz. *Jurisdição Constitucional e Hermenêutica*: Uma Nova Crítica do Direito, op. cit., p. 135.

[150] LAGES, Cíntia Garabini. Processo e Jurisdição no Marco do Modelo Constitucional do Processo e o Caráter Jurisdicional Democrático do Processo de Controle Concentrado de Constitucionalidade no Estado Democrático de Direito. In: OLIVEIRA, Marcelo Andrade Cattoni de (Coord.). *Jurisdição e Hermenêutica Constitucional no Estado Democrático de Direito*. Belo Horizonte: Mandamentos, 2004, p. 503-4.

bilidade de uma normativa válida a uma situação de aplicação, a um caso concreto.[151]

Ora bem: a hermenêutica de perfil filosófico não convive com esta cisão que, no limite, "desonera" o juiz de elaborar o discurso fundamentador, já que a "validade" decorreria de uma justificação "prévia", fruto do "devido processo legislativo". E isso por uma razão muito simples: é que não há cindibilidade entre interpretação e aplicação, ou seja, não há interpretação sem uma "situação de aplicação", não há interpretação "em abstrato" (sic). Como diz Lenio Streck, "discursos de fundamentação que trata(ria)m da validade de normas nada mais são – à luz da hermenêutica – do que 'aplicação'".[152] É isso: só interpretamos aplicando.

Mas enfim. Não temos a pretensão de aprofundar os pontos de contato possíveis (e nem bem as profundas diferenças paradigmáticas) entre o substancialismo (em especial, o dworkiniano) e o procedimentalismo. Nosso objetivo é, tão só, o de demonstrar que há, sim, alguns nexos importantes (de base, inclusive) entre uma e outra posturas, o que faz com que a nossa leitura das lições da "Escola Mineira" possa ser incorporada ao nosso estudo de uma forma não arbitrária. Isso será assim desde que compreendamos que, mesmo depois de obedecidos os supostos centrais do processo jurisdicional democrático defendidos pelos citados processualistas (processo percebido como instituto fomentador do jogo democrático, baliza e garantia na tomada dos provimentos jurisdicionais – além de legislativos e administrativos –, viabilizador da participação e do controle[153]), o resultado do processo não deixará de ser "interpretativo", e não será legítimo caso seu "conteúdo" não se afine com a *materialidade* da Constituição. Dito com outras palavras, o procedimento, por si só, não legitimará a resposta obtida com o processo, que é – também ele – interpretativo, e que deverá, bem por isso, assumir a "responsabilidade" de ser interpretativo, de trabalhar com categorias interpretativas e de se ver e envolver sujeitos que (desde já sempre) interpretam.

Entretanto – e isso não vem ao acaso – há aqui uma identidade de objetivos que nos une: quebrar o protagonismo judicial, a delegação, em favor de uma individualidade, da tarefa de "decidir". Concordamos que o Judiciário de um Estado Democrático de Direito exige (bem) mais do que isso. As partes devem, repetimos, "falar" e "participar" da formação

---

[151] OLIVEIRA, Marcelo Andrade Cattoni. Processo e Jurisdição Constitucional. In: OLIVEIRA, Marcelo Andrade Cattoni de (Coord.). *Jurisdição e Hermenêutica Constitucional no Estado Democrático de Direito*. Belo Horizonte: Mandamentos, 2004, p. 451.

[152] STRECK, Lenio Luiz. *Verdade e Consenso*: Constituição, Hermenêutica e Teorias Discursivas, op. cit., p. 54.

[153] NUNES, Dierle José Coelho. Apontamentos Iniciais de um Processualismo Constitucional Democrático, op. cit., p. 351.

da solução do caso judicializado. Afinal, e aí a razão segue com Dworkin, não podemos ter certeza de que os pontos de vista de alguém são, ou não, os absurdos que supomos, a menos que o deixemos "acabar de falar" para descobrir se compartilhamos suas convicções.[154] Por isso mesmo que, nesta ótica "democrática", o "contraditório" será compreendido como garantia de comparticipação e debate, assegurando a influência dos argumentos suscitados por todos os sujeitos processuais e garantindo que, nas decisões, não apareçam fundamentos que não tenham sido submetidos ao espaço público processual.[155] A esse ponto, voltaremos no final na pesquisa.

Seja como for, com isto, enfeixamos os traços básicos de nossa "leitura moral" da Constituição a respeito do processo: isonomia (o juiz não é "o protagonista" de um processo policêntrico, e nem a Constituição é o que ele diz que ela é!), contraditório (influência efetiva dos argumentos de princípio trazidos pelos contraditores) e outras cláusulas constitucionais importantes (tempestividade da tutela, por exemplo) em favor do "devido processo", compreendido como aquele que assegure o acesso a uma ordem jurídica constitucional principiologicamente coerente. E o controle dessa prática – veremos na sequência – será propiciado pela exigência do cumprimento do dever fundamental de fundamentar decisões (e não só pelo atendimento do procedimento) e de, com ela, fornecer "boas respostas" (respostas constitucionalmente/hermeneuticamente adequadas, ou "corretas", mesmo, se se quiser).

Postas essas noções todas, cabe-nos agora pesquisar as condições de possibilidade que a hermenêutica oferece em detrimento dos "relativismos" de sentido, e que têm muito a ver com a necessidade de controle do ato judicial (que também será – queiramos ou não – interpretativo). E essa caminhada parte da reconstrução do ingresso dos princípios na prática do Direito, o que acontece – no que nos interessa mais de perto – a partir de Dworkin, e acaba (adiantamos) com o "fechamento hermenêutico" (Streck) por estes propiciado. É disso que nos passamos a ocupar de ora em diante.

---

[154] DWORKIN, Ronald. *O Império do Direito*, op. cit., p. 114.

[155] NUNES, Dierle José Coelho. *Processo Jurisdicional Democrático*: Uma Análise Crítica das Reformas Processuais, op. cit., p. 258.

## 2. A hermenêutica entre o protagonismo e a discricionariedade judiciais: o papel dos princípios

### 2.1. A inclusão dos princípios na prática do direito e a necessidade de controle das decisões judiciais: duas faces de uma mesma moeda

Neste ponto, o nosso objetivo é o de clarificar aspectos importantes da teoria do Direito de Ronald Dworkin, pretendendo atestar a sua "validação" hermenêutica e a sua aproveitabilidade pelo neoconstitucionalismo que se entende deva ser praticado (através de um processo democrática e hermeneuticamente compreendido, como visto) no Brasil. Para tanto – e já para nos "vacinarmos" contra as constantes fontes de "mal-entendidos" que brotam de uma leitura (no mais das vezes) pouco criteriosa (para não dizer de "má vontade", mesmo) da obra do jusfilósofo norte-americano –, explicaremos melhor nossas noções (sempre, "filtradas" pela *Crítica Hermenêutica do Direito*) a respeito de conceitos como "positivismo jurídico", "princípios", "discricionariedade judicial/poder discricionário" e, finalmente, "boas respostas" em Direito.

Ao trabalho, pois.

Falou-se antes que o positivismo jurídico resumiu o Direito a um sistema de regras. É chegada a hora de explicar melhor este ponto.

São sabidas as dificuldades de identificar todos os caracteres que definem as posturas positivistas.[156] Contudo, com o auxílio de Dworkin,

---

[156] Subscrevemos, também, as lições de Lenio Streck, que propôs, em face da complexidade/dificuldade que há para definir as diversas posturas positivistas, uma classificação que poderia ser denominada *a contrario sensu*, ou seja, a partir do exame das posturas que o superam; assim, os chamados "pós-positivistas" são aqueles que centram suas preocupações na solução dos casos indeterminados (casos difíceis), já não vistos como excepcionais, o que não acontece sem uma "valoração moral", proibida pela separação entre direito e moral que sustenta o positivismo. STRECK, Lenio Luiz. *Verdade e Consenso*: Constituição, Hermenêutica e Teorias Discursivas, op. cit., p. 4-5.

podemos formular pelo menos 03 (três) preceitos-chave que orientarão o nosso trabalho, assim resumidos:

> (a) O direito de uma comunidade é um conjunto de regras especiais utilizado direta ou indiretamente pela comunidade com o propósito de determinar qual comportamento será punido ou coagido pelo poder público. Essas regras especiais podem ser identificadas e distinguidas com auxílio de critérios específicos, de testes que não têm a ver com o seu conteúdo, mas com seu *pedigree* ou maneira pela qual foram adotadas ou formuladas. [...] (b) O conjunto dessas regras jurídicas é coextensivo com "o direito", de modo que se o caso de alguma pessoa não estiver coberto por uma regra dessas (porque não existe nenhuma que pareça apropriada ou porque as que parecem apropriadas são vagas ou por alguma outra razão), então esse caso não pode ser decidido mediante a "aplicação do direito". Ele deve ser decidido por alguma autoridade pública, como um juiz, "exercendo seu discernimento pessoal", o que significa ir além do direito na busca por algum outro tipo de padrão [...]. e (c) Dizer que alguém tem uma "obrigação jurídica" é dizer que seu caso se enquadra em alguma regra jurídica válida que exige que ele faça ou se abstenha de fazer alguma coisa.[157]

De outra parte, o autor norte-americano também explica que o conceito de *poder discricionário* "só está perfeitamente à vontade em apenas um tipo de contexto: quando alguém é em geral encarregado de tomar decisões de acordo com padrões estabelecidos por uma determinada autoridade".[158] Assim, após sugerir dois *sentidos fracos* para a plurívoca expressão (ora equiparada à mera exigência de alguma *capacidade de raciocínio* do tomador de decisão, ora entendida como a potencialidade de dar a *última palavra* sobre algum assunto), Dworkin finalmente traça um *sentido forte* de *poder discricionário*, então compreendido como a ausência de limitações, ao seu titular, de quaisquer padrões (*standards*) estabelecidos por outra autoridade. Nas suas próprias palavras,

> às vezes usamos "poder discricionário" não para dizer que um funcionário público deve usar seu discernimento na aplicação dos padrões estabelecidos para ele pela autoridade ou para afirmar que ninguém irá rever aquele exercício de juízo, mas para dizer que, em certos assuntos, ele não está limitado pelos padrões da autoridade em questão.[159]

É *desse* conceito de *poder discricionário* – compreendido no "sentido forte" de que falou Dworkin, e que é, como veremos, apanágio do positivismo jurídico – que se ocupará, de ora em diante, a nossa pesquisa.

Ainda na introdução de *Levando os Direitos a Sério* (livro que abre a teoria do Direito de Dworkin), o autor norte-americano aponta que a parte conceitual da teoria do Direito de Bentham – o positivismo jurídico – foi bastante aperfeiçoada por Herbert L. A. Hart, responsável pela

---

[157] DWORKIN, Ronald. *Levando os Direitos a Sério*, op. cit., p. 27-8.
[158] Ibidem, p. 50.
[159] Ibidem, p. 52.

"mais influente [além de complexa e sofisticada][160] versão contemporânea do positivismo",[161] que passa a ser, bem por isso, o objeto principal de sua crítica.

Vamos a ela.[162]

Hart sustentou – na suma – que o sistema jurídico é composto pela combinação de regras primárias (que impõem deveres, dizendo respeito a ações que envolvem movimentos ou mudanças físicos) e secundárias (que atribuem poderes, públicos ou privados, permitindo a criação ou alteração de deveres ou obrigações).[163] Entre estas regras do tipo *secundário*, a par das de *alteração* e de *julgamento*, está a de *reconhecimento*, conceituada pelo autor inglês como:

> A forma mais simples de remédio para a *incerteza* do regime das regras primárias [...]. Esta especificará algum aspecto ou aspectos cuja existência numa dada regra é tomada como uma indicação afirmativa e concludente de que é uma regra do grupo que deve ser apoiada pela pressão social que ele exerce.[164]

Hart acaba desenvolvendo, a partir daí, a tese do direito como *instituição social*, como um fenômeno cultural constituído pela linguagem.

---

[160] DWORKIN, Ronald. *Levando os Direitos a Sério*, op. cit., p. 35.

[161] Ibidem, p. XI.

[162] Apesar de seguirmos a caminhada preconizada por Dworkin, que dirigiu seus esforços "contra" o positivismo de Hart, é bem de ver que todos os caracteres "positivistas" antes alinhados estão claramente identificados na *Teoria Pura do Direito* de Kelsen, como demonstra Lúcio Antônio Chamon Junior: "Em (a) podemos nos lembrar que é justamente a *origem* da norma inferior, em Kelsen, que confere sua validade: é o fato de uma norma de dever-ser ser oriunda de outra norma de dever-ser de um escalão superior que a faz diferente perante as demais normas, *v.g.*, morais e religiosas. O Direito, como bem definiu Kelsen, é, portanto, esgotado nesta pirâmide escalonada de regras, sendo que ao juiz pode ser lícito lançar mão de outra interpretação que não entre as possibilidades apresentadas pela Ciência do Direito: faz uso de sua discricionariedade (b). Isso, inevitavelmente, faz com que cheguemos à conclusão (c). A admissibilidade de direitos que não estivessem positivados em normas que passassem pelo *teste de validade* seriam confundidas com a tão combatida tese do Direito Natural". CHAMON JUNIOR, Lúcio Antônio. *Tertium non Datur*: Pretensões de Coercibilidade e Validade em Face de Uma Teoria da Argumentação Jurídica no Marco de uma Compreensão Procedimental do Estado Democrático de Direito. In: OLIVEIRA, Marcelo Andrade Cattoni de (Coord.). *Jurisdição e Hermenêutica Constitucional no Estado Democrático de Direito*. Belo Horizonte: Mandamentos, 2004, p. 91. Na verdade, basta a leitura do célebre Capítulo VIII da *Teoria Pura* para constatar que Kelsen é um autêntico positivista e que, como tal, convive com a discricionariedade judicial. Destacamos: "A questão de saber qual é, de entre as possibilidades que se apresentam nos quadros do Direito a aplicar, a 'correta', não é sequer – segundo o próprio pressuposto de que se parte – uma questão de conhecimento dirigido ao Direito positivo, não é um problema de teoria do Direito, mas um problema de política do Direito. A tarefa que consiste em obter, a partir da lei, a única sentença justa (certa) ou o único ato administrativo correto é, no essencial, idêntica à tarefa de quem se proponha, nos quadros da Constituição, criar as únicas leis justas (certas). Assim como da Constituição, através da interpretação, não podemos extrair as únicas leis corretas, tampouco podemos, a partir da lei, por interpretação, obter as únicas sentenças corretas". KELSEN, Hans. *Teoria Pura do Direito*, op. cit., p. 393. Colocamos isso apenas para demonstrar que as críticas de Dworkin à teoria de Hart não se restringem a esta, abarcando o positivismo jurídico em geral, inclusive o seu principal corifeu, Kelsen.

[163] HART, Herbert. *O Conceito de Direito*, op. cit., p. 91.

[164] Ibidem, p. 104.

Por isso é que ele, desde a linguística, pretende privilegiar o uso da linguagem normativa como o segredo para que se compreenda a normatividade do direito. Finalmente, Hart afirmará que a normatividade é *social*, pressupondo o *reconhecimento* de quem formula a regra, seu desejo de ser guiado por ela, e a exigência (social) de que outros também o sejam.[165] Trata-se, inequivocamente, de uma *abertura* do sistema jurídico para o *social* (que passa, desta forma, a comunicar-se com a moral, política e a sociedade).[166]

Nestes moldes, o positivismo jurídico (em especial na lição de Hart) toma o Direito como "simples questão de fato", do que decorre a "alegação de que o verdadeiro argumento sobre o direito deve ser empírico, não teórico",[167] o que fica particularmente claro com a figura da tal *regra de reconhecimento*. Donde deriva, para Hart, que os verdadeiros fundamentos do Direito se encontram na *aceitação*, por parte da comunidade como um todo, dessa "regra-mestra fundamental", sendo que esta *aceitação* das proposições jurídicas está representada em (não mais do que) convenções sociais.[168]

Dita nas palavras de Dworkin, a resposta de Hart à pergunta sobre as circunstâncias nas quais aparecem os deveres e as obrigações está em que:

> Os deveres existem quando existem regras sociais que estabelecem tais deveres. Essas regras sociais existem se as condições para a prática de tais regras estão satisfeitas. Tais condições para a prática estão satisfeitas quando os membros de uma comunidade comportam-se de determinada maneira; esse comportamento *constitui* uma regra social e impõe um dever.[169]

Resumindo tudo: em Hart, os deveres (jurídicos) são criados por "regras sociais" que ganham normatividade através de seu reconhecimento social. Em termos de um "teste fundamental" para o Direito, como o perseguido pelo positivismo jurídico, é seguro dizer que o tal "teste", em Hart, vem na forma de uma "regra social", ainda que ele próprio se apresse em esclarecer que mesmo *essa regra* pode ser *incerta*, em alguns casos.[170]

Reaproximando-nos do objeto da nossa pesquisa, cabe salientar que as regras (normativamente obrigatórias) de Hart são compostas de uma

---

[165] ROCHA, Leonel Severo; SCHARTZ, Germano; CLAM, Jean. *Introdução à Teoria do Sistema Autopoiético do Direito*. Porto Alegre: Livraria do Advogado, 2005, p. 14.

[166] Ibidem, p.186-7.

[167] DWORKIN, Ronald. *O Império do Direito*, op. cit., p. 46.

[168] Ibidem, p. 42.

[169] DWORKIN, Ronald. *Levando os Direitos a Sério*, op. cit., p. 80.

[170] Ibidem, p. 96-7.

*textura aberta*, o que implica reconhecer que "há, na verdade, áreas de conduta em que muitas coisas devem ser deixadas para serem resolvidas pelos tribunais",[171] segundo não mais do que a sua *discrição* (o que se torna particularmente evidente na solução dos chamados *casos difíceis*).[172]

Esses aportes permitem-nos dizer que o positivismo de Hart desabridamente contempla a *discricionariedade judicial* no sentido *forte*, na medida em *todos os padrões de comportamento estruturados em regras* seriam compostos pela tal *textura aberta* (aspecto este atribuído aos *limites da linguagem*),[173] a ser preenchida, ao fim e ao cabo, por não mais do que *uma escolha* (ainda que esta possa não ser *arbitrária* ou *irracional*).[174] Dito em outras palavras, como o juiz possui a autoridade, conferida por uma norma de reconhecimento proveniente da comunidade, para decidir, ele pode *legitimamente* (esse é o ponto) dar a decisão que ele achar a melhor.[175]

Hart não se ocupa, pois, de tematizar (ao nível da validade) o conteúdo *bom* ou *mau* de uma *decisão judicial*, já que "no quadro do campo da discricionariedade, a sua decisão está sempre certa".[176]

É bem por aí que se instala o seu debate com Dworkin: este percebe, a partir da observação da atividade judicial em geral, e dos fundamentos que influenciam as decisões dos tribunais norte-americanos (um exercício de "fenomenologia", se se quiser), que há componentes outros (além das regras) com "força gravitacional" suficiente para conduzir os argumentos dos juízes em determinada direção (através, por exemplo, do respeito às decisões passadas), o que contradiz a doutrina positivista do poder discricionário.[177]

---

[171] HART, Herbert. *O Conceito de Direito*, op. cit., p. 148.

[172] KAUFMANN, Arthur. A Problemática da Filosofia do Direito ao Longo da História. In: KAUFMANN, Arthur; HASSEMER, Winfried (Orgs.). *Introdução à Filosofia do Direito e à Teoria do Direito Contemporâneas*. Lisboa: Fundação Calouste Gulbenkian, 2002, p. 157.

[173] "Confrontada com a questão sobre se a regra que proíbe o uso de veículos no parque é aplicável a certa combinação de circunstâncias em que surge indeterminada, tudo o que a pessoa chamada a responder-lhe pode fazer é considerar (como o faz aquele que recorre a um precedente) se o caso presente se assemelha 'suficientemente' ao caso simples em aspectos 'relevantes'. O poder discricionário que assim lhe é deixado pela linguagem pode ser muito amplo, de tal forma que, se ela aplicar a regra, a conclusão se constitui na verdade uma escolha, ainda que possa não ser arbitrária ou irracional. [...] Quando surge o caso não contemplado, confrontamos as soluções em jogo e podemos resolver a questão através da escolha entre os interesses concorrentes pela forma que melhor nos satisfaz". HART, Herbert. *O Conceito de Direito*, op. cit., p.140 e 142.

[174] HART, Herbert. *O Conceito de Direito*, op. cit., p. 140-1.

[175] OMMATI, José Emílio Medauar. A Teoria Jurídica de Ronald Dworkin: O Direito Como Integridade. In: OLIVEIRA, Marcelo Andrade Cattoni de (Coord.). *Jurisdição e Hermenêutica Constitucional no Estado Democrático de Direito*. Belo Horizonte: Mandamentos, 2004, p. 153.

[176] KAUFMANN, Arthur. A Problemática da Filosofia do Direito ao Longo da História. In: KAUFMANN, Arthur; HASSEMER, Winfried (Orgs.). *Introdução à Filosofia do Direito e à Teoria do Direito Contemporâneas*, op. cit., p. 157.

[177] DWORKIN, Ronald. *O Império do Direito*, op. cit., p. XIII.

Indo direto ao assunto, a novidade está em que Dworkin conhece não apenas *regras (rules)*,[178] mas também *princípios (general principles of law)*, os quais – em contraste com a concepção positivista – são juridicamente vinculativos; daí ele mesmo ter considerado sua teoria um *general attack on positivism* (ataque geral contra o positivismo).[179] Tenhamos presente que, para Dworkin, *princípio* é " um padrão que deve ser observado, não porque vá promover ou assegurar uma situação econômica, política ou social considerada desejável, mas porque é uma exigência de justiça ou eqüidade ou alguma outra dimensão da moralidade";[180] e que, quando fala em "justiça", o jusfilósofo refere-se ao "mais nitidamente político dos ideais morais".[181]

Entre regras e princípios, dirá Dworkin, há uma diferença *lógica*: enquanto as primeiras são excludentes uma da outra (ou se aplica uma, ou se aplica outra; dados os fatos previstos para a sua "incidência", somente uma pode ser válida – *all or nothing fashion*), os princípios contrários não são considerados exceções uns dos outros, na medida em que possuem uma dimensão estranha às regras, qual seja, a dimensão do *peso* ou da *importância*; com isso, quando os princípios se intercruzam, o que está em jogo é a força relativa de cada um, mas não a sua validade: ambos (ou todos) seguirão valendo, e poderão ser decisivos para o caso seguinte (quando poderão ter "maior peso" do que no caso anterior).[182]

Veja-se que o ponto de Dworkin não é o de que o Direito contenha um número fixo de padrões, alguns dos quais são regras e, os outros, princípios: na verdade, ele quer é opor-se à ideia de que o Direito é um conjunto fixo de padrões de algum tipo, e é por isso que há o choque contra o positivismo.[183] Aliás, Dworkin dirá – com razão – que "a questão de quais características próprias as fazem combinar-se para formar um

---

[178] As regras, para Dworkin, são aplicadas à maneira do "tudo ou nada", ou seja: "dados os fatos que uma regra estipula, ou a regra é válida, e neste caso a resposta que ela fornece deve ser aceita, ou não é válida, e neste caso em nada contribui para a decisão". DWORKIN, Ronald. *Levando os Direitos a Sério*, op. cit., p. 39. Vale deixar dito, desde já, que, no decorrer da sua obra, Dworkin praticamente abandonará essa (problemática) distinção inicial entre regras e princípios.

[179] DWORKIN, Ronald. *Levando os Direitos a Sério*, op. cit., p. 35.

[180] Ibidem, p. 36. Os princípios são diferentes da "política", definida por Dworkin como "aquele tipo de padrão que estabelece um objetivo a ser alcançado, em geral uma melhoria em algum aspecto econômico, político ou social da comunidade". Ibidem, p. 36. Retomaremos no próximo capítulo essa importante distinção, para o Direito, da importância (ou adequabilidade) destes padrões na argumentação jurídica.

[181] DWORKIN, Ronald. *O Império do Direito*, op. cit., p. 90.

[182] DWORKIN, Ronald. *Levando os Direitos a Sério*, op. cit., p. 42. Adianto que retomaremos a questão de atribuição de "peso" ou de "importância" aos princípios, em especial, no capítulo final, quando nos depararmos com a sofisticada teoria da argumentação de Robert Alexy (e com a sua celebrada fórmula de "ponderação" de princípios).

[183] Ibidem, p. 119.

sistema jurídico bem definido faz parte do problema interpretativo", vale dizer, "parte do processo polêmico e incerto de atribuir significado ao que encontramos".[184]

Em todo o caso – e devemos fixar bem este ponto –, a justificativa do pensamento de Dworkin está, basicamente, na sua intransigente defesa dos direitos políticos *preferenciais* (*background rights*), notadamente daqueles derivados do *direito abstrato à consideração e respeito* (*right to equal concern and respect*).[185] Na verdade, e como já se adiantou, em Dworkin, os direitos (no sentido "forte"[186]) preexistem ao Estado (*government*) e podem, bem por isso, ser opostos a ele. E é visando ao resguardo *desses direitos* o juiz deve ter em conta as imposições de *moralidade* representadas pelos tais *princípios*, sobretudo nos chamados *hard cases* (casos difíceis, ou controversos).[187]

---

[184] DWORKIN, Ronald. *O Império do Direito*, op. cit., p. 114.

[185] DWORKIN, Ronald. *Levando os Direitos a Sério*, op. cit., p. XI-XXI. O jusfilósofo explica melhor o conceito do fundamental *direito à consideração e respeito* na seguinte passagem: "Presumo que todos aceitamos os seguintes postulados da moral política. O governo deve tratar aqueles a quem governa com consideração, isto é, como seres humanos capazes de sofrimento e de frustração e com respeito, isto é, como seres humanos capazes de formar concepções inteligentes sobre o modo como suas vidas são vividas, e de agir de acordo com elas", op. cit., p. 419. Em realidade, a filosofia política de Dworkin é ainda mais sofisticada e complexa. Ele dirá mais adiante que a igual consideração é pré-requisito da legitimidade política ("a consideração igualitária é a virtude soberana da comunidade política") e, para explicar isso melhor, desenvolverá a concepção de uma forma de igualdade material chamada "igualdade de recursos", baseada em dois princípios fundamentais do individualismo ético: o princípio da igual importância ("é importante, de um ponto de vista objetivo, que a vida humana seja bem-sucedida, em vez de desperdiçada, e isso é igualmente importante, daquele ponto de vista objetivo, para cada vida humana") e o princípio da responsabilidade especial ("embora devamos reconhecer a igual importância objetiva do êxito da vida humana, uma pessoa tem responsabilidade especial e final por esse sucesso – a pessoa dona de tal vida"). DWORKIN, Ronald. *A Virtude Soberana*: A Teoria e a Prática da Igualdade. São Paulo: Martins Fontes, 2005, p. I-XV. A tal "igualdade de recursos" é uma teoria geral da igualdade distributiva que afirma que trata as pessoas como iguais quando "distribui ou transfere de modo que nenhuma transferência adicional possa deixar mais iguais suas parcelas do total de recursos", op. cit., p. 5. De qualquer forma, conquanto um estudo mais aprofundado da igualdade enquanto virtude política seja recomendável e, mesmo, importante para subsidiar algumas das afirmações defendidas ao longo do nosso trabalho, não há como fazê-lo sem um profundo corte epistemológico que poderia comprometer a unidade da nossa pesquisa, desviando-a de seus principais propósitos: perceber o que Dworkin tem a dizer à *Crítica Hermenêutica do Direito*, e investigar o protagonismo judicial no processo civil à luz destes pressupostos.

[186] Ter direito no sentido "forte" (*having a right*) significa que os outros não devem interferir numa (determinada) ação; ou seja, significa que seria errado interferir com a realização daquela ação ou, pelo menos, que necessitamos de razões especiais para justificar qualquer interferência. DWORKIN, Ronald. *Levando os Direitos a Sério*, op. cit., p. 289-91.

[187] Como ficará mais claro ao longo do nosso trabalho (com alguma ênfase, o tema será retomado no ponto 3.2), não nos parece hermeneuticamente correta a distinção entre casos fáceis e casos difíceis que, queiramos ou não, está presente em Dworkin. Um caso é apenas um caso, e será "fácil" ou "difícil", dependendo do intérprete que com ele se confrontar. Na verdade, um caso "difícil" é apenas um caso não compreendido, até porque quando o caso é corretamente compreendido, a interpretação "desaparece", não nos perguntamos mais por ela (Streck). Portanto, se quisermos insistir (quem sabe, para fins didáticos) nessa distinção, devemos ter presente que esta não pode ser feita prévia ou proceduralmente, mas apenas hermeneuticamente. Em todo o caso, não vemos maior importância nesta divisão mesmo na obra de Dworkin. Para o autor, um caso é difícil quando o juiz, numa "análise

O contraste entre a teoria do Direito que Dworkin começa a apresentar e o positivismo jurídico fica mais nítido ao se observar que, para um positivista (Dworkin fala no "juiz Herbert"), quando as regras de direito forem vagas ou indeterminadas, os litigantes não terão nenhum direito institucional, de modo que qualquer decisão que ele possa vir a tomar será sempre um novo elemento de legislação;[188] já para o autor norte-americano, como visto, os tais direitos preferenciais preexistem ao Estado e, consequentemente, ao caso (dito) complexo, de modo que, também nestes *hard cases*, caberá ao juiz preservar (desenvolver uma argumentação que favoreça) os direitos das partes. Daí, portanto, a relevância de se reconhecer o caráter normativo das citadas imposições de perfil moral (justiça, equidade) veiculadas pelos princípios, que deverão exercer uma certa "força gravitacional" sobre a argumentação judicial.

Vale adiantar que Dworkin não vê (e, diga-se, já não via no *Levando os Direitos a Sério*) uma relação de "oposição" entre "regras" e "princípios"; na verdade, para ele, o Direito só faz sentido quando entendido como unidade coerente, como "completeza", como "integridade". Daí a necessidade de desenvolver uma justificativa que "enlace" ambos os padrões de julgamento como componentes de uma personificação moralmente íntegra. Para tanto, Dworkin sustenta que qualquer teoria do direito que se preze deve fornecer uma "base" para o dever judicial, de modo que os princípios devem tentar *justificar* as regras estabelecidas; para isso, é preciso identificar as preocupações e tradições morais da comunidade que efetivamente sustentam essas regras (sendo esse o trabalho do jurista encarregado da teoria, bem entendido).[189] Noutras palavras, o operador do Direito precisa identificar, nos princípios, o "sentido" das regras.

Pondo isto em termos mais detalhados, Dworkin (que, repitamos, está preocupado com as "bases" do dever judicial, com a sua "legitimi-

---

preliminar não fizer prevalecer uma entre duas ou mais interpretações de uma lei ou de um julgado", e é em busca da "melhor interpretação" que vai a sua teoria do Direito; mas, com isso, ele não está dizendo que a sua concepção de Direito sirva tão só a esses casos: para o jusfilósofo, "os casos fáceis são apenas casos especiais de casos difíceis" (tese do "caso especial"), igualmente resolvidos de forma íntegra e coerente, mas a respeito dos quais há um certo "consenso" a respeito dos limites interpretativos do Direito, de forma que ele não concebe razão para problematizá-los (o não impede, contudo que isso aconteça); as suas próprias palavras resumem o assunto: "não precisamos fazer perguntas quando já conhecemos as respostas". DWORKIN, Ronald. *O Império do Direito*, op. cit., p. 306 e 317. Lenio chega a uma constatação semelhante, ao confrontar Dworkin com autores como Alexy e Günther, que fazem, de maneira indevida, a distinção entre *easy* e *hard cases*: "Também Dworkin faz indevidamente esta distinção entre casos fáceis e casos difíceis. Mas o faz por razões distintas. A diferença é que Dworkin não 'desonera' os discursos de aplicação dos discursos de fundamentação, que se dão *prima facie*. Na verdade, como Gadamer, ele não distingue discursos de aplicação de discursos de fundamentação, assim como não cinde interpretação e aplicação". STRECK, Lenio Luiz. A Constituição (ainda) Dirigente e o Direito Fundamental à Obtenção de Respostas Corretas, op. cit., p. 289.

[188] DWORKIN, Ronald. *Levando os Direitos a Sério*, op. cit., p. 202.

[189] Ibidem, p. 106.

dade"[190]) sugere a necessidade de aceitar uma teoria política geral que justifique as práticas dos juízes através da harmonização de dois eixos: a ideia de "intenção" ou "propósito" da lei – conceito que "faz uma ponte entre a justificação política da idéia geral de que as leis criam os direitos e aqueles casos difíceis que interrogam sobre que direitos foram criados por uma lei específica" – e a concepção de princípios que "subjazem" às regras positivas do Direito – conceito que "faz uma ponte entre a justificação política da doutrina segundo a qual os casos semelhantes devem ser decididos da mesma maneira e aqueles casos difíceis nos quais não fica claro o que essa doutrina geral requer".[191] E não há como fazê-lo de maneira autêntica (não artificial ou arbitrária) senão interpretativamente, como veremos.

No fio destas premissas é que, finalmente, Dworkin recusará a discricionariedade "forte" atribuída por Hart (e pelo positivismo jurídico em geral) aos juízes, afirmando a existência de uma obrigação jurídica "sempre que as razões que sustentam tal obrigação, em termos de princípios jurídicos obrigatórios de diferentes tipos, são mais fortes do que as razões contra a existência dela".[192] Nessa linha – e descortinando aqui a (provavelmente) mais polêmica de suas teses –, passou a sustentar a existência da "única resposta correta" (*the one right answer*), ou da *boa resposta*,[193] que "seria aquela que resolvesse melhor à dupla exigência que se impõe ao juiz, ou seja, fazer com que a decisão se harmonize o melhor possível com a jurisprudência anterior e ao mesmo tempo a atualize (justifique) conforme a moral política da comunidade".[194]

---

[190] É como observa Lúcio Antônio Chamon Júnior: "Os princípios integram o direito, assim como as regras: é a tese inicial de Dworkin. Poderíamos, para facilitar a exposição, indagar aos positivistas: já que aos juízes é dada discricionariedade para formular uma sentença baseando-se em elementos que estão mais além do Direito, por que devemos, então, obedecê-los se o que ele aplica não é 'Direito'?". CHAMON JUNIOR, Lúcio Antônio. *Tertium non Datur*: Pretensões de Coercibilidade e Validade em Face de Uma Teoria da Argumentação Jurídica no Marco de uma Compreensão Procedimental do Estado Democrático de Direito. In: OLIVEIRA, Marcelo Andrade Cattoni de (Coord.). *Jurisdição e Hermenêutica Constitucional no Estado Democrático de Direito*, op. cit., p. 94.

[191] DWORKIN, Ronald. *Levando os Direitos a Sério*, op. cit., p. 164-5.

[192] Ibidem, p. 55 e 71.

[193] Preferimos a expressão "boa resposta" a "resposta correta" tão somente para nos aliviar da "carga semântica" que a noção de "correto" *versus* "incorreto", não raramente associada ao *logos* matemático e às ciências naturais, costuma carregar consigo. Uma decisão "boa", para nós, terá assumido a tentativa de ser a "única correta" de que nos fala(rá) Dworkin, devendo ser dito desde já que a "tese da resposta correta" é uma teoria sobre a responsabilidade judicial, uma espécie de "obrigação de meio", e não, propriamente, de "resultado". Mas deixemos dito com todas as letras: quando falamos em "boas respostas", não dizemos nada diferente do que as "respostas corretas" de Dwokin (se o juízo de "correção" for hermeneuticamente compreendido) ou que as respostas "hermeneuticamente/constitucionalmente adequadas" de Lenio Streck.

[194] ROCHA, Leonel Severo. *Epistemologia Jurídica e Democracia*. 2. ed. São Leopoldo: Unisinos, 2003, p. 99.

Nessa altura, e para demonstrar a plausibilidade prática de sua teoria, o jusfilósofo norte-americano "inventou" um "jurista de capacidade, sabedoria, paciência e sagacidade sobre-humanas", a quem denominou "Hércules": trata-se de um "juiz filósofo" que é usado como eixo para a ilustração das tarefas inerentes à jurisdição.[195] Trata-se, obviamente, de uma "metáfora",[196] uma "figura de linguagem",[197] uma "ficção",[198] e que, como tal, deve ser compreendida.

Mas, em todo o caso, a tarefa de Hércules – como era de se supor – não é das mais fáceis: entre outras coisas, ele deve construir um sistema de princípios abstratos e concretos que forneça uma justificação coerente a todos os precedentes do direito costumeiro e, na medida em que estes devem ser justificados por princípios, também um esquema que justifique as disposições constitucionais e legislativas.[199]

Neste sentido – e é necessário grifar isto –, Hércules não é nem de longe um solipsista, um "protagonista", alguém que decide sozinho. Ele é "Hércules" não pela capacidade "sobre-humana" de, com "bom-senso", "prudência" ou "discrição" resolver, com "justiça", os casos que chegam à sua jurisdição. A sua "extraordinária capacidade" não é voltada à instrospecção, mas à compreensão do Direito como totalidade, e isso implica, necessariamente, tomar em consideração o que fizeram (com acerto) os demais juízes do passado e do presente, além da produção legislativa.

---

[195] DWORKIN, Ronald. *Levando os Direitos a Sério*, op. cit., p. 165. Diz Dworkin, sobre a sua criação: "Eu suponho que Hércules seja juiz de alguma jurisdição norte-americana representativa. Considero que ele aceita as principais regras não controversas que constituem e regem o direito em sua jurisdição. Em outras palavras, ele aceita que as leis têm o poder geral de criar e extinguir direitos jurídicos, e que os juízes têm o dever geral de seguir as decisões anteriores de seu tribunal ou dos tribunais superiores cujo fundamento racional (*rationale*), como dizem os juristas, aplica-se ao caso em juízo". Ibidem, p. 165.

[196] Explica Lenio que "Não se deve olvidar que a figura do juiz Hércules deve ser entendida como uma metáfora, e não como um sujeito do paradigma representacional, que 'assujeita o objeto'. Ou seja, Hércules não é um 'juiz' subjetivista. Fosse verdadeira uma leitura desse jaez, inverter-se-ia a própria teoria dworkiniana". STRECK, Lenio Luiz. *Verdade e Consenso*: Constituição, Hermenêutica e Teorias Discursivas, op. cit., p. 18.

[197] Explica José Emílio Medauar Ommati que Dworkin, para enfrentar as críticas que recebeu em virtude das teses que pontuam seu *Levando os Direitos a Sério*, lançou mão da ideia de "integridade" (lembramos, objeto de tópico próprio do livro), buscando mostrar que o juiz Hércules é uma "figura de linguagem" e que ele não acredita no solipsismo judicial. OMMATI, José Emílio Medauar. A Teoria Jurídica de Ronald Dworkin: O Direito Como Integridade. In: OLIVEIRA, Marcelo Andrade Cattoni de (Coord.). *Jurisdição e Hermenêutica Constitucional no Estado Democrático de Direito*, op. cit., p. 155.

[198] Como observa Kaufmann: "Este Hércules é, naturalmente, uma ficção, mas Dworkin exige que, pelo menos, o juiz tenha em conta os *general principles* no uso de seu poder discricionário para aclaramento das 'zonas de penumbra'". KAUFMANN, Arthur. A Problemática da Filosofia do Direito ao Longo da História. In: KAUFMANN, Arthur; HASSEMER, Winfried (Orgs.). *Introdução à Filosofia do Direito e à Teoria do Direito Contemporâneas*, op. cit., p. 158.

[199] DWORKIN, Ronald. *Levando os Direitos a Sério*, op. cit., p. 182.

Mais do que tudo, implica prestar contas ao conjunto principiológico irradiado a partir da Constituição. E isso fará com que Hércules encontre no Direito, frequentemente, soluções que não se ajustem àquelas de sua preferência pessoal. Aliás, afirmar que Dworkin idealizou um "solista" para combater o problema da discricionariedade é a mesma coisa que sugerir que o autor cometeu um *haraquiri* teórico-filosófico, é duvidar da seriedade de seus estudos. Numa palavra: é a "corrupção" da teoria dworkiniana.

Quer dizer, as tarefas de Hércules são as tarefas de todos os operadores do Direito que tenham a pretensão de trabalhar e defender um Direito "justo", íntegro e coerente. Daí que, apesar da natural discórdia que provoca a afirmação de que há "respostas certas em Direito", nós a subscrevemos, com a advertência de que, para fazê-lo, devemos chamar a filosofia (hermenêutica) à fala.

Isso é menos "pretensioso" ou "absurdo" do que pode parecer à primeira vista, e vamos tentar explicar isso (de que são possíveis – e exigíveis, pois – "boas respostas" em Direito) melhor, ainda seguindo a linha argumentativa dworkiniana.

Revertamos, pois, a(s) pergunta(s): se não há respostas (em Direito) melhores umas do que as outras, por que afinal nos esforçamos tanto em argumentar juridicamente, em nos debruçarmos sobre os casos ditos "controversos"? Se há apenas "respostas", por que exigir do juiz o dever de fundamentar suas decisões? Mais, por que permitir a fala das partes? Por que submetê-las ao contraditório? Se tudo fica resolvido pela "discrição" do juiz, por que a garantia do segundo grau de jurisdição? Para substituir uma discrição por outra? E, tomemos os casos "fáceis", aqueles em que já há um certo "consenso" da "comunidade jurídica" a respeito da resposta jurisdicional acertada: não terá o juiz o dever de dar "esta" resposta e não qualquer outra? E se não, por que não? Não há apenas "respostas", sendo todas elas "iguais" em termos de densidade e/ou correção? Ou, ainda: será o fato de que os juízes "erram" o suficiente para "desonerar-lhes" de tentar acertar?

Esses questionamentos todos têm respostas que nos parecem intuitivas para qualquer um que creia na produção democrática do Direito, e que aceite a noção de que as pessoas têm direitos "contra" o Estado, em especial, o de serem tratadas com igual consideração e respeito. Lembremos, aliás, que o juiz "integra" essa comunidade de livres e iguais, não é um *outsider* em relação a ela (quanto mais que, insistamos nisso, não haja oposição entre Estado e sociedade). E que, portanto, a sua jurisdição tem de ser justificada perante essas exigências.

Sendo assim, é preciso ter presente que a objeção segundo a qual os juízes frequentemente "errarão", de modo que não se justifica apostar na necessidade de que produza uma "resposta correta" é perversa: isso equivale a dizer que, já que os juízes tomarão decisões injustas, eles não devem esforçar-se para chegar a decisões justas.[200] Mas, como é óbvio, eles devem, sim, procurar construir decisões qualitativamente melhores, e que tenham nexos argumentativamente adequados à materialidade da Constituição. Devemos cobrar dos juízes essa responsabilidade. Aliás, e a advertência é de Dworkin: "não há razão para atribuir a outro grupo [que não o dos juízes] uma maior capacidade de argumentação moral; ou, se houver uma razão, será preciso mudar o processo de seleção dos juízes e não as técnicas de julgamento que eles são instados a usar".[201]

É isso: sabemos que os nossos juízes não têm capacidades hercúleas, e que, por isso, poderão não chegar a respostas "corretas". Também sabemos que, mesmo quando as construem, é alta a probabilidade de que não as enxerguemos como tais. E sabemos ainda, finalmente, que não há como "neutralizar" o julgador, "descolando-o" da sua subjetividade, "anulando-o" enquanto indivíduo e intérprete (o que, de resto, seria anti-hermenêutico). Esses argumentos poderiam dar força ao "ceticismo" que vige contra a possibilidade das "boas respostas" e quanto à validade da teoria que passamos a sustentar. Mas é o próprio Dworkin quem corre na frente e reconhece que nenhuma decisão jurídica é necessariamente a correta;[202] agora, se não podemos exigir do juiz que *chegue* a respostas corretas sobre os direitos de seus cidadãos, podemos ao menos exigir que o *tente*! Podemos (e devemos) exigir que *leve os direitos a sério*, que siga uma teoria coerente sobre a natureza desses direitos, e que aja (depois de isso tudo considerado!) de maneira consistente com suas próprias convicções.[203]

Insistamos nesse ponto. Para tanto, remetemo-nos à defesa de Dworkin contra a objeção mais comum que foi (ainda é) feita contra a sua "tese", qual seja: a de que é inútil exigir que um juiz procure encontrar a resposta correta, mesmo que ela exista, porque não é provável que sua resposta seja mais correta do que a de qualquer outra pessoa e porque não há como provar que é, mesmo que seja, "a" resposta correta.[204]

---

[200] DWORKIN, Ronald. *Levando os Direitos a Sério*, op. cit., p. 203.

[201] Ibidem, p. 203.

[202] Ibidem, p. 285.

[203] Ibidem, p. 286.

[204] Ibidem, p. 431. Há outras objeções à "tese da resposta correta" de Dworkin, no nosso entender, menos vigorosas. Uma delas é resumida como o "argumento da imprecisão", e consiste em afirmar que, quando as palavras utilizadas pelo legislador são imprecisas (como no caso dos famosos "conceitos jurídicos indeterminados" (*sic*), o impacto da lei é, de alguma maneira, também "indeterminado". A

Há uma reflexão filosófica em jogo nesta objeção: será que temos bons motivos para nos forçar a admitir que uma proposição só pode ser verdadeira se houver um critério consensual de verificação mediante o qual essa verdade possa ser demonstrada? Ou, colocado de outra maneira: será que, quando uma proposição de Direito é inerentemente controvertida, ela não pode ser verdadeira e nem falsa?

Dworkin chama esta objeção de "o argumento da controvérsia", ou de "tese da demonstrabilidade", segundo a qual se não se pode "demonstrar" (*i.e.*, fundamentar com argumentos de tal tipo que qualquer pessoa que compreenda a linguagem em que foi formulada a proposição deva assentir à sua veracidade ou ser condenada por irracionalidade) que uma proposição é verdadeira, depois que todos os fatos concretos que possam ser relevantes para sua veracidade sejam conhecidos ou estipulados, então ela não pode ser verdadeira.[205]

Ora, isso significaria fechar os ouvidos ao que a hermenêutica filosófica tem a dizer ao Direito (e à experiência humana em geral). Não teremos aprendido nada com Gadamer? Esta refutação ignora a extensão da questão da "verdade" à compreensão nas "ciências do espírito". É como se um texto (que veicule um princípio, ou uma regra, a respeito da qual seja possível controverter) se "fechasse" à interpretação, ou, pelo menos, às possibilidades de interpretá-lo "corretamente". Ora, nós somos (sim) "capazes de nos abrir à pretensão excelsa de um texto e corresponder compreensivamente ao significado com o qual nos fala",[206] e aí não estará em jogo qualquer explicitação de causas cuja soma nos conduza, necessariamente, a um único resultado. Quer dizer, é possível construir verdades que não sejam matemáticas, mas hermenêuticas (e nem por isto "menos" verdadeiras). E o Direito é interpretativo, é hermenêutico, é filosófico. Não há (já vimos) como ignorar esta dimensão. Esta objeção, pois, nos remete de volta a Descartes: "Se a verdade (*veritas*) só se dá pela possi-

---

resposta do autor é a de que "o impacto da lei sobre o Direito é determinado pela pergunta de qual interpretação, dentre as diferentes possibilidades admitidas pelo significado abstrato do termo, promove melhor o conjunto de princípios e políticas que oferecem a melhor justificativa política para a lei na época em que foi votada". Ora, a hermenêutica vem à fala para dizer que o texto é um evento (e deve ser compreendido como tal), independentemente da "precisão" dos conceitos ou dos "limites" da linguagem. O segundo argumento é o chamado "argumento do positivismo", segundo o qual, em apertada síntese, uma proposição particular pode não ser verdadeira nem falsa, não devido à imprecisão da linguagem, mas porque as regras básicas da tarefa jurídica têm essa característica. Dworkin responde a essa colocação com a afirmação de que as tais "regras básicas" variam com a prática, de modo que "quase com certeza" haverá proposições que se ajustam melhor (ou pior) à teoria política que oferece a melhor justificativa para proposições de Direito já estabelecidas. DWORKIN, Ronald. *Uma Questão de Princípio*, op. cit., p. 190-204.

[205] DWORKIN, Ronald. *Uma Questão de Princípio*, op. cit., p. 204.

[206] GADAMER, Hans-Georg. *Verdade e Método I*: Traços Fundamentais de Uma Hermenêutica Filosófica, op. cit., p. 411.

bilidade de verificação – seja como for – então o parâmetro que mede o conhecimento não é mais a sua verdade, mas sua certeza"; mas "sempre podemos esperar que outra pessoa veja o que consideramos verdadeiro, mesmo que não possamos demonstrar", quer dizer, nem sempre a "via da demonstração" será a "via correta para fazer com que outra pessoa veja o verdadeiro".[207] Gadamer também ensina que temos de confessar que "as maiores e mais fecundas produções das ciências do espírito estão muito distantes do ideal de verificabilidade", o que nos remete à conclusão (na qual mergulharemos no próximo tópico) de que o que entendemos por verdade tem a sua própria historicidade e temporalidade,[208] padrões que pouco têm a ver com "demonstração".

Enfim. O próprio Dworkin chamou a atenção para as raízes filosóficas da questão, quando apontou, corretamente, que a "tese da demonstrabilidade" decorre de uma metafísica que sustente que a proposição somente pode ser verdadeira se algum fato a fizer verdadeira, e que não existe nenhum fato no mundo, a não ser os fatos concretos; ora, há, sim, "alguma outra coisa no mundo, além de fatos concretos, em virtude da qual proposições de Direito possam ser verdadeiras", e isso podemos afirmar (em especial, com a hermenêutica gadameriana), sem o recurso a fatos morais "transcendentes" ou "platônicos".[209]

Explicando e exemplificando, o jusfilósofo norte-americano simplesmente supõe que uma determinada instituição social, como a escravidão, pode ser injusta não porque as pessoas pensam que é injusta ou têm convenções segundo as quais ela é injusta, ou qualquer coisa do tipo, mas apenas porque a escravidão *é* injusta; quer dizer: se existem tais "fatos morais", pode-se racionalmente supor que uma proposição de Direito pode ser verdadeira em virtude de um fato moral que não é conhecido nem estipulado, mesmo que os juristas sigam discordando quanto à proposição depois de conhecidos e estipulados os fatos concretos.[210]

---

[207] GADAMER, Hans-Georg. *Verdade e Método II*: Complementos e Índice. 2. ed. Petrópolis: Vozes; Bragança Paulista: Editora Universitária São Francisco, 2002, p.61-3.

[208] Ibidem, p. 65-71.

[209] DWORKIN, Ronald. *Uma Questão de Princípio*, op. cit., p. 205.

[210] Ibidem, p. 205-6. Retomando a reflexão sobre o caráter "objetivamente" iníquo da escravidão, e enfrentando as objeções do "ceticismo exterior" à possibilidade de uma resposta melhor do que outra a essa questão, Dworkin dirá que "não existe diferença importante de categoria ou posição filosófica entre a afirmação de que a escravidão é iníqua e a afirmação de que existe uma resposta certa à questão da escravidão, isto é, que ela é iníqua. Não posso, racionalmente, considerar a primeira dessas opiniões como uma opinião moral sem fazer o mesmo com relação à segunda. Uma vez que o ceticismo exterior não oferece razões para repudiar ou modificar a primeira, também não oferece razões para repudiar ou modificar a segunda. As duas são afirmações internas à moral, e não sobre ela." DWORKIN, Ronald. *O Império do Direito*, op. cit., p. 93.

Evidentemente, com isso Dworkin não está dizendo que a interpretação é como a física, ou que os valores morais estão "lá", ou podem ser provados; ele está apenas dizendo que é possível afirmar, ainda que com ênfases diversas, que a escravidão é, sim, iníqua. E isso justamente porque as crenças que sustentarão esta afirmação são "morais", e não "metafísicas"![211]

Nesses termos, e com os horizontes de sentido abertos pela hermenêutica, é possível dizer que uma proposição de Direito pode ser considerada *verdadeira* se for mais coerente do que a proposição contrária com a teoria jurídica que justifique melhor o direito estabelecido; e pode ser negada como *falsa* se for menos coerente com essa teoria do Direito do que a contrária.[212] Não é (tão) difícil, pois.

Aliás, não deixa de ser interessante perceber que muitas das pessoas que criticam a possibilidade de endossar ou rejeitar interpretações (ou seja, de reputá-las como corretas ou incorretas), continuam a fazer suas afirmações interpretativas e a argumentar sobre elas de modo crítico e judicioso, supondo que algumas afirmações são melhores que outras, que algumas são certas e outras erradas...![213]

Mas retomemos o raciocínio: aprofundando esse tópico (de que uma proposição de Direito é *correta* se faz parte da melhor justificativa que se pode oferecer para o conjunto de proposições jurídicas tidas como estabelecidas), Dworkin argumenta que há duas dimensões ao longo das quais se deve julgar se uma teoria fornece a melhor justificação dos dados jurídicos disponíveis: a dimensão da adequação e a dimensão da moralidade política.[214]

A dimensão da adequação supõe que uma teoria política é uma justificativa tanto melhor do que outra na medida em que alguém que a sustentasse pudesse, a serviço dela, aplicar mais daquilo que está estabelecido do que alguém que justificasse a outra; já a segunda dimensão, a dimensão da moralidade política, supõe que, se as duas justificativas oferecem uma adequação igualmente boa aos dados jurídicos (o que é raro), uma delas não obstante, oferece uma justificativa melhor do que a outra se for superior enquanto teoria política ou moral, isto é: se apreende melhor os direitos que as pessoas realmente têm.[215]

---

[211] DWORKIN, Ronald. *O Império do Direito*, op. cit., p. 102.

[212] DWORKIN, Ronald. *Levando os Direitos a Sério*, op. cit., p. 435.

[213] DWORKIN, Ronald. *Uma Questão de Princípio*, op. cit., p. 252.

[214] Ibidem, p. 213.

[215] Ibidem, p. 213.

Com esses aportes, Dworkin julga "extremamente improvável" que se demonstre que, num caso particular, em meio a um "sistema jurídico complexo e abrangente", não houvesse nenhum argumento a favor de qualquer dos lados que pudesse ser considerado comparativamente mais forte, ou seja, que duas teses se ajustem igualmente bem ao "conteúdo jurídico relevante".[216]

Ademais, não esqueçamos que um juízo "de empate", ou de que "não há resposta correta" em determinado caso é um juízo da mesma natureza que qualquer uma das respostas disponíveis e, bem por isso, igualmente falível; não se trata de uma resposta residual e nem de uma resposta por omissão, que é automaticamente verdadeira sempre que não se dispõe de um argumento convincente para qualquer outra resposta, ou sempre que houver bons argumentos a favor das outras duas respostas (é exatamente o mesmo "movimento" praticado pelo juiz que "salta" de sua própria análise para a conclusão de que os seus argumentos é que são os corretos).[217]

Que seja. O ponto decisivo – e no qual nos agarramos – é que não há nenhuma razão para deixar o caso nas mãos da "melhor capacidade de julgar" de algum juiz, de um "protagonista", ao passo que há evidentes ganhos (democráticos, por certo) em dele exigir que argumente em favor de princípios (e, consequentemente, de direitos).

Portanto, guardemos bem isso: essas tarefas não pertencem somente a "Hércules", mas a todo o juiz constitucional. Esta é a força motriz de Dworkin: trabalhar o "dever" dos juízes enquanto juízes (em resumo, o dever de elaborar uma teoria coerente e que não desconsidere a complexidade normativa do Direito, aí incluído o papel da história judiciária e legislativa, que deverão ser "justificadas" – principiologicamente – na medida em que suas atividades forem consideradas "acertos" do ponto de vista constitucional). Não nos esqueçamos, para tanto, da estratégia de "leitura moral" da Constituição.

Já dissemos que as imposições da moralidade no Direito implicam que seus "operadores" compreendam os dispositivos constitucionais abstratos, que atribuem direitos ao indivíduo, considerando que eles dizem respeito a "princípios morais de decência e justiça"; assim, exemplificativamente,

> toda vez que surge uma questão constitucional nova ou controversa – a de saber, por exemplo, se a Primeira Emenda autoriza que se elaborem leis contra a pornografia –, as

---

[216] DWORKIN, Ronald. *Uma Questão de Princípio*, op. cit., p. 215.
[217] DWORKIN, Ronald. *Levando os Direitos a Sério*, op. cit., p. 438-9.

pessoas encarregadas de formar uma opinião sobre o assunto devem decidir qual a melhor maneira de compreender aquele princípio moral abstrato.[218]

Com isso, Dworkin chama a atenção para o fato de que, se quisermos (e devemos querer!) levar em conta a opinião dos "autores" do texto (constitucional), temos de considerá-las como "amplas e abstratas convicções de princípio" – e não como opiniões particulares sobre algum assunto específico;[219] dessa forma, o tempo (e o conjunto da produção democrática do Direito) é que nos permitirá compreender a adequada dimensão destes "princípios abstratos" no presente, caso a caso. Mais do que isso, os tribunais devem "descobrir princípios que justifiquem não só o texto da Constituição como também as tradições e práticas [...] que também fazem parte da nossa história constitucional".[220]

É isso, em resumo: encerremos este tópico com a mensagem de que a "resposta correta" é uma resposta à discricionariedade "forte" e ao positivismo jurídico. Numa palavra, é a resposta que subscrevemos para a necessidade de quebra do "protagonismo judicial". E que, diante dessa possibilidade hermenêutica, caberá ao processo (hermenêutica e constitucionalmente compreendido, portanto) fornecer as condições de possibilidade para a sua obtenção.

Essas lições todas estão, pois, imbricadas com os desafios que o neoconstitucionalismo propõe à jurisdição constitucional, e com o decorrente direito fundamental à obtenção de respostas corretas (Streck), que transitará, repitamos, por um processo jurisdicional democrático e democratizante, que conte com a participação efetiva das partes. Já vimos o suficiente, até agora, para rompermos o preconceito contra as tais "respostas corretas", para saber qual o papel que os princípios (ao trazerem a moral para dentro do Direito) assumem nessa dinâmica. Não há mais Direito sem princípios, e seus existenciais são a concretização/defesa de direitos, o combate ao relativismo/decisionismo. A filtragem dessas noções pela *Crítica Hermenêutica do Direito* nos remeterá, logo adiante, à *diferença* (não separação!) *ontológica* entre regra e princípio, e à conclusão de que, atrás de cada regra, haverá sempre um princípio instituidor, que devolverá o mundo prático para o âmbito do Direito (Streck). Essas noções todas (e a sua necessária recepção no processo jurisdicional) vão ficar cada vez mais claras à medida em que nos familiarizarmos, a partir daquilo que já vimos, com mais categorias hermenêuticas gadamerianas (círculo hermenêutico, a *applicatio* e, fundamentalmente, a autoridade da *tradição* e a

---

[218] DWORKIN, Ronald. *O Direito da Liberdade:* A Leitura Moral da Constituição Norte-Americana, op. cit., p. 2.

[219] Ibidem, p. 429.

[220] Ibidem, p. 456.

história efeitual), e em que promovermos a interlocução destas com a tese do "Direito como integridade", de Dworkin, a respeito da qual já falamos alguma coisa: é chegada a hora de explicá-la.

## 2.2. A autoridade da tradição em Gadamer e o Direito como integridade em Dworkin: colocando "o protagonista" em seu devido lugar

O eixo central da teoria substantiva do direito de Ronald Dworkin, que é direcionada à concretização/preservação de direitos preferenciais/fundamentais, e na interdição dos relativismos e arbitrariedades interpretativas, não se encontra tanto na figura de seu metafórico "Hércules", ou na controversa tese da "resposta correta" (*one right answer*), e nem bem na sua (mais recente) estratégia de "leitura moral" da Constituição: antes, é a ideia de *integridade do Direito*, ou do Direito compreendido "como" integridade, o ponto que enlaça e confere maior densidade a essas noções todas, e cuja compreensão melhor atende ao nosso propósito (democrático/democratizante) de "quebra" do protagonismo judicial a partir do paradigma hermenêutico.

O estudo do Direito como integridade é particularmente privilegiado, também, para que pensemos a Filosofia *no* Direito. Trata-se de uma categoria que, apesar de poder ser classificada como "jurídica" – na medida em que surge nas entranhas de uma teoria do Direito –, não será adequadamente entendida sem que se chame a Filosofia à fala. Em especial, a Filosofia Hermenêutica (e a hermenêutica filosófica que a secunda). Nesse rumo, e como já havíamos de certa forma adiantado, é que conduziremos uma investigação filosófica sobre as bases de uma afirmação cunhada originalmente por Lenio Streck:[221] a de que há claros pontos de contato entre a concepção dworkiniana de *integridade* e a reabilitação, em Gadamer, da (autoridade da) *tradição*.

De plano, destacamos que essa tarefa nos será facilitada pelo próprio Dworkin, que deixa nítida, em diversos contextos, uma postura hermenêutica, no sentido em que Gadamer a tematiza. A sua teoria do Direito – insistimos nesse ponto – é antes fenomenológica do que prescritiva, ou, nas suas próprias palavras: "a tese não apresenta informações novas sobre o que os juízes fazem; oferece apenas uma nova maneira de descrever aquilo que todos sabemos que eles fazem, e as virtudes dessa nova descrição não são empíricas, mas sim políticas e filosóficas".[222] E é bem isso.

---

[221] STRECK, Lenio Luiz. *Verdade e Consenso*: Constituição, Hermenêutica e Teorias Discursivas, op. cit., passim.

[222] DWORKIN, Ronald. *Levando os Direitos a Sério*, op. cit., p. 141.

Tal como Gadamer, que coloca em questão, com o seu *Verdade e Método*, o que – já o ressaltamos – nos acontece "além do nosso querer e fazer", Dworkin não visa à reformulação da prática judiciária, mas à adequada compreensão daquilo que já viria ocorrendo – no seu entendimento – com sucesso. Cuida-se, em ambos os autores, pois, de problematizar o "não dito" que, apesar de "não dito" e, bem por isso, "não tematizado", acaba "sustentando" a prática e os "modos-de-ser" dos intérpretes/operadores do Direito.

Dividiremos esta análise, para fins de facilitar a compreensão do conteúdo, em dois pontos: no primeiro, examinaremos como, e em qual medida, a prática do Direito é, para Dworkin, interpretativa (ou, no particular, filosoficamente hermenêutica); depois, com essas premissas melhor fixadas, ingressaremos no estudo do Direito como integridade.

Ao trabalho.

### 2.2.1. O Direito como Interpretação (ou: notas sobre o encontro entre Gadamer e Dworkin)

A prática do Direito é interpretativa (e, com o Direito Processual, não há como – e nem por que – ser diferente). E interpretação (melhor dito, hermenêutica) não é método, mas filosofia. Poucos autores deixam tão clara esta compreensão, ao longo do desenvolvimento de uma teoria do Direito, como Dworkin. Esse é o aspecto que, já anunciado e antevisto, será agora objeto central dos nossos esforços.

Em primeiro lugar, convém repetir que a aproximação entre Dworkin e a hermenêutica de cariz filosófico dá-se de maneira natural. Comecemos dizendo que o jusfilósofo norte-americano sempre teve bem presente, em suas lições, que não há uma cisão entre os momentos de compreensão-interpretação-aplicação, ou seja, que somente compreendemos e interpretamos *aplicando*. No plano do Direito, essa percepção nos permite afirmar que não há, na formação do ato decisório, um primeiro momento em que haja uma identificação das "margens" ou "balizas" do que "diz" o Direito para que, num segundo momento, aí sim, já estabelecida a "margem de liberdade" do juiz, as suas "escolhas possíveis", seja tomada a decisão (feita a "escolha").[223] Acontece que há uma impossibilidade filosófica aqui

---
[223] É bem de ver que a dogmática é pautada por essa "crença", sendo exemplo eloquente disso a quase totalidade da produção dita "doutrinária" (*sic*) que há, no Brasil, a respeito da discricionariedade administrativa, que se dá(ria) no âmbito de (alg)uma "margem de liberdade" do administrador (ou seja, primeiro se identificam as balizas, depois o administrador escolhe uma das alternativas possíveis, conforme a sua conveniência...!). Mas não é só aqui que essa problemática está presente. O que dizer da cisão entre os discursos de justificação e adequação em autores como Habermas e Günther? Será mesmo possível tomar como "previamente válida" uma norma sem "interpretá-la"

em questão: a *applicatio* gadameriana dá-nos conta de que não há uma divisão temporal entre compreensão e aplicação, isto é, que não se trata de primeiro compreender um texto para depois poder aplicá-lo a situações cotidianas, mas, antes, a compreensão, quando ocorre, já traz em si o momento da aplicação.[224] O próprio Gadamer tratou dessa complexidade no campo do Direito, explicando que a pretensão de validez (que lhe é inerente) faz com que adquira o "estatuto de texto, codificado ou não", de modo que a "lei, enquanto estatuto ou constituição, necessita sempre da interpretação para a sua aplicação prática, o que significa, por outro lado, que toda aplicação prática implica interpretação".[225] Perfeito: é na *applicatio* – e, portanto, na realidade, na prática – que se confirmará (ou não) a pretensão de validade das proposições jurídicas. Não há validez em abstrato, e nem "cortes" no raciocínio.

Não é de outra forma que Dworkin aborda os seus célebres "casos difíceis"; também neles, não se identifica primeiro o Direito para depois interpretá-lo. Nas suas próprias palavras: "os juízes não decidem os casos difíceis em duas etapas, avaliando, num primeiro momento, os limites das restrições institucionais, para só então deixar os livros de lado e resolver as coisas a seu próprio modo"; e isto justamente porque há uma indissociável antecipação do sentido (prático) do todo em qualquer tentativa de interpretação, o que permite dizer que "as restrições institucionais que eles [os juízes] intuem estão disseminadas, e perduram até a própria decisão".[226] Reforçando esse ponto, Dworkin dirá que nem mesmo Hércules "encontra, primeiro, os limites do direito, para só então mobilizar suas próprias convicções políticas de modo que complemente o que o direito exige"; na verdade, desde o início, ele utiliza "seu próprio juízo para determinar que direitos têm as partes que a ele se apresentam"; assim é que, na fixação destes direitos (jurídicos), Hércules já terá levado em consideração as tradições morais da comunidade, pelo menos do modo como estas são capturadas no conjunto do registro institucional que é a sua função interpretar.[227]

---

(ou seja, sem já "aplicá-la"?). Sobre a questão da objetificação do Direito Administrativo, consultar: OHLWEILLER, Leonel. Estado, Administração Pública e Democracia: Condições de Possibilidade para Ultrapassar a Objetificação do Regime Administrativo. In: *Anuário do Programa de Pós-Graduação em Direito da UNISINOS*. São Leopoldo, 2003. Sobre a problemática "cisão" entre os discursos de fundamentação prévia e de adequação, consultar: STRECK, Lenio Luiz. *Verdade e Consenso*: Constituição, Hermenêutica e Teorias Discursivas, op. cit.

[224] SILVA FILHO, José Carlos Moreira da. *Hermenêutica Filosófica e Direito*: O Exemplo Privilegiado da Boa-Fé Objetiva no Direito Contratual, op. cit., p. 87.

[225] GADAMER, Hans-Georg. *Verdade e Método II*: Complementos e Índice, op. cit., p.399.

[226] DWORKIN, Ronald. *Levando os Direitos a Sério*, op. cit., p. 136.

[227] Ibidem, p. 196. Mas atenção: com isso o autor não está dizendo que é o "próprio juízo" do "juiz" a fonte da decisão; ele está apenas dizendo que o juiz (também) interpreta, e que isso, porque não ocor-

Enfim. As aproximações a entre a hermenêutica de perfil filosófico e a teoria do Direito de Dworkin, que podem ser observadas desde o seminal *Levando os Direitos a Sério*, vão ficando mais explícitas ao longo do desenvolvimento de sua obra. Isso ocorre, em grande medida, porque este seu trabalho inicial foi alvo de severas e contundentes críticas (como a de que incentivaria o solipsismo judicial e a "moralização" do Direito, por exemplo),[228] o que lhe motivou a realizar uma "reformulação" de sua teoria, justamente para demonstrar que teria sido "mal-compreendido" pelos seus polemizadores. Daí que, a partir de então (em especial, em *Uma Questão de Princípio* e no *Império do Direito*), seus escritos passam a ser marcados por um recurso mais frequente e declarado à Filosofia da Linguagem e ao paradigma hermenêutico.

Confiram-se os ensaios que integram o *Império do Direito*: ali, a partir de referências expressas à filosofia de Gadamer (além das de Habermas, Dilthey e outros), o jusfilósofo norte-americano passou a desenvolver a categoria por ele chamada de "interpretação construtiva", que terá por objeto as relações sociais (no que nos interessa mais de perto, o Direito), e que é inegavelmente caudatária, em diversos aspectos, da hermenêutica filosófica gadameriana.

Recorramos ao texto do próprio autor norte-americano. Dworkin sugere que as pessoas assumem uma "atitude interpretativa" com relação aos fatos sociais, composta por dois pressupostos: o "valor" (querendo significar que determinada prática social tem alguma *finalidade*) e a suscetibilidade da prática interpretada (uma regra, uma conduta, etc.) a essa (mesma) finalidade; trata-se, pois, de um processo de imposição (atribui-

---

re em tiras ou fatias, já vem mergulhado na complexidade de sua situação hermenêutica (aí incluída, por exemplo, a referida "tradição moral da comunidade").

[228] As críticas podem ser assim resumidas: "Dworkin acredita na possibilidade de uma única decisão correta, desconsiderando o fato de que uma norma jurídica possibilita uma pluralidade de interpretações. Além do mais, Dworkin se utiliza de um juiz ideal, Hércules, que não existe e que está isolado de tudo e de todos e só com seu conhecimento consegue encontrar a única resposta correta. É a crítica do solipsismo judicial. Além do mais, Dworkin moralizaria o Direito, tornando o judiciário um verdadeiro guardião de valores da sociedade, um balizador das fronteiras do que é certo e do que é errado". OMMATI, José Emílio Medauar. A Teoria Jurídica de Ronald Dworkin: O Direito Como Integridade. In: OLIVEIRA, Marcelo Andrade Cattoni de (Coord.). *Jurisdição e Hermenêutica Constitucional no Estado Democrático de Direito*, op. cit., p. 154. De fato, pensamos que estas críticas são fruto de uma má interpretação da obra de Dworkin. Já falamos bastante sobre Hércules, falemos agora sobre a acusação de que ele "moraliza o Direito". Ora, é verdade que Dworkin fala de exigências morais; "No entanto, essas exigências morais só ganham consistência para o Direito quando incorporadas a este sistema específico. E esta incorporação se dá através dos direitos fundamentais. Na medida em que essas exigências morais são transcritas para o Direito através dos direitos fundamentais, perdem seu caráter inicial de exigências morais e ganham densidade jurídica própria. Para dizer com Habermas, o que Dworkin está querendo mostrar é a existência de uma relação complementar ou equiprimordial entre Direito e Moral". OMMATI, José Emílio Medauar. A Teoria Jurídica de Ronald Dworkin: O Direito como Integridade. In: OLIVEIRA, Marcelo Andrade Cattoni de (Coord.). *Jurisdição e Hermenêutica Constitucional no Estado Democrático de Direito*, op. cit., p. 164. É isso. A co-originariedade entre Direito e Moral, da qual já falamos, responde esta acusação.

ção) de *significado* a uma instituição para em seguida reestruturá-la de acordo com esse significado, que levará à conclusão de que "valor e conteúdo se confundem".[229] Ao desenvolver esta hipótese, o jusfilósofo vai percebendo a inevitável circularidade (da) hermenêutica na prática cotidiana, o que o faz afirmar que "se uma comunidade faz uso de conceitos interpretativos, o próprio conceito de interpretação será um deles: uma teoria da interpretação é uma interpretação da prática dominante de usar conceitos interpretativos".[230] Adiante, o autor arremata que a interpretação das práticas sociais, na verdade, "preocupa-se essencialmente com o propósito, não com a causa. Mas os propósitos que estão em jogo não são (fundamentalmente) os de algum autor, mas os do intérprete".[231] Mas com isso ele não quer dizer, obviamente, que um intérprete "possa fazer de uma prática ou de uma obra de arte qualquer coisa que desejaria que fossem; [...] do ponto de vista construtivo, a interpretação criativa é um caso de interação entre propósito e objeto".[232]

Esta "interação entre propósito e objeto", que envolve o intérprete (e seu propósito) com o objeto a ser interpretado (relação sujeito-sujeito), nos devolve ao "círculo hermenêutico" antevisto por Heidegger e retrabalhado por Gadamer. Lembremos que quem quer compreender um texto (e, neste contexto, a prática social "funciona" como um "texto") realiza sempre um "projetar", ou seja, tão logo apareça um primeiro sentido no texto, o intérprete prelineia um sentido do "todo", e isso justamente porque quem lê o texto lê a partir de determinadas expectativas e na perspectiva de um sentido determinado (o "propósito"); assim, é na "elaboração desse projeto prévio, que, obviamente, tem que ir sendo constantemente revisado com base no que se dá conforme se avança na penetração de sentido" que consiste a compreensão do que está posto no texto.[233] Fixemos bem isso: é esta interação entre o "propósito" (um projeto compreensivo) e o "objeto" da interpretação (um texto, uma prática social instituída sob o império do Direito) que marca a "atitude interpretativa" dworkiniana e a "espiral hermenêutica" gadameriana.[234]

---

[229] DWORKIN, Ronald. *O Império do Direito*, op. cit., p. 58.

[230] Ibidem, p. 60.

[231] Ibidem, p. 63.

[232] Ibidem, p. 64.

[233] GADAMER, Hans-Georg. *Verdade e Método I*: Traços Fundamentais de Uma Hermenêutica Filosófica, op. cit., p. 356.

[234] A circularidade hermenêutica está presente, como não poderia deixar de ser, na estratégia de "leitura moral" da Constituição. Dworkin deixa isso bem claro quando afirma que "a interpretação jurídica é intrinsecamente holística, mesmo quando meu alvo aparente não é um documento inteiro, mas um único artigo ou mesmo uma única frase"; nessa senda, uma interpretação da Constituição que afirme que "um princípio moral contido num artigo é efetivamente rejeitado por outro artigo

O intérprete das práticas sociais é (deve ser) um "ser-no-mundo". É um "ser-com-os-entes". E, nesta perspectiva, a hermenêutica ganha um caráter universal: interpretamos sempre, não interpretamos apenas "textos" ou "práticas sociais". Isso implica voltar os olhos do "texto" ao "contexto", percepção que leva Dworkin a dizer, no desenvolvimento de sua "teoria da interpretação", que: "interpretar uma prática social é apenas uma forma ou ocasião de interpretação. As pessoas interpretam em muitos contextos diferentes e, para começar, devemos procurar entender em que estes contextos diferem"; isto não seria possível se o intérprete se colocasse como um *outsider* da prática cuja compreensão intenciona: "um cientista social deve participar de uma prática social se pretende compreendê-la, o que é diferente de compreender seus adeptos".[235] Dito de modo mais simples: o intérprete deve *"aderir* à prática que se propõe a compreender"; consequentemente – e é vital que o operador do Direito saiba disso –, suas conclusões não serão relatos neutros sobre o que pensam os membros da comunidade, mas, isso sim, afirmações que competem com as deles.[236]

A melhor compreensão destas coisas – de que a hermenêutica é universal, de que o intérprete é *parte* daquilo que interpreta – tem reflexos importantes no pensamento do autor norte-americano. Apropriando-se cada vez mais da hermenêutica filosófica, Dworkin defenderá o ponto de que a estrutura formal da interpretação de um texto (ou de uma obra de arte) não diferirá daquela na qual se dá a interpretação das relações sociais, ou seja, é idêntica (e possível) "mesmo quando não existe nenhum autor real cuja mente possa ser investigada".[237] Essa percepção – de que o produto da interpretação não só é parte de quem interpreta mas, também, está desprendido de um "autor" individualmente considerado – decorre, indisfarçavelmente, da filosofia de Gadamer, que antes já dissera que "a experiência da obra de arte sempre ultrapassa, de modo fundamental, todo horizonte subjetivo de interpretação, tanto o horizonte do artista quanto o de quem recebe a obra"; nessa linha, pode-se dizer que "a *mens auctoris* não é nenhum padrão de medida plausível para o significado da obra de arte".[238] Nem para a obra de arte, nem para um texto jurídico, nem para nada digno de interpretação.

---

não é um exemplo de flexibilidade pragmática, mas de hipocrisia". DWORKIN, Ronald. *O Direito da Liberdade*: A Leitura Moral da Constituição Norte-Americana, op. cit., p. 129.

[235] DWORKIN, Ronald. *O Império do Direito*, op. cit., p. 67.

[236] Ibidem, p. 78.

[237] Ibidem, p. 71.

[238] GADAMER, Hans-Georg. *Verdade e Método I*: Traços Fundamentais de Uma Hermenêutica Filosófica, op. cit., p. 17.

O que está em jogo no processo compreensivo, em realidade, é o que Gadamer chama de *fusão de horizontes*, o que ocorre nos limites de uma determinada *situação hermenêutica*. Melhor explicado, "nós definimos o conceito de situação justamente por sua característica de representar uma posição que limita as possibilidades de ver", de modo que ao "conceito de situação pertence, essencialmente, então, o conceito de *horizonte*. Horizonte é o âmbito de visão que abarca e encerra tudo o que pode ser visto a partir de determinado ponto".[239] A ideia que se quer transmitir é a de que não podemos separar, de um lado, o horizonte do intérprete e, de outro, o horizonte de produção do texto histórico, vale dizer, não se pode propriamente falar em um horizonte do presente e em um horizonte do passado: o que há é uma *fusão de horizontes*; explica Silva Filho que se fala em *fusão* "não por se defender a existência de horizontes distintos que se fundem", mas, antes, "porque a tarefa hermenêutica, sintetizada em escapar de uma assimilação ingênua, precisa tornar visível a relação de tensão que se estabelece entre o texto e o presente, necessita explicitar o estranhamento, propiciar a interpelação".[240]

Se isto for corretamente entendido, estaremos em melhores condições de compreender o que, afinal, é a tal "interpretação construtiva": trata-se, em última análise, da compreensão de algo (um texto, por exemplo) que deve levar em conta fatores históricos (como a "intenção do autor"), mas que, uma vez dirigida por um "interesse" (como a atribuição de um sentido "jurídico" ao texto) do intérprete (também ele "situado" historicamente), resultará na "construção" de um "sentido" novo, mas ainda assim "fiel" ao texto (ou seja, nem por isso deixará de ser uma interpretação "correta"). Cuida-se de reconhecer a impossibilidade de reconstruir as "intenções históricas", e de ainda assim, mantermo-nos fiéis à tradição à qual aderimos. As palavras são de Dworkin: "na interpretação construtiva as intenções históricas não são os fundamentos constitutivos da compreensão interpretativa", e "a incapacidade de recuperá-las não é um desastre interpretativo", já que "existem outras maneiras, quase sempre muito melhores, de encontrar valor nas tradições às quais aderimos".[241] Voltamos a Gadamer, que já adiantara que "toda re-produção já é interpretação desde o início e quer ser correta enquanto tal. Nesse sentido, também ela é 'compreensão'".[242]

---

[239] GADAMER, Hans-Georg. *Verdade e Método I*: Traços Fundamentais de Uma Hermenêutica Filosófica, op. cit., p. 399.

[240] SILVA FILHO, José Carlos Moreira da. *Hermenêutica Filosófica e Direito*: O Exemplo Privilegiado da Boa-Fé Objetiva no Direito Contratual, op. cit., p. 86-7.

[241] DWORKIN, Ronald. *O Império do Direito*, op. cit., p. 80.

[242] GADAMER, Hans-Georg. *Verdade e Método I*: Traços Fundamentais de Uma Hermenêutica Filosófica, op. cit., p. 18.

Em todo o caso, a "descoberta" é a de que "todos entramos na história de uma prática interpretativa em um determinado momento", donde Dworkin sugerirá a necessidade de um "acordo pré-interpretativo", no qual serão identificados "as regras e os padrões que se consideram fornecer o conteúdo experimental da prática"; e, em segundo lugar, haverá uma "etapa interpretativa", direcionada a encontrar uma "justificativa geral para os principais elementos da prática identificada na etapa pré-interpretativa".[243] Isso é menos "bizarro" do que parece. Trata-se, tão somente, de identificar, em primeiro lugar, o nosso lugar de fala, a nossa *tradição* (por exemplo: estamos num Estado Democrático de Direito, a Constituição é topo normativo etc.), para, depois, mergulharmos na construção dos sentidos e consequências destes supostos (o que "é", afinal, um Estado Democrático de Direito, como compreender/interpretar/aplicar a Constituição etc.). Por isso, aliás, é que a tal "etapa pré-interpretativa" deve ser a um só tempo "contingente e local".[244]

Que seja. Importa destacar que, neste aspecto, a partir do momento em que se reconhece que a "criação interpretativa" deve honrar a história sem, contudo, se resumir a esta, o jusfilósofo norte-americano rende-se à dinâmica de "pergunta e resposta" (*lógica de pergunta e resposta*) que pauta a hermenêutica gadameriana. Em resumo, esta "lógica" traduz o fato de que, desde o momento em que o texto é transmitido – e que, portanto, é convertido em objeto de interpretação –, este coloca uma "pergunta" ao intérprete; nesse sentido, a interpretação conterá sempre uma referência essencial à pergunta que nos foi dirigida, de modo que "compreender um texto quer dizer compreender essa pergunta", o que somente ocorrerá, como visto, quando "se conquista o horizonte hermenêutico", aqui denominado "*horizonte do perguntar*, no qual se determina a orientação de sentido do texto".[245] Dizendo isto de forma mais simples, Gadamer pontua que se deve compreender o que foi dito como uma resposta a uma pergunta, ultrapassando, assim, o que foi dito; desta forma, o sentido de uma frase é relativo à pergunta que ele responde e isso significa que ultrapassa necessariamente o que foi dito nela.[246] Em Dworkin, isso repercute quando este, reconhecendo a impossibilidade de reconstruir a intenção

---

[243] DWORKIN, Ronald. *O Império do Direito*, op. cit., p. 81. O próprio Dworkin, que sabe bem que *sempre* interpretamos, "alivia" esta sua "categoria interpretativa" da carga semântica equívoca que lhe pesa sobre os ombros: "coloco 'pré-interpretativo' entre aspas porque, mesmo nessa etapa, algum tipo de interpretação se faz necessário"; em resumo, seu ponto é o de que "se se espera que a atividade interpretativa dê frutos", é necessário que a nossa análise ofereça classificações que serão tratadas "como um dado na reflexão e argumentação do dia a dia". Idem. Ibidem. Só isso.

[244] Ibidem, p. 113.

[245] GADAMER, Hans-Georg. *Verdade e Método I*: Traços Fundamentais de Uma Hermenêutica Filosófica, op. cit., p. 482.

[246] Ibidem, p. 482.

do autor de um texto, ainda assim afirma que a sua "interpretação criativa" deva buscar sua estrutura formal na ideia de "intenção", não porque pretenda descobrir os propósitos de qualquer pessoa ou grupo histórico específico, "mas porque pretende impor um propósito ao texto, aos dados ou às tradições que está interpretando".[247] Ou seja, quando o jusfilósofo norte-americano apela, na sua "interpretação construtiva", para o eixo da "intenção" do autor de um texto, mesmo depois de concordar que é impossível uma tal "reconstrução", ele mais não está fazendo do que Gadamer faz quando trata de entender o que foi dito como uma resposta a uma pergunta. Simples, pois: é a *pergunta correta* a condição de possibilidade para a construção da *resposta correta*.

Estas amarras do intérprete "construtivo" com o passado, que são uma constante em Dworkin, podem ser traduzidas como aquilo que Gadamer trabalha como "a autoridade da tradição", temática que vem acompanhada da questão da "pré-compreensão" e dos "preconceitos".

Segundo Gadamer, a compreensão só é *possível* quando aquele que compreende se lança para a abordagem de um texto já com uma pré-compreensão; isto significa que, por um lado, o intérprete já *orienta* o texto *por* alguma coisa, a saber, pelo mundo em que se movimenta; ao mesmo tempo, à compreensão de um texto liga-se um *interesse* na compreensão, é dizer, quando utilizamos o texto, temos algum propósito em mente, e utilizamos sempre a nossa conceitualidade.[248] Através da pré-compreensão, que guia a interpretação do texto, cada interpretação de um texto é, simultaneamente, aplicação ao estado atual de consciência do intérprete, o que faz com que o texto se transforme sucessivamente num texto diferente, de modo que a interpretação não será, jamais, meramente reprodutiva.[249]

Então, guardemos bem isso: não é sequer *possível* que uma interpretação se dê sem *pré-compreensão*; não haverá intérprete sem *preconceitos*, ou seja, despido de uma conceitualidade prévia que lhe permita abordar o texto (ou a prática social, ou o que seja). E não há mera "reprodução", a interpretação é (sempre e inexoravelmente) "produtiva". Por isso é que, se quisermos evitar arbitrariedades interpretativas, "o intérprete tem de ser capaz de testar a sua própria compreensão".[250] Claro: Lenio vem di-

---

[247] DWORKIN, Ronald. *O Império do Direito*, op. cit., p. 275.

[248] SCHROTH, Ulrich. Hermenêutica Filosófica e Jurídica. In: KAUFMANN, Arthur; HASSEMER, Winfried (Orgs.). *Introdução à Filosofia do Direito e à Teoria do Direito Contemporâneas*. Lisboa: Fundação Calouste Gulbenkian, 2002, p. 383.

[249] Ibidem, p. 383

[250] Ibidem, p. 383.

zendo há horas – e com toda a razão – que a tarefa primordial da hermenêutica é provocar os pré-juízos![251]

Dworkin escreveu expressamente sobre isso. Afirmou que descobrir as razões pelas quais acreditamos em alguma coisa é algo importante, e pode fazer, inclusive, com que duvidemos dela (é o caso de quem descobre ter sido educado em história, por exemplo, com base num livro de ficção); bem assim, acrescentou não haver dúvidas de que as convicções morais do intérprete são atravessadas pela forma de educação que recebeu, ou pela cultura; justamente por isso, defendeu que perceber essas relações entre o mundo e as convicções pessoais do indivíduo é algo relevante, e que deveria forçá-lo a perguntar-se se tem, mesmo, boas razões para pensar como pensa.[252]

Sucede que o ex-surgir da compreensão dependerá da faticidade e historicidade do intérprete. E esta faticidade e historicidade, explica Lenio Streck, é o *locus* da pré-compreensão, condição de possibilidade para qualquer interpretação.[253] Desta forma, é impossível que o intérprete se situe "fora" da tradição, ele sempre falará a partir dela, de uma situação hermenêutica.[254] Agarremo-nos nisso. Queiramos ou não (isso – também – não é negociável!), "encontramo-nos sempre inseridos na tradição, e essa não é uma inserção objetiva, como se o que a tradição nos diz pudesse ser pensado como estranho ou alheio"; do contrário, "trata-se sempre de algo próprio, modelo e intimidação, um reconhecer a si mesmos no qual o nosso juízo histórico posterior não verá tanto um conhecimento, mas uma transformação espontânea e imperceptível da tradição".[255]

Essa *inevitabilidade* fará com que se reconheça uma certa *autoridade* à tradição, que nos permitirá, finalmente, verificar a *legitimidade* dos nossos preconceitos (sim, há preconceitos legítimos![256]). Nesta conformidade, a essência da autoridade não seria uma obediência cega, mas o reconhecimento de um saber prévio mais amplo (a autoridade não se outorga: adquire-se).[257] Daí que, quando Gadamer chama a atenção para a autoridade

---

[251] STRECK, Lenio Luiz. *Hermenêutica Jurídica e(m) Crise*: Uma Exploração Hermenêutica da Construção do Direito, op. cit., p. 300.

[252] DWORKIN, Ronald. *O Império do Direito*, op. cit., p. 105.

[253] STRECK, Lenio Luiz. *Hermenêutica Jurídica e(m) Crise*: Uma Exploração Hermenêutica da Construção do Direito, op. cit., p. 212.

[254] Ibidem, p. 216.

[255] GADAMER, Hans-Georg. *Verdade e Método I*: Traços Fundamentais de Uma Hermenêutica Filosófica, op. cit., p. 374.

[256] Ibidem, p. 368.

[257] SILVA FILHO, José Carlos Moreira da. *Hermenêutica Filosófica e Direito*: O Exemplo Privilegiado da Boa-Fé Objetiva no Direito Contratual, op. cit., p. 78-9.

da tradição – "ter validade sem precisar de fundamentação"[258] –, o que lhe move não é a intenção de submeter o intérprete aos eventos do passado, mas a de compreender a influência efetiva da história e do "estar situado" do intérprete, que acabam conformando as suas possibilidades de compreensão.

É importante reter bem isso: o objetivo de Gadamer, quando tematiza a questão dos preconceitos, é justamente o de chamar a atenção de que "o que importa é dar-se conta dos próprios pressupostos, a fim de que o texto possa apresentar-se em sua alteridade, podendo assim confrontar sua verdade com as opiniões prévias pessoais".[259] É isso: se a tarefa hermenêutica é apropriar-se da tradição, cuja essência consiste em continuar transmitindo naturalmente aquilo que é transmitido, é preciso que ela (a tradição) possa ter-se tornado questionável, e para tanto é necessária uma "consciência hermenêutica" que permita a suspensão dos pré-conceitos,[260] que propicie o "estranhamento" do intérprete em relação ao "dito" pelo texto. Sendo assim, é certo que o foco segue sendo o de evitar relativismos, o de levar os textos a sério. Afinal, sabemos todos: "quem quer compreender um texto, deve estar disposto a deixar que este lhe diga alguma coisa".[261]

Ainda nessa linha, Gadamer chama a atenção para a falibilidade da *Aufklärung*, um projeto de submissão de toda autoridade à razão, e que pressupõe, fundamentalmente, que um uso metodológico e disciplinado da razão seria o suficiente para nos proteger de qualquer erro (é a ideia cartesiana do método);[262] ensina o filósofo alemão que:

> Na realidade, a tradição sempre é um momento da liberdade e da própria história. Também a tradição mais autêntica e a tradição melhor estabelecida não se realizam naturalmente em virtude da capacidade de inércia que permite ao que está aí persistir, mas necessita ser afirmada, assumida e cultivada.[263]

Agora – e é oportuno deixar isso claro –, não há oposição entre a razão e a tradição. O adequado é *conjugá-las*. Leciona Silva Filho que o que está em questão no nosso comportamento diante do passado é como ele nos condiciona (o estarmos dentro de uma tradição), e não o estarmos dele distantes; interessa o fato de sermos, em nossa atividade compreensiva,

---

[258] GADAMER, Hans-Georg. *Verdade e Método I*: Traços Fundamentais de Uma Hermenêutica Filosófica, op. cit., p. 372.

[259] GADAMER, Hans-Georg. *Verdade e Método I*: Traços Fundamentais de Uma Hermenêutica Filosófica, op. cit., p. 358.

[260] Ibidem, p. 21.

[261] Ibidem, p. 358

[262] Ibidem, p. 368-9.

[263] Ibidem, p. 373.

interpelados pela tradição.[264] Claro: não há como promover "a superação de todo preconceito"; no final, essa exigência global da *Aufklärung* "irá mostrar-se ela própria como um preconceito cuja revisão liberará o caminho para uma compreensão adequada da finitude, que domina não apenas nosso caráter humano mas também nossa consciência histórica".[265]

Na suma: é evidente que a tradição deve ser submetida a uma crítica racional. Mas é ilusório acreditar que se possa apagá-la do processo compreensivo, ou que se deva duvidar da sua *autoridade* (no sentido que Gadamer empresta a esta expressão). Afinal, e aqui as palavras ainda são de Gadamer, "escutar a tradição e situar-se nela é o caminho para a verdade que se deve encontrar nas ciências do espírito"; assim, a "própria crítica que fazemos à tradição, enquanto historiadores, acaba servindo ao objetivo de localizar-nos na autêntica tradição em que nos encontramos"; daí que o "condicionamento, portanto, não prejudica o conhecimento histórico, sendo um momento da própria verdade".[266]

E não se diga – o alerta é de Lenio Streck – que a hermenêutica venha a favorecer um conservadorismo, já que a fusão de horizonte dará passagem a algo sempre imprevisível e novo; em última análise, a continuidade na tradição obrigará uma justificação dialogada e confrontada com esta mesma tradição, o que exclui qualquer resultado e circunscreve a área de compreensão legítima.[267] Aliás, "quando a vida sofre suas transformações mais tumultuadas, como em tempos revolucionários, em meio à suposta mudança de todas as coisas, do antigo conserva-se muito mais do que se poderia crer, integrando-se com o novo numa nova forma de validez".[268] E, "em todo caso, a conservação representa uma conduta tão livre como a destruição e a inovação".[269] E é importante ter isso bem gravado, porque "mesmo uma apropriação ingênua da tradição acaba sendo um 'passar adiante o dito', embora não possa ser descrito como 'fusão de horizontes'".[270]

Enfim. Para finalizar este ponto, recobremos o foco em Dworkin. Feita esta exposição, é possível identificar, com muita clareza, a integração,

---

[264] SILVA FILHO, José Carlos Moreira da. *Hermenêutica Filosófica e Direito*: O Exemplo Privilegiado da Boa-Fé Objetiva no Direito Contratual, op. cit., p. 79.

[265] GADAMER, Hans-Georg. *Verdade e Método I*: Traços Fundamentais de Uma Hermenêutica Filosófica, op. cit., p. 367.

[266] GADAMER, Hans-Georg. *Verdade e Método II*: Complementos e Índice, op. cit., p. 53.

[267] STRECK, Lenio Luiz. *Hermenêutica Jurídica e(m) Crise*: Uma Exploração Hermenêutica da Construção do Direito, op. cit., p. 216.

[268] GADAMER, Hans-Georg. *Verdade e Método I*: Traços Fundamentais de Uma Hermenêutica Filosófica, op. cit., p. 374.

[269] Ibidem, p. 374.

[270] Ibidem, p. 21.

na sua teoria do Direito, daquilo que Gadamer pretendia demonstrar, ou seja, as noções de que há algo comum a todas as maneiras de interpretar, e de que a compreensão jamais é um comportamento subjetivo frente a um "objeto" dado, mas, antes, pertence à "história efeitual", ou seja, pertence ao ser daquilo que é compreendido.[271] Neste sentido, o texto do norte-americano não poderia ser mais claro do que efetivamente é. Primeiro, quando reconhece a incontornabilidade da tradição: "Não nego o que é óbvio, isto é, que os intérpretes pensam no âmbito de uma tradição interpretativa à qual não podem escapar totalmente"; depois, quando repete que o intérprete não parte, portanto, de um *marco zero* na interpretação: "A situação interpretativa não é um ponto de Arquimedes, e nem isso está sugerido na idéia de que a interpretação procura dar ao que é interpretado a melhor imagem possível"; e, por fim, quando o norte-americano encontra no próprio Gadamer o arremate de suas considerações: "Recorro mais uma vez a Gadamer, que acerta em cheio ao apresentar a interpretação como algo que reconhece as imposições da história ao mesmo tempo que luta contra elas".[272]

Pontuando, se o nosso objetivo com este tópico foi o de demonstrar que a interpretação em Dworkin tem perfil filosófico, e que a sua "interpretação construtiva" é caudatária da hermenêutica gadameriana, o próximo item tem uma outra ambição: a de investigar como, afinal, uma vez assimilado o caráter interpretativo do Direito, constitui-se e opera a "integridade" na prática judiciária.

### 2.2.2. O Direito como Integridade: quem protagoniza o "romance-em-cadeia"?

Vimos que a prática do Direito é interpretativa, e já sabemos que hermenêutica é Filosofia. Agora, é chegado o momento de aprofundar a interlocução entre o modelo de Direito que entendemos inaugurado pela Constituição de 1988 (o neoconstitucionalismo), os aportes substantivos da teoria do Direito de Dworkin e o dever fundamental de que a jurisdição (constitucional, sempre) forneça "boas respostas" às demandas que lhe interpelam. Se conseguirmos trabalhar uma postura que "concilie" o caráter inexoravelmente "produtivo" ("criativo", se se quiser) da hermenêutica, com a exigência democrática de que o tribunal "construa" suas decisões com a colaboração efetiva das partes, e de que o resultado deste processo seja um provimento que honre a materialidade da Constituição

---

[271] GADAMER, Hans-Georg. *Verdade e Método I*: Traços Fundamentais de Uma Hermenêutica Filosófica, op. cit., p. 18.

[272] DWORKIN, Ronald. *O Império do Direito*, op. cit., p. 75.

e a história judiciária produzida com sucesso, teremos avançado (e muito!) na batalha contra o "protagonismo judicial". A decisão judicial será, então, a resposta do "Direito", hermeneuticamente compreendido (complexa engrenagem, voltada à concretização justa de direitos, que envolve juiz da causa, partes, doutrina, demais juízes etc.), e não simplesmente do "juiz".

Retomemos, em primeiro lugar, a noção de que a Constituição (dirigente e compromissória) é o topo normativo e interpretativo da produção judiciária. Esta é uma afirmação que deve ser compreendida, seguindo a recomendação de Dworkin, com base numa interpretação da prática jurídica em geral, não da Constituição de alguma maneira isolada da prática geral (nessa linha, aliás, pontua o autor norte-americano que "os estudiosos que dizem partir da premissa de que a Constituição é direito subestimam a complexidade de suas próprias teorias"[273]). Isto é, a Constituição não deve ser lida como se fosse uma *Grundnorm*, uma "meta-norma", ou algo do gênero. A Constituição integra o Direito, e a sua "pretensão de eficácia" somente será atendida à medida em que ela for aplicada (somente assim ela "constituirá-a-ação"). Se quisermos honrar e integrar uma tradição "autêntica" de neoconstitucionalismo, a prática jurídica como um todo deve refletir esta compreensão. Bem assim, se não há contestação jurídica a respeito dos dispositivos "mais claros" da Constituição (ou seja, não se discute que são "direito"), isso ocorre justamente porque nenhuma interpretação plausível da nossa prática jurídica como um todo pode contestar a posição fundamental da Constituição.[274] Noutras palavras, este "sentido de (e da) Constituição" (Streck) deve estar já inserido na "pré--compreensão" de qualquer intérprete que se lance à tarefa de projetar soluções para as questões que interpelam o Direito.

Dworkin tem razão, portanto, quando afirma que "qualquer teoria passível de revisão judicial é interpretativa", isso no sentido de que "tem o objetivo de oferecer uma interpretação da Constituição enquanto documento jurídico original e fundador, e também pretende integrar a Constituição à nossa prática constitucional e jurídica como um todo"; quer dizer, se sempre interpretamos, e se já vimos interpretando desde sempre, não há como haver um *grau zero* na interpretação, ou, como diz o jusfilósofo norte-americano: "ninguém propõe a revisão judicial a partir de uma tábula rasa".[275] Lembremos: a prática jurídica é um exercício de interpretação não apenas quando os juristas interpretam documentos ou leis

---

[273] DWORKIN, Ronald. *Uma Questão de Princípio*, op. cit., p. 48-9.

[274] Ibidem, p. 49.

[275] DWORKIN, Ronald. *Uma Questão de Princípio*, op. cit., p. 45. De fato, é uma impossibilidade (filosófica) falar em posturas "não interpretativas" da Constituição; essa distinção, por razões relativamente óbvias (cada teoria afirma fornecer tanto a "finalidade" como a "justificativa" do sistema

específicas, mas de modo geral, característica que, aliás, o torna profunda e inteiramente político.[276] Já tratamos antes da "rendição" de Dworkin ao caráter "universal" da hermenêutica.

E é justamente a "recepção" deste aspecto (a "universalidade" da hermenêutica) pela teoria do Direito de Dworkin o "gancho" que nos permitirá não só tornar (ainda mais) nítida a sua postura hermenêutica, mas também evidenciar como, afinal, é possível reconhecer e conciliar, especificamente no caso do Direito, a história judiciária e a produção jurídica democrática (*i.e.*, que não conviva com o "protagonismo" dos juízes ou das partes) e, fundamentalmente, coerente. A ideia, aqui, é demonstrar que as proposições de Direito não são meras descrições da história jurídica e nem são simplesmente valorativas, em algum sentido dissociado da história jurídica: são, isso sim, *interpretativas* da história jurídica, o que faz com que combinem elementos tanto da descrição como da valoração, sendo, porém, diferentes de ambas.[277]

Fixemos através da repetição: Dworkin não considera a interpretação jurídica como uma atividade *sui generis*, destinada a "descobrir o significado de um texto" mas, antes, como "uma atividade geral",[278] operada de igual forma em outros contextos. E para provar o que afirma, o jusfilósofo elabora uma curiosa (e bastante conhecida) analogia entre o Direito e a literatura (ou entre "interpretação jurídica" e "interpretação literária"; ou, ainda de forma mais ampla: entre o "Direito" e a "arte").

Mais especificamente, preocupado em identificar, na literatura, interpretações que se ocupem do "objetivo ou significado da obra como um todo", Dworkin trabalhará com uma categoria por ele chamada de "hipótese estética", que consiste no seguinte: "a interpretação de uma obra literária tenta mostrar que maneira de ler (ou de falar, dirigir ou representar) o texto revela-o como a melhor obra de arte".[279] A tal "hipótese estética" serve para defender o argumento de que as teorias acadêmicas de interpretação deixam de ser vistas como análises da própria ideia de interpretação (o que é interpretar?) e passam a ser candidatas à melhor resposta para a questão substantiva colocada pela interpretação (qual, enfim, a "melhor" maneira de realizar a atividade?); a conclusão de Dworkin, diante desse quadro, é virtuosamente hermenêutica: "não há mais uma distinção categórica entre a interpretação, concebida como algo

---

constitucional desenvolvido ao longo da história jurídica) observa Dworkin, "gera mais confusão do que benefícios". Ibidem, p. 45.

[276] Ibidem, p. 217.

[277] Ibidem, p. 219.

[278] Ibidem, p. 220-1.

[279] Ibidem, p. 222.

que revela o real significado de uma obra de arte, e a crítica, concebida como avaliação do seu sucesso e importância", justamente porque "convicções valorativas sobre a arte figuram em ambos os julgamentos".[280] É aquilo que vimos dizendo: não há descolamento possível entre sujeito (intérprete) e objeto (texto), na exata medida em que o intérprete participa do processo de formação do sentido, que será desvelado de forma intersubjetiva (sujeito-sujeito). Não há como ser diferente. Há em Dworkin, como em Gadamer, pois, intersubjetividade e fusão de horizontes!

Nessa perspectiva, tanto no Direito como na arte, não há sentido em restringir o esforço interpretativo à descoberta da intenção do autor da "obra"; é importante saber o que ele queria dizer, ou o que pretendida que sua obra fosse. Sem dúvida, trata-se de uma questão determinante (e nenhuma teoria séria da interpretação desconsiderará esta circunstância). Mas devemos ter presente que alguém que produz um romance, um poema ou uma pintura, ao invés de um conjunto de proposições ou sinais, *depende* de considerá-lo como algo que pode ser interpretado independentemente de suas posições (do contrário, não seria "arte", mas outra coisa).[281] Equivale a dizer, ao considerarmos apenas as "intenções" do autor (compreendidas como o conjunto completo de suas opiniões interpretativas em um momento específico, como o da conclusão da obra), estamos ignorando outro nível ou tipo de intenção, qual seja, a de criar "uma obra cuja natureza ou significado não seja determinado dessa maneira, porque é uma obra de arte".[282]

Essa é a deixa para Dworkin re-introduzir a discussão sobre o caráter inextricavelmente interpretativo do Direito, ou seja, ele usa a interpretação literária como modelo para o modo central da análise jurídica. Para tanto, propõe um exercício literário: cada romancista deverá criar um capítulo subsequente de uma obra coletiva, assumindo com seriedade a responsabilidade de criar, o quanto possível, um romance único, integrado (ao invés, por exemplo, de uma série de contos independentes com personagens desse nome); o ponto a ser provado é o de que "decidir casos controversos no Direito é mais ou menos como esse estranho exercício literário".[283] Obviamente, esse tópico tem de ser melhor explicado.

O argumento central é o de que cada juiz, assumindo o seu papel de "um romancista na corrente" deve ler o que outros juízes fizeram no passado, não apenas para descobrir o que disseram, mas para chegar a uma

---

[280] DWORKIN, Ronald. *Uma Questão de Princípio*, op. cit., p. 227.

[281] Ibidem, p. 234.

[282] Ibidem, p. 234-5.

[283] Ibidem, p. 235-7.

opinião sobre o que esses juízes *fizeram* coletivamente, ou seja, como cada um deles (também) formou uma opinião sobre o "romance coletivo" escrito até então; nesses termos, ao decidir o novo caso, cada juiz deve considerar-se como "parceiro de um complexo empreendimento em cadeia, da qual essas inúmeras decisões, estruturas, convenções e práticas são a história; é seu trabalho continuar essa história no futuro por meio do que faz agora".[284] Para levar adiante a incumbência que tem em mãos (e não, simplesmente, partir em outra direção), o juiz deverá interpretar o que aconteceu antes e determinar, segundo seu próprio julgamento, o motivo das decisões anteriores, que deverão ser tomadas "como um todo", o que significará o "propósito ou o tema da prática até então".[285]

Perceba-se que o romancista na cadeia sentirá, com relação à sua tarefa, uma "liberdade de criação ao comparar sua tarefa com outra, relativamente mais mecânica, como a tradução direta de um texto de língua estrangeira"; contudo (e isso é particularmente relevante para avaliarmos a questão do "protagonismo"), "vai sentir-se reprimido ao compará-la a uma tarefa relativamente menos rígida, como começar a escrever um romance".[286]

Semelhantemente ao exercício dos romancistas, a atividade judicial tem duas demandas a atender: uma de caráter formal, atinente às características formais de identidade, coerência e integridade; outra, de caráter substantivo, referentes ao valor (no caso dos romancistas, um valor artístico). Acontece que o Direito é, para Dworkin, como já se viu, um empreendimento político, cuja finalidade geral é "coordenar o esforço social e individual, ou resolver disputas sociais e individuais, ou assegurar justiça entre os cidadãos e entre eles e seu governo, ou alguma combinação dessas duas alternativas"; sendo assim, uma interpretação de qualquer ramo do Direito deve demonstrar o seu valor, em termos políticos, demonstrando o melhor princípio ou política a que serve.[287]

Bem por isso, não há mesmo como falar em "neutralidade" do intérprete; antes, é do seu "compromisso" (ou "interesse") com determinada concepção de justiça que provém o "valor" de sua interpretação. Dworkin exemplifica: "O filósofo libertário se opõe ao imposto de renda e o filósofo igualitário pede por uma redistribuição maior porque suas concepções de justiça diferem. Não há nada neutro nessas concepções. Elas são interpretativas mas há nelas um compromisso, e é deste último que,

---

[284] DWORKIN, Ronald. *Uma Questão de Princípio*, op. cit., p. 238.
[285] Ibidem, p. 238.
[286] DWORKIN, Ronald. *O Império do Direito*, op. cit., 281.
[287] DWORKIN, Ronald. *Uma Questão de Princípio*, op. cit., p. 239.

para nós, provém seu valor".[288] Veremos depois que esse "compromisso" dos agentes do Direito como um todo, de onde derivará o "valor" da sua atuação, será operacionalizado com um tipo especial de argumentação, que seja conduzida em defesa de "direitos": falamos na argumentação de (ou em favor de) princípio(s) – com o que, aliás, também interditaremos os decisionismos.

Adiante. Uma vez fixados estes espeques, Dworkin passa a trabalhar uma concepção de Direito (em termos de uma teoria jurídica interpretativa) que justifique, de maneira satisfatória e consentânea com a "justiça" – aqui compreendida como "uma questão que remete à melhor (ou mais correta) teoria do que é justo moral ou politicamente"[289] –, as relações entre o Direito e o uso da força do Estado. Refletindo sobre estes aspectos, Dworkin afirma que o "direito é uma questão de saber o que do suposto justo permite o uso da força pelo Estado, por estarem incluídos em decisões políticas do passado, ou nelas implícitos"; assim, "o pressuposto mais geral do direito, se é que tal coisa existe, é estabelecer uma relação de justificação entre as decisões políticas do passado e a coerção atual".[290] Por isso é que o argumento jurídico deverá circular "em um espaço de consenso aproximado de que se o direito existe, ele provê uma justificativa para o uso do poder coletivo contra cidadãos ou grupos individuais".[291]

Desenvolvendo melhor esta afirmação, Dworkin defenderá o ponto de que, além de uma "coerência de estratégia",[292] os juízes devem observar uma "coerência de princípio", que exija "que os diversos padrões que regem o uso estatal da coerção contra os cidadãos seja coerente no sentido de expressarem uma visão única e abrangente de justiça".[293]

Agora sim, atingimos o ponto: o "Direito como integridade" – tese de Dworkin que é especialmente cara aos propósitos do nosso estudo – supõe que as pessoas têm direito a uma extensão coerente, e fundada em princípios, das decisões políticas do passado, mesmo quando os juízes di-

---

[288] DWORKIN, Ronald. *O Império do Direito*, op. cit., p. 93.

[289] Ibidem, p. 122.

[290] Ibidem, p. 122.

[291] Ibidem, p. 134.

[292] Para Dworkin, "qualquer um que participe da criação do direito deve preocupar-se com a coerência de estratégia. Ele deve cuidar para que as novas regras que estabelece se ajustem suficientemente bem às regras estabelecidas por outros, ou que venham a ser estabelecidas no futuro, de tal modo que todo o conjunto de regras funcione em conjunto e torne a situação melhor, em vez de tomar a direção contrária e piorar as coisas". Ibidem, p. 162.

[293] DWORKIN, Ronald. *O Império do Direito*, op. cit., p. 163.

vergem profundamente sobre seu significado.[294] Trata-se de compreender o Direito como "totalidade" – ou como "completeza" –, sustentando que as pessoas têm como pretensões juridicamente protegidas todos os direitos que são patrocinados pelos princípios que proporcionam a melhor justificativa da prática jurídica como um todo.[295]

Dworkin parte do pressuposto de que a "integridade política", entendida como a necessidade de que "o governo tenha uma só voz e aja de modo coerente e fundamentado em princípios com todos os seus cidadãos, para estender a cada um os padrões fundamentais de justiça e equidade que usa para alguns" é uma virtude política – tanto quanto a justiça e a equidade, diga-se[296] –, uma exigência específica da moralidade política de um Estado (personificado como um "agente moral"[297]) que deve tratar os indivíduos com igual consideração e respeito.[298]

Para sustentar essa afirmação, Dworkin apresentará justificativas de ordens distintas, demonstrando não só que a integridade (como ideal político) se adapta e explica características da nossa estrutura e prática constitucional,[299] como também, que é uma boa forma de legitimação política, fundada na "fraternidade" – ele trabalha, aqui, com a noção de que integramos uma "comunidade de princípios", uma "forma especial de comunidade", que "promove sua autoridade moral para assumir e mobi-

---

[294] DWORKIN, Ronald. *O Império do Direito*, op. cit., p. 164.

[295] Ibidem, p. 186.

[296] Dworkin afirma que a integridade não seria uma virtude política necessária num Estado utópico, em que a coerência seria garantida por uma atuação sempre justa e imparcial das autoridades. "Na política comum, contudo, devemos tratar a integridade como um ideal independente se a admitirmos por inteiro, pois pode entrar em conflito com esses outros ideais". Tenha-se presente que, no contexto destas reflexões, a equidade "é uma questão de encontrar os procedimentos políticos – métodos para eleger dirigentes e tornar suas decisões sensíveis ao eleitorado – que distribuem o poder político de maneira adequada", e que a justiça "se preocupa com as decisões que as instituições políticas consagradas devem tomar, tenham ou não sido escolhidas com equidade". Ibidem, p. 200 e 214.

[297] Dworkin defende o ponto de que a comunidade pode ser personificada como um "agente moral", querendo dizer com isto que "a comunidade como um todo tem obrigações de imparcialidade para com seus membros, e que as autoridades se comportam como agentes da comunidade ao exercerem esta responsabilidade". Ibidem, p. 211-2.

[298] Ibidem, p. 202.

[299] Uma fonte consistente para situar a adequação da integridade no ambiente da política corrente – e que denuncia outro ponto de comunicação entre a teoria de Dworkin e o Direito que se pratica no Brasil – é a própria cláusula constitucional da igualdade (cláusula de "igual proteção"), estampada na Décima Quarta Emenda da Constituição dos Estados Unidos da América, e erigida à categoria de direito fundamental no artigo 5º da Constituição do Brasil. É evidente que um Estado que assuma a responsabilidade de tratar seus cidadãos com igual consideração e respeito não lhes promete, tão só, um tratamento igualitário de caráter formal (que se esgote, quem sabe, assegurando pesos iguais ao voto popular individualmente considerado); não: se realmente aceita direitos para alguns, deve fazê-lo para todos, e de forma coerente com a necessidade de justificar seus atos (ou seja, a igualdade deve ser substantivamente compreendida). Assim, para fazer frente a essa exigência de igualdade conteudística na sua atuação, é que o Estado deverá agir de acordo com princípios que façam sentido em conjunto.

lizar monopólio de força coletiva".[300] A ideia, *grosso modo*, é acrescentar ao ideal da autolegislação (presente em Kant e Rosseau) a noção de "integridade", já que "um cidadão não pode considerar-se o autor de um conjunto de leis incoerentes em princípio, nem pode ver tal conjunto como algo patrocinado por alguma vontade geral rosseauniana"; com isso, o jusfilósofo norte-americano julga que a integridade está ligada à questão da legitimidade da coerção oficial, ou seja, contribui para justificar o Direito como "uma fonte de obrigações genuínas".[301]

Dworkin sustenta que "as pessoas são membros de uma comunidade política genuína apenas quando aceitam que seus destinos estão fortemente ligados da seguinte maneira: aceitam que são governadas por princípios comuns, e não apenas por regras criadas por um acordo político"; sendo assim, para tais pessoas, a Política passa a exercer um papel diferenciado:

> O de uma arena de debates sobre quais princípios a comunidade deve adotar como sistema, que concepção deve ter de justiça, equidade e justo processo legal e não a imagem diferente, apropriada a outros modelos, na qual cada pessoa tenta fazer valer suas convicções no mais vasto território de poder ou regras possível.[302]

Desta forma, "uma comunidade de princípios aceita a integridade", ao passo que aceita "a promessa de que o direito será escolhido, alterado, desenvolvido e interpretado de um modo global, fundado em princípios"; assim, "uma comunidade de princípios, fiel a essa promessa, pode reivindicar a autoridade de uma verdadeira comunidade associativa, podendo portanto, reivindicar a autoridade moral – suas decisões coletivas são questões de obrigação, não apenas de poder – em nome da fraternidade".[303]

É importante destacar, aqui, que essa compreensão do Direito está a milhas de distância das noções positivistas que antes apresentamos. Aqui, os deveres e obrigações não decorrem mais de seu *pedigree*, da sua origem. Acentua Chamon Junior que "sua legitimidade decorre do fato

---

[300] DWORKIN, Ronald. *O Império do Direito*, op. cit., p. 227-32.

[301] Ibidem, p. 227-32.

[302] Ibidem, p. 254.

[303] Ibidem, p. 258. Salientamos que essas noções todas estão concatenadas com a concepção de "participação moral" (um vínculo entre um indivíduo e um grupo pelo qual seja *justo* que o indivíduo seja responsável pelos atos do grupo) desenvolvida pelo autor em: DWORKIN, Ronald. *O Direito da Liberdade*: A Leitura Moral da Constituição Norte-Americana. Em síntese, "uma comunidade política não pode fazer de nenhum indivíduo um membro moral se não der a essa pessoa uma *participação* em qualquer decisão coletiva, um *interesse* nessa decisão e uma *independência* em relação à mesma decisão" (p. 32-40). Ainda nessa linha, vem a afirmação (em obra posterior) de que a Democracia é "uma parceria no autogoverno coletivo, na qual todos os cidadãos têm a oportunidade de serem ativos e parceiros iguais". DWORKIN, Ronald. *A Virtude Soberana*: A Teoria e a Prática da Igualdade, op. cit., p. 497.

de ser uma ordem em que o princípio da integridade – em uma noção de comunidade de princípios – permite que os cidadãos respirem um sistema coerente, assentado em uma comunidade associativa", equivale a dizer, "*O Direito vale* não em função de uma norma fundamental, mas *em razão de um sistema de princípios* que, como diria Dworkin, está na base e confere legitimidade às decisões das instituições políticas".[304]

Em todo o caso, a ideia é a de que o Estado assim "personificado" deve endossar princípios que justifiquem uma parte de seus atos, mas rejeitá-los para justificar o restante, ou seja: deve observar princípios e ser coerente com relação a eles.[305]

No fio dessas premissas, Dworkin defenderá a compreensão de que a integridade (assim concebida) é a chave para a "melhor interpretação construtiva de nossas práticas jurídicas distintas"; conquanto admita que não seria possível reunir, num único e coerente sistema de princípios, "todas as normas especiais e outros padrões estabelecidos por nossos legisladores e ainda em vigor", o autor sugerirá que consideremos esse fato um "defeito", e não como "o resultado desejável de uma justa divisão do poder político entre diferentes conjuntos de opinião", de modo que nossa tarefa (enquanto operadores do Direito) passa a ser a de se empenhar em "remediar quaisquer incoerências de princípio com as quais venhamos a deparar".[306]

A partir daí, o jusfilósofo norte-americano passa a sustentar que a "coerência de princípio" deve ser valorizada por si mesma, e que a integridade possui um campo próprio no Direito (é "a vida do direito tal qual o conhecemos"); para explicitar isso melhor, o autor dividirá as exigências da integridade em dois princípios: o princípio da integridade na legislação, que pede aos que criam direito por legislação que o mantenham coerente quanto aos princípios, e o princípio da integridade no julgamento – que nos interessa mais de perto –, que pede aos responsáveis por decidir o que é a lei, que a vejam e façam cumprir como sendo coerente nesse sentido, aspecto que justifica, inclusive, a atribuição de um poder especial próprio ao "passado" do tribunal.[307]

---

[304] CHAMON JUNIOR, Lúcio Antônio. *Tertium non Datur*: Pretensões de Coercibilidade e Validade em Face de Uma Teoria da Argumentação Jurídica no Marco de uma Compreensão Procedimental do Estado Democrático de Direito. In: OLIVEIRA, Marcelo Andrade Cattoni de (Coord.). *Jurisdição e Hermenêutica Constitucional no Estado Democrático de Direito*, op. cit., p. 97.

[305] DWORKIN, Ronald. *O Império do Direito*, op. cit., p. 223. Dworkin quer deixar claro que a integridade de princípio não se confunde com uma "integridade de coerência" que endossasse, por exemplo, a conduta de alguém que se recusa a salvar alguns prisioneiros por não poder salvar a todos, ou seja, uma coerência vazia de conteúdo moral. Ibidem, p. 223.

[306] Ibidem, p. 260-1.

[307] Ibidem, p. 203.

Não parece demasiado repisar que essa importância que se dá ao "passado" não consiste num apego irrefletido à história judiciária, mas antes numa inexorabilidade decorrente do caráter interpretativo das afirmações jurídicas e num dever de guardar coerência (de princípio) com elas. Com isso bem assentado, percebemos que as decisões judiciais (para falar apenas destas) "combinam elementos que se voltam tanto para o passado como para o futuro" e que "interpretam a prática jurídica contemporânea como uma política em processo de desenvolvimento"; nessa perspectiva, o Direito como integridade "rejeita, por considerar inútil, a questão de se os juízes descobrem ou inventam o direito; sugere que só entendemos o raciocínio jurídico tendo em vista que os juízes fazem as duas coisas e nenhuma delas", quer dizer, ele oferece-se como continuidade e como origem das interpretações que recomenda.[308]

E é justamente por ser visceralmente interpretativo, que o Direito como integridade convive com a verdade hermenêutica[309] (ou hermeneuticamente compreendida), consistente naquela proposição que consta, ou que deriva, "dos princípios de justiça, equidade e devido processo legal que oferecem a melhor interpretação construtiva da prática jurídica da comunidade".[310] Na verdade, o Direito como integridade pede que os juízes admitam, tanto quanto possível (lembremos que se trata de uma teoria sobre suas responsabilidades, antes do que sobre as respostas consideradas em si mesmas), que o Direito é estruturado "por um conjunto coerente de princípios sobre a justiça, a equidade e o devido processo legal adjetivo, e pede-lhes que os apliquem nos novos casos que se lhes apresentem, de tal modo que a situação de cada pessoa seja justa e equitativa segundo as mesmas normas".[311] E isso exigirá que o juiz "ponha à prova sua interpretação de qualquer parte da vasta rede de estruturas e decisões políticas de sua comunidade, perguntando-se se ela poderia fazer parte de uma teoria coerente que justificasse essa rede como um todo".[312]

---

[308] DWORKIN, Ronald. *O Império do Direito*, op. cit., p. 271-3.

[309] Como já foi dito, "verdade", no sentido hermenêutico da expressão, não é uma questão de método, mas, isso sim, uma questão relativa à manifestação do ser, para um ser cuja existência consiste na compreensão do ser; verdade, assim, é des-velamento, des-ocultação; é retirar o ente do velamento, permitindo que este se revele. Cf. STRECK, Lenio Luiz. *Hermenêutica Jurídica e(m) Crise*: Uma Exploração Hermenêutica da Construção do Direito, op. cit., p. 199.

[310] DWORKIN, Ronald. *O Império do Direito*, op. cit., p. 272.

[311] Ibidem, p. 291.

[312] Ibidem, p. 294. Note-se que a (recorrente) pretensão de pensar na "totalidade" do Direito, ou no direito como um "todo" não pode ser compreendida como um resvalo metafísico, como se o "todo" pudesse ser acessado (ou mesmo compreendido) por alguém individualmente considerado. Sabemos que "a totalidade de sentido que se deve compreender na história ou na tradição jamais se refere ao sentido do todo da história", na medida em que o próprio "conceito do todo só pode ser compreendido relativamente", significa dizer, a tradição histórica, aqui, não deve ser pensada "como objeto da compreensão história ou como uma concepção filosófica, mas como um momento efeitual do próprio

Para ilustrar esse tópico, o jusfilósofo coloca o exemplo do juiz que examina um pedido de autorização do aborto que, ele próprio, um liberal, entende moralmente plausível. Poderá acontecer, contudo, que sua opinião não prevaleça no julgado, já que ele tem o dever de ser coerente e, com isso, de reconhecer que suas convicções políticas podem ser incompatíveis com as tradições populares que deram forma ao direito penal que sua justificação também deve explicar.[313] É assim que "Hércules pode interpretar um conceito que para ele não tem valor, para chegar a uma decisão que, em termos de moralidade básica, ele rejeitaria".[314] Ou seja, "o dever de um juiz é interpretar a história jurídica que encontra, não inventar uma história melhor; é seu dever atender a alguma concepção de integridade e coerência do Direito como instituição, e essa concepção irá limitar sua "teoria operacional de ajuste", é dizer, suas convicções sobre em que medida uma interpretação deve ajustar-se ao Direito anterior.[315]

Essa coerência (de princípio, não só de estratégia) que se cobra dos juízes está associada à "doutrina da responsabilidade política", que afirma "que as autoridades políticas devem tomar somente as decisões políticas que possam justificar no âmbito de uma teoria política que também justifique as outras decisões que eles se propõem a tomar".[316] Claro: os direitos políticos são criações tanto da história como da moralidade, de modo que não há sentido em contrapor a "originalidade judicial" à "história institucional": os juízes "devem fazer novos julgamentos sobre os direitos das partes que a eles se apresentam, mas esses direitos políticos antes refletem as decisões políticas tomadas no passado que a elas se opõe".[317]

Neste sentido, é possível afirmar que o juiz, quando compreende o Direito regido pela integridade, não pratica "inovações" com as suas

---

ser". GADAMER, Hans-Georg. *Verdade e Método I*: Traços Fundamentais de Uma Hermenêutica Filosófica, op. cit., p. 22.

[313] DWORKIN, Ronald. *Levando os Direitos a Sério*, op. cit., p. 197.

[314] Ibidem, p. 200. Há casos outros encontráveis no conjunto da obra do jusfilósofo norte-americano; ele sugere, por exemplo, que um juiz que se deparasse com o caso *Charter* (no qual se discutiu sobre se instituições semi-públicas tinham, ou não, autonomia para discriminar o caráter de seus membros), ainda que acreditasse ser má política legislar a moralidade nas relações raciais (o caso versava sobre discriminação racial, bem entendido), deveria entender-se com os princípios de moralidade efetivamente presentes na Lei das Relações Raciais (que incorporava um meio-termo: permitia a discriminação nos ambientes exclusivamente privados, vedava nos ambientes totalmente públicos), o que o levaria a deixar de lado suas convicções pessoais por *não* serem compatíveis. DWORKIN, Ronald. *Uma Questão de Princípio*, op. cit., p. 35.

[315] DWORKIN, Ronald. *Uma Questão de Princípio*, op. cit., p. 241.

[316] DWORKIN, Ronald. *Levando os Direitos a Sério*, op. cit., p. 137.

[317] Ibidem, p. 136.

decisões (nem mesmo quando decide os tais "casos difíceis"); ele simplesmente *desvela* (*des*-cobre) qual é o direito no caso apresentado.[318] Mas atenção: com isso não estamos afirmando que as respostas já estejam "prontas" no Direito – isso seria fechar os olhos à hermenêutica, coisa que não fazemos e que Dworkin também não faz! –, e nem que Dworkin seja um "jusnaturalista". Na verdade, ele "parte de uma concepção de integridade que envolve obrigações e direitos recíprocos fundados em um sistema de princípios *historicamente formado* e *assumido*", de modo que a noção que fundamenta a sua teoria do Direito não vem *a priori*: ela é socialmente construída.[319]

Tanto assim, que a integridade obviamente convive com a possibilidade (melhor dito: *necessidade*) de alteração de decisões (concepções) anteriores, e esclarece que aí não estará em jogo uma escolha entre "história" e "justiça". Neste fio, uma decisão judicial que "quebre" (corretamente) um precedente, estará apenas realizando uma "conciliação entre considerações que em geral se combinam em qualquer cálculo de direito político", e isso na exata medida de que a decisão judicial nada mais faz do que tornar efetivos os direitos políticos já existentes.[320] Não há nada de "surpreendente" aqui. Sucede simplesmente que as circunstâncias variam e os princípios mudam de peso com o tempo; aliás, o "princípio" segundo o qual se deve observar o precedente (*stare decisis*), é *só* mais um princípio, cuja importância surge em meio a outros tantos,[321] e que, de resto, nem sequer vigora no Brasil. De mais a mais, à medida em que se difunda – e aí a doutrina deve entrar em cena – que determinado veredicto é um erro, a sua reinterpretação será não só oportuna, como necessária.[322]

Lógico: Gadamer lembra que, "embora seja próprio da essência da tradição ser somente através de apropriação, faz parte também da essên-

---

[318] CHAMON JUNIOR, Lúcio Antônio. *Tertium non Datur*: Pretensões de Coercibilidade e Validade em Face de Uma Teoria da Argumentação Jurídica no Marco de uma Compreensão Procedimental do Estado Democrático de Direito. In: OLIVEIRA, Marcelo Andrade Cattoni de (Coord.). *Jurisdição e Hermenêutica Constitucional no Estado Democrático de Direito*, op. cit., p. 98.

[319] Ibidem, p. 98.

[320] DWORKIN, Ronald. *Levando os Direitos a Sério*, op. cit., p. 136-7. Isso não quer dizer que Hércules não possa identificar erros na história judiciária. Absolutamente. Mas também isso deve ser objeto de uma teoria coerente específica, ou, nas palavras do próprio jusfilósofo: "Hércules deve desenvolver uma teoria dos erros institucionais, e essa teoria deve ter duas partes. Deve mostrar quais seriam as consequências, para os novos argumentos, de se considerar algum evento institucional um erro, e deve limitar o número e o caráter dos eventos dos quais se pode abrir mão dessa maneira". O uso desse recurso, contudo, há de ser prudente a ponto de não desvirtuar o caráter vinculativo da história judiciária, que deve ser aceito em uma teoria coerente do direito, em especial, na *common law*. DWORKIN, Ronald. *Levando os Direitos a Sério*, op. cit., p. 189.

[321] Ibidem, p. 122.

[322] DWORKIN, Ronald. *A Virtude Soberana*: A Teoria e a Prática da Igualdade, op. cit., p. 495.

cia do humano o poder romper, criticar e desfazer a tradição",[323] o que somente é possível, como já se sabe, com uma consciência hermenêutica desperta e vigilante.

Quer dizer, no campo jurídico, dois princípios podem, cada um, encontrar apoio suficiente nas várias decisões do passado para satisfazer qualquer teoria plausível de "adequação"; nesse caso, entra em cena a teoria política substantiva, que deverá apontar um princípio mais sólido de justiça entre os questionados para pautar a decisão contemporânea.[324]

Em síntese: uma instituição que aceite o ideal da integridade, *exatamente por essa razão*, deverá afastar-se da "estreita linha das decisões anteriores, em busca de fidelidade aos princípios concebidos como mais fundamentais a esse sistema como um todo"; com isso queremos dizer que a integridade (tal como o apelo à "tradição", no sentido hermenêutico da expressão), é uma norma mais "dinâmica e radical do que parecia de início, pois incentiva um juiz a ser mais abrangente e imaginativo em sua busca de coerência com o princípio fundamental" (vale dizer, com aqueles princípios necessários à justificativa do Direito como um todo).[325]

É importante, com essas considerações todas feitas, não esquecermos do papel da Constituição como topo normativo, a partir da qual é possível (e necessário) concretizar o ideal de pensar o Direito de forma íntegra. Devemos seguir o exemplo do Hércules dworkiniano que, guiado por um senso de integridade constitucional, "acredita que a Constituição norte-americana consiste na melhor interpretação possível da prática e do texto constitucionais norte-americanos como um todo", de modo que seu julgamento "sobre qual é a melhor interpretação é sensível à grande complexidade das virtudes políticas subjacentes a essa questão".[326]

E, aqui, voltamos ao ponto: Dworkin não acredita em juiz Hércules "protagonista" que, sozinho, decidiria todos os casos, e nem acredita que a "única decisão correta aqui e agora" não seja mais modificável; a decisão "boa" (ou correta) é aquela construída pelas partes, em um processo que se desenvolve com seus princípios e limitações; não nos esqueçamos que, no Brasil, o juiz só poderá agir *no* processo e de acordo com os princípios processuais.[327] Assim, a "única decisão correta é sempre uma construção

---

[323] GADAMER, Hans-Georg. *Verdade e Método I*: Traços Fundamentais de Uma Hermenêutica Filosófica, op. cit., p. 25.

[324] DWORKIN, Ronald. *Uma Questão de Princípio*, op. cit., p. 241.

[325] DWORKIN, Ronald. *O Império do Direito*, op. cit., p. 264-5.

[326] Ibidem, p. 474.

[327] OMMATI, José Emílio Medauar. A Teoria Jurídica de Ronald Dworkin: O Direito Como Integridade. In: OLIVEIRA, Marcelo Andrade Cattoni de (Coord.). *Jurisdição e Hermenêutica Constitucional no Estado Democrático de Direito*, op. cit., p. 162-3.

compartilhada, através do processo, com as partes dando suas razões e contra-razões, apresentando suas provas, é dizer, agindo em contraditório".[328]

Ora, evidentemente, não conseguiremos engendrar uma fórmula que garanta que os juízes chegarão a uma mesma (boa) resposta em casos complexos, inéditos ou controversos. Mas isso não nos permite consentir com a noção – "filosoficamente infantil", como diz Dworkin – de que, como uma tal fórmula não existe, nenhuma concepção de igualdade e liberdade constitucional é melhor do que as outras, e, portanto, o exercício da atividade dos juízes é um simples exercício de poder ou uma reação instintiva; absolutamente:

> Temos de insistir num verdadeiro princípio de poder, uma ideia contida no próprio conceito de direito: a ideia de que, quaisquer que sejam suas convicções acerca da justiça e da imparcialidade, os juízes têm também de aceitar um princípio superior e independente – o princípio da integridade.[329]

Resumindo tudo, o ponto a ser compreendido é o seguinte: o Direito pode não ser uma *trama inconsútil* – certamente não o é! –, mas o demandante tem o direito de pedir aos juízes (ou a Hércules) que o trate como se fosse.[330] Essa é a lógica do raciocínio. Sem dúvida, qualquer conjunto de leis e decisões pode ser explicado histórica, psicológica ou sociologicamente, mas a consistência exige uma *justificação*, e não uma *explicação*, e a justificação deve ser plausível, não pode ser postiça.[331] O que defendemos, com Dworkin, é que "é possível que um juiz enfrente problemas novos e desafiadores como uma questão de princípio, e é isso que dele exige o direito como integridade".[332] Entenda-se: os indivíduos têm um direito à aplicação consistente dos princípios sobre os quais se assentam as suas instituições; afinal, apesar de a vontade popular, ou a "moralidade constitucional da comunidade" poder ser incoerente – e no mais das vezes é, mesmo –, o cidadão ainda assim tem o direito a exigir decisões coerentes.[333]

Então, deixemos dito o seguinte: assim como a hermenêutica não tem a pretensão de dar a última palavra a respeito das coisas, também o princípio da integridade na deliberação judicial não terá a última palavra

---

[328] OMMATI, José Emílio Medauar. A Teoria Jurídica de Ronald Dworkin: O Direito Como Integridade. In: OLIVEIRA, Marcelo Andrade Cattoni de (Coord.). *Jurisdição e Hermenêutica Constitucional no Estado Democrático de Direito*, op. cit., p. 162-3.

[329] DWORKIN, Ronald. *O Direito da Liberdade*: A Leitura Moral da Constituição Norte-Americana, op. cit., p. 133.

[330] DWORKIN, Ronald. *Levando os Direitos a Sério*, op. cit., p. 182.

[331] Ibidem, p. 186.

[332] DWORKIN, Ronald. *O Império do Direito*, op. cit., p. 308.

[333] DWORKIN, Ronald. *Levando os Direitos a Sério*, op. cit., p. 197.

sobre de que modo usar o poder de coerção do Estado (deverá entender-se com a justiça, a equidade e o devido processo legal, por exemplo); agora, reconheçamos que ele "tem a primeira palavra, e normalmente não há nada a acrescentar àquilo que diz".[334] Portanto, mantenhamos viva a doutrina e a crítica à prática dos tribunais quando se distanciarem, injustificadamente, deste ideal. Afinal, sabemos que "ainda que os juízes devam sempre ter a última palavra, sua palavra não será a melhor por essa razão".[335] Daí que, e sem perder de mira que "o objetivo da integridade não é a uniformidade, mas um princípio", cabe à Academia assumir o papel (e nele se justificar) de "tentar orientar e constranger nossos juízes pelas críticas, argumentos e exemplos",[336] como forma de honrar a Constituição e, decorrentemente, a produção democrática do Direito.

É, pensamos, o que devemos fazer.

---

[334] DWORKIN, Ronald. *O Império do Direito*, op. cit., p. 263.

[335] Ibidem, p. 492.

[336] DWORKIN, Ronald. *O Direito da Liberdade*: A Leitura Moral da Constituição Norte-Americana, op. cit., p. 134.

## 3. O paradigma racionalista e o protagonismo judicial: os argumentos (de princípio?) de Ovídio A. Baptista da Silva

O professor Ovídio Araújo Baptista da Silva é, sem concessões, o maior processualista que o Brasil já produziu. Tive o privilégio de ser seu aluno, e de com ele dialogar sobre a jurisdição e o processo, ao longo do curso de Mestrado. Essa interlocução atravessou, de modo irrevogável e determinante, a minha compreensão (que se pretende hermenêutica) de um processo jurisdicional democrático e democratizante.

Não compartilho de todas as premissas e conclusões do mestre. Aliás, seria trabalho de uma vida inteira compreendê-las em sua real extensão. Penso, contudo, que a sua obra deva ser enfrentada – no mínimo – como uma "estação necessária" na viagem de qualquer um que se aventure nas coisas do processo.

Bem ciente das limitações deste trabalho, com o presente capítulo, projeto examinar (tão somente, e ainda assim apenas em parte) as reflexões mais recentes do professor Ovídio a respeito do processo jurisdicional, tentando "situá-las" em meio à nossa proposta de "filtragem" da teoria do Direito de Dworkin pela *Crítica Hermenêutica do Direito*. Por fim, proporei uma aproximação entre as lições de Ovídio a respeito do dever constitucional de fundamentar decisões, e a premissa (por nós adotada) de que o tribunal deva conduzir a sua atividade jurisdicional por argumentos de princípio (Dworkin).[337]

A proposta é menos ambiciosa do que parece (o professor Ovídio não precisa de uma "tradução hermenêutica"!), e deve ser lida, se não for

---

[337] As reflexões que desenvolvo neste capítulo têm uma origem mais remota: já faz agora algum tempo, o amigo Adalberto Narciso Hommerding, Doutor em Direito pela mesma UNISINOS, e eu, vimos estudando a obra do professor Ovídio com vistas à sua "filtragem" pelos supostos da *Nova Crítica do Direito*, matriz inaugurada, já se viu, por Lenio Luiz Streck. Assim, grande parte do que será colocado neste capítulo é fruto do trabalho conjunto e da constante interlocução que mantenho com Adalberto.

aproveitável de outra forma, como uma singela (mas sincera!) homenagem ao estimado professor.

Vamos a ela.

### 3.1. O paradigma racionalista e o velamento do processo: da irresponsabilidade dos juízes ao protagonismo judicial

Ovídio Baptista abre o seu *Processo e Ideologia: O Paradigma Racionalista* com a afirmação de que está imbuído do propósito de "assumir uma posição decidida na defesa da jurisdição estatal, como instituição indispensável à prática de um autêntico regime democrático"; este objetivo obriga-o a "tratar das deficiências e obstáculos, opostos por nosso sistema processual, a uma jurisdição compatível com o nosso tempo, uma jurisdição capaz de lidar com a sociedade de consumo, complexa e pluralista, em seu estágio de 'globalização'".[338] O caso é que, considerando que o nosso "padrão epistemológico ficou preso ao Iluminismo, ancorado nos dois pressupostos que o inspiram, quais sejam, a redução do fenômeno jurídico apenas ao 'mundo normativo'; e ao pressuposto de ser a lei uma proposição de sentido *unívoco*", o professor denuncia que o Direito Processual Civil não acompanhou as transformações sociais sucessivas aos movimentos liberais que culminaram na Revolução Francesa, circunstância que se reflete, hoje, na crise de legitimidade do Poder Judiciário perante as democracias representativas.[339]

A alternativa, frente a esse quadro, é investir numa compreensão hermenêutica do Direito Processual Civil, ou seja, promover uma articulação interdisciplinar, "de onde se possa vislumbrar os compromissos da ciência processual com a História", mesmo porque "o processo civil é o setor do Direito mais comprometido com seu sentido hermenêutico", aspecto este que deverá constranger qualquer "processualista" a "sujar as mãos" com temas políticos e com a vida social.[340] E, de fato: o processo civil é o ramo do Direito mais comprometido com a história, uma vez que não lhe compete "prescrever regras hipotéticas, como faria o jurista do direito material, mas diretamente intervir nos conflitos sociais, impondo, aqui e agora, uma determinada regra de conduta".[341]

---

[338] BAPTISTA DA SILVA, Ovídio. *Processo e Ideologia*: O Paradigma Racionalista. 2. ed. Rio de Janeiro: Forense, 2006, p. IX.

[339] Ibidem, p. IX.

[340] Ibidem, p. X-XI.

[341] BAPTISTA DA SILVA, Ovídio. *Jurisdição e Execução na Tradição Romano-Canônica*, op. cit., p. 179.

Segue-se daí que a tarefa não é das mais fáceis, na medida em que o Direito Processual Civil estaria inegavelmente comprometido com o tal *"paradigma* racionalista",[342] que procurou fazer do Direito uma "ciência" sujeita aos princípios metodológicos utilizados pelas matemáticas, como se fosse possível trabalhar o Direito como um "conjunto sistemático de conceitos, com pretensão à eternidade", desvinculado da História; então, Ovídio destaca: o pensamento dogmático é incompatível com a hermenêutica, a partir de onde devemos superar essa "redução metodológica imposta pelo sistema tanto no ensino universitário, quanto na experiência forense".[343]

Explicando melhor as raízes históricas desta questão, Ovídio (apoiado em Vittorio Denti) destaca que a busca pela *certeza do direito*, como ideal do racionalismo, foi exacerbada pela desconfiança com que a Revolução Europeia encarava a magistratura e seus compromissos com o *Ancién Regime*, o que desaguou na era das grandes codificações do direito europeu e na criação de um *sistema burocrático* da organização judiciária, isto é: a função judicial fora assimilada como a de um funcionário público comum, rigorosamente submetido às cortes judiciárias superiores e aos órgãos do governo.[344] Assim, o que voltou a emergir (num contexto de apego ao procedimento da *actio* romana, em detrimento da tutela interdital[345]) foi o predomínio absoluto do valor *segurança* em detrimento do

---

[342] O conceito de "paradigma" adotado por Ovídio é o mesmo acolhido na presente pesquisa, ou seja, seguimos as pegadas de Thomas Kuhn. Já com relação ao "racionalismo", explica o processualista que se trata de um movimento "para o qual o indivíduo, valendo-se apenas da razão, evitando as influências dos *ídolos*, inteiramente desligado de seus laços culturais e livre da tradição e das doutrinas filosóficas tradicionais, seria capaz de atingir verdades absolutas". BAPTISTA DA SILVA, Ovídio. *Processo e Ideologia*: O Paradigma Racionalista, op. cit., p. 6. Remetemos o leitor, pela similitude temática, aos tópicos anteriores, nos quais examinamos a resposta de Gadamer às críticas da *Aufklärung*, e a superação, pela Filosofia Hermenêutica, da metafísica moderna (que tem em Descartes o seu corifeu).

[343] BAPTISTA DA SILVA, Ovídio. *Processo e Ideologia*: O Paradigma Racionalista, op. cit., p. 1.

[344] BAPTISTA DA SILVA, Ovídio. Jurisdição e Execução na Tradição Romano-Canônica, op. cit., p. 88.

[345] Essa distinção entre o procedimento da *actio* (destinada às pugnas de caráter privado, e cujo apego nos teria legado a obrigacionalização do direito material e a decorrente universalização do procedimento ordinário) e a tutela interdital, pauta boa parte da obra do professor Ovídio. Não é nosso objetivo aqui destacá-la. Contudo, por ser tema recorrente em seus escritos, e apenas para não que isso não fique em branco, transcreve-se a seguinte (e elucidativa) passagem sobre o assunto: "Como é sabido, o pretor romano – assim como o farão hoje nossos magistrados, ao concederem antecipações de tutela, – podia prover, com base em *summaria cognitio*, emitindo uma ordem, atividade representada pelo célebre veto pretoriano; ou ainda, se não executando diretamente, ao menos permitindo atos executivos, como se dava na *missio in possessionem*, coisas que o *judex*, a quem se confiava o julgamento das *actiones*, não podia fazer, limitados como eram seus poderes a proferir sentenças condenatórias. Em resumo, tanto quando simplesmente ordenava, quanto nos casos em que provia executivamente, a decisão pretoriana resumia-se invariavelmente numa ordem, num veto ou numa permissão, no caso da tutela executiva, protegida por um interdito, que o pretor outorgava em favor daquele a quem concedia autorização para imitir-se na posse". BAPTISTA DA SILVA, Ovídio. *Da Sentença Liminar à Nulidade da Sentença*, op. cit., p. 183-4. Ponto que chama a atenção de Ovídio é que,

valor *justiça*, enquanto polaridades antagônicas na constituição da ideia de Direito; nessa linha, o espírito científico moderno tratou de submeter o pensamento jurídico aos métodos e princípios das ciências da natureza, ou das ciências lógicas, como a matemática.[346] Essa caminhada nos legou uma relação estreita entre o nosso conceito de *jurisdição* e as doutrinas que sustentavam a formação do Estado Absoluto. Exemplo eloquente disso é a recorrente noção de "neutralidade" do juiz. O mestre nos denuncia que essa (pretensa) neutralidade é mais uma consequência, ou um reflexo, da neutralidade do Estado, como um dispositivo "técnico" capaz de servir a todas as possíveis ideologias.[347] Afinal, estaríamos cumprindo o projeto de Thomas Hobbes: a lei (produto do arbítrio do soberano) é a exclusiva medida da justiça,[348] de modo que a magistratura fica subordinada às leis (não lhe cabe encontrar outros critérios de justiça, para o caso concreto, que já não venham indicados no texto legal – que não deveria ser sequer interpretado!) e, em especial, ao poder do soberano.[349]

Erigida nestas bases políticas e filosóficas, a ciência do Direito Processual Civil nasceu comprometida com o ideal racionalista, que acabou transformando o Direito numa ciência em busca da verdade, análoga à matemática (Leibniz), sem qualquer compromisso com a justiça concreta.[350] E a inércia nos mantém presos a isto. Ovídio destaca que, apesar dos avanços que foram alcançados pela Filosofia do Direito durante todo o século XX (o que nos remete à hermenêutica de perfil filosófico, lembramos), nossas instituições, tanto universitárias quanto legislativas, impõem que nos comportemos "dogmaticamente", ou seja, que pensemos o direito processual civil como um "instrumento conceitual", ao passo que o "sistema pressupõe que o Direito seja produzido pelo Poder Legislativo", o que resulta em juízes "irresponsáveis, uma espécie de braço me-

---

no deferimento dos interditos, o pretor romano gozava de uma certa dose de "discricionariedade", que lhe permitia "decidir" com base em juízos "provisórios", ou de "probabilidade". A esta questão – a da discricionariedade judicial – voltaremos a tratar no tópico seguinte.

[346] BAPTISTA DA SILVA, Ovídio. Jurisdição e Execução na Tradição Romano-Canônica, op. cit., p. 89.

[347] Ibidem, p. 95.

[348] "A doutrina do Estado Absoluto, proposta por Hobbes, onde as leis são produtos, não da *razão*, mas da *vontade* do soberano, de modo que estes mandatos sejam os exclusivos critérios do *justo* e do *injusto*, foi a primeira condição para que a função judicial se conservasse limitada à pura declaração e aplicação de leis, sem que aos magistrados fosse reconhecido, sequer, o poder de interpretá-las, como depois ocorreu, no início do século XIX, na França". Ibidem, p. 97.

[349] Ibidem, p. 100.

[350] Ibidem, p. 114. Repetimos aqui a correta observação do professor Ovídio: a questão "não deve dirigir-se à condenação do método cartesiano, cuja importância para o progresso da pesquisa científica moderna ninguém põe em dúvida, mas em tomar-se consciência de que o mal não está no método, e sim na indevida transferência do Direito para o domínio das ciências demonstrativas, ciências das verdades universais e perenes, por sua natureza alheias à História e às transformações sociais", op. cit., p. 184.

cânico do Poder".[351] Claro: é isto, afinal, que está pressuposto quando se imagina que a lei seja portadora da "vontade" do legislador, eliminada a função criadora do ato de sua aplicação; a lei já viria pronta do "laboratório legislativo"; este "é o grande inconveniente da doutrina de 'separação de poderes', quando praticada com o extremado exagero com que nós a praticamos".[352]

Ovídio desvela que a grande questão que se oculta sob o domínio do modelo racionalista (que se traduz na suposição de que o processo tenha a missão de estabelecer a verdade definitiva contida na lei, e que caiba à jurisdição revelar o "certo" e o "errado" no convívio humano) é a resistência inconsciente da nossa civilização em admitir que "vivemos um momento de profunda crise política e social e, acima de tudo, existencial"; e o preço que épocas de crise têm de pagar aos desígnios da História – adverte – "é a incômoda contingência de conviver com incertezas, que prenunciam as grandes revoluções culturais".[353]

Passo inicial para o enfrentamento dessa *crise* seria a reintrodução de juízos de valor na construção do raciocínio jurídico, o que implica a admissão de que o ato jurisdicional é um ato criador de direito e, nesse sentido, um ato de vontade; perceba-se: não se trata, propriamente, de conferir maiores poderes aos juízes, mas "apenas e simplesmente admitir que eles sempre os tiveram em maior ou menor extensão, segundo as características de cada época", ou seja, trata-se de devolver ao juiz "os poderes que o Iluminismo lhe recusara".[354] Afinal, a contribuição que nosso professor espera do Direito, nas suas palavras, "é a de que ele ofereça os instrumentos e as condições concretas que possam contribuir para a realização de uma sociedade que se aproxime do ideal de justiça"; e a *justiça*, arremata, haverá de ser laboriosamente descoberta em cada caso concreto, observados, porém, determinados critérios capazes de impedir que "a natural *discricionariedade* do ato jurisdicional se transforme em *arbitrariedade*".[355]

Com isso melhor assimilado, Ovídio defenderá que a missão do processo é a de "administrar conflitos" que, "representados pela *lide* – parcelas microscópicas da história humana – terá de ser pensado como uma realidade inconclusa; uma realidade a ser instituída pelo ato jurisdicional que o encerra"; caberá ao juiz, nesse contexto, "interpretar, hermeneutica-

---

[351] BAPTISTA DA SILVA, Ovídio. *Processo e Ideologia*: O Paradigma Racionalista, op. cit., p. 2.

[352] BAPTISTA DA SILVA, Ovídio. *Jurisdição, Direito Material e Processo*. Rio de Janeiro: Forense, 2008, p. 147.

[353] BAPTISTA DA SILVA, Ovídio. *Jurisdição e Execução na Tradição Romano-Canônica*, op. cit., p. 193.

[354] Ibidem, p. 197 e 201.

[355] BAPTISTA DA SILVA, Ovídio. *Jurisdição, Direito Material e Processo*, op. cit., p. 139.

mente, um passado, que é a lide, para construir, com justiça, uma solução adequada, segundo os padrões do Direito, sem dúvida; mas igualmente conforme aos valores vigentes na respectiva comunidade social".[356] E essa "interpretação hermenêutica", como não poderia deixar de ser, tem de se ver entremeada aos "fatos", também eles categorias hermenêuticas, a serem "compreendidas" na tarefa de aplicação do Direito, de modo que nos interessará, antes, o "significado" que estes possam assumir no momento e nas circunstâncias que enfeixam a situação hermenêutica (de aplicação do Direito) – e não uma (de resto, impossível) reconstituição "pura" dos acontecimentos judicializados.[357] Noutras palavras, o direito processual (em especial, o processualista enquanto "legislador") deve tornar possível a realização do direito material, criando os instrumentos indispensáveis a esta realização; à academia cabe, complementarmente, mostrar as vantagens e defeitos dos instrumentos que poderão ser criados, "com a advertência, porém, de que o processo ainda não descobriu um sistema imune de inconvenientes".[358]

A estas lições todas do professor Ovídio, fazemos eco. Não vemos como discordar dessas premissas. Efetivamente, a história está aí a nos demonstrar a que, nas raízes da universalização do procedimento ordinário, e da demanda plenária nele veiculada, está oculta a crença de que o processo foi concebido como um "método" apto a fornecer o maior número de elementos possíveis (em termos de alegações – vide o chamado "princípio da eventualidade" (*sic*) – e de alternativas probatórias) para que o juiz revele, na sentença, o Direito (a "vontade da lei"). É a busca quase esquizofrênica pela "certeza", pela segurança jurídica. Está claro que o juiz que preside um processo nestes moldes nada "decide": compete a ele uma função "clarificadora" (declaratória, se se quiser) daquilo que o Direito, univocamente, já tinha a dizer sobre o caso. Claro está que as consequências práticas do julgado não podem mesmo ser "jurisdição" (que é meramente declaratória), mas, quando muito, "efeitos" de seu julgamento. O juiz forjado neste (e para este) "sistema" é um burocrata, um ser apolítico, um técnico, alguém que não pode "interpretar" (e que, consequentemente, também não "fundamenta" seus provimentos – por que fazê-lo, se a justificação já está dada na própria lei, e se cabe ao juiz mecanicamente aplicá-la?). Numa palavra, um "irresponsável" pelas injustiças que (inevitavelmente) comete, cuja "carga" fica depositada nas mãos do "legislador" que, afinal, é quem "produz" o Direito. Não há razão para

---

[356] BAPTISTA DA SILVA, Ovídio. *Jurisdição, Direito Material e Processo*, op. cit., p. 140.

[357] Ibidem, p. 145.

[358] BAPTISTA DA SILVA, Ovídio. *Processo e Ideologia*: O Paradigma Racionalista, op. cit., p. 34.

ser diferente. Afinal, vive-se num Estado que, à luz do Iluminismo,[359] é (também ele) neutro, "isento" de valores...!

Então, de fato o "paradigma racionalista" nos fez (e ainda faz) reféns de uma tradição inautêntica (no sentido em que Gadamer trabalha esta expressão). Nesta conjuntura, uma "boa" aposta – na qual acompanhamos o professor Ovídio – é a de resgate da hermenêutica, que nos permitirá retomar o pensamento sobre o Direito "enquanto" ciência humana e cultural. O Direito – e com o processo não há de ser diferente – depende, pois, de uma compreensão hermenêutica, compromissada com a faticidade, de olho no fenômeno. E exige do intérprete que se posicione, que "crie" e que se justifique enquanto tal. Que se assuma "como" intérprete.

Temos, nesta ordem de ideias, que é possível identificar esta contingência, de maneira válida, com parte dos supostos da *Crítica Hermenêutica do Direito*: falamos, especificamente, de uma das faces da crise paradigmática, qual seja, aquela referente a não superação do esquema sujeito--objeto e dos padrões filosófico-interpretativos aristotélico-tomistas. Quer dizer, há uma convergência entre um dos pilares nos quais estamos agarrados e grande parte da doutrina de Ovídio: ambos reconhecemos a dimensão hermenêutica do Direito.

Sendo assim – dizemos nós –, o lidador do Direito tem de "angustiar-se"[360] diante do caso concreto, tem de participar de sua história no "cuidado", e com a vista atenta à coisa, de olho no fenômeno, no fato. Não se pode agarrar a "abstrações" como a "lei em tese" (como se a validade "se desse" previamente) ou a "conceitualismos".[361] Deve, isso sim,

---

[359] Ovídio adverte: é necessário "ter presente que as promessas do *Iluminismo* não apenas não se concretizaram, como, na realidade, a exclusão social, a dividir, tanto dentro de cada país, quanto entre as nações, os ricos, que se tornam mais ricos; e a pobreza que se avoluma nas regiões periféricas, para onde as guerras de conquista foram transferidas, é a negação pura dos ideais de igualdade buscados pelas filosofias políticas do século XVIII". BAPTISTA DA SILVA, Ovídio. *Processo e Ideologia*: O Paradigma Racionalista, op. cit., p. 199.

[360] A angústia (*angst*) é um fenômeno que nos revela a estrutura do *Dasein*, apreendida na sua totalidade. É o sentimento mais profundo do *Dasein*, e é princípio e origem dos demais (vontade, anseio, desejo, inclinação, impulso). Enquanto o *medo* se refere a um objeto bem definido, a angústia supõe uma ameaça que não se encontra em parte alguma. Na realidade, o mundo, diretamente como tal, é que é a coisa perante a qual o *Dasein* se sente angustiado. A angústia reduz o *Dasein* ao seu próprio estar-no-mundo, despojando-o dos apoios da cotidianidade, constrangendo-o a usar da liberdade para se escolher a si mesmo, fazendo-o com que se sinta, ineluctavelmente, responsável por si mesmo. Na feliz síntese de Jovilet, "Poucos sentem a angústia. Mas é isso mesmo, desde que se tenha em conta que o 'se' intervém constantemente com o fim de suprimir, que constitui a prova evidente do seu carácter de dado fundamental. Por si, ela tende a levantar o Dasein do seu decaimento e a obrigá-lo a escolher entre a existência autêntica e a existência inautêntica". JOVILET, Régis. *As Doutrinas Existencialistas*: de Kierkegaard a Sartre. Porto: Livraria Tavares Martins, 1957, p. 120-2.

[361] Exige-se dos conceitos jurídicos, como critica Ovídio, "a mesma uniformidade, a mesma homogeneidade de critérios classificatórios. Como cinco vezes dois serão sempre dez, mesmo que seja dez pulgas ou dez elefantes, assim também (sem qualquer preocupação pelo 'conteúdo') diremos que, se

assumir-se como (um dos) intérprete(s) do (e no) Direito, e com as responsabilidades que daí decorrem. Não nos parece que isso seja diferente do que o professor Ovídio preconiza quando nos exorta a abandonar a epistemologia das *ciências da descoberta*, de modo que se possa recuperar a sua *historicidade* do Direito, libertando-o do espírito dogmático, reintroduzindo-o no domínio das ciências da *compreensão*, de onde "o direito processual foi retirado em virtude da pretensão do racionalismo de torná-lo uma ciência demonstrativa".[362] É isso: o mestre tem razão quando pondera que a compreensão dos fenômenos históricos decorre antes da capacidade que temos de comparar coisas semelhantes (análogas), o que nos permite surpreender o que, em cada uma delas, há de singular; daí que, quando o juiz constrói a sentença, interessa-lhe o *individual*, as diferenças, mais do que as regras (se estas forem assimiladas como fórmulas matemáticas aplicáveis a casos pretensamente idênticos).[363] E este entendimento efetivamente nos levará a afirmar que interpretar o Direito não se resume a "atualizá-lo", mas a "prosseguir na busca do 'justo'" no momento da interpretação.[364] Numa palavra, tanto para o mestre como para nós, o Direito tem "natureza hermenêutica".[365]

Simplificando: até aí, estamos de acordo.

A nossa divergência está com relação à outra face da crise paradigmática, qual seja, aquela referente ao nosso "modelo de direito" ou, mais especificamente, àquilo que Lenio chama de "baixa constitucionalidade": a falta de uma (pré-)compreensão de um sentido material da Constituição, que permita tomá-la em conta como topo normativo e interpretativo, o que resultaria – sustentamos – na confiança de que a jurisdição (sempre constitucional e constitucionalizada) possa exercer um papel *transformador* da realidade.

Ovídio – embora não negue que a Constituição seja importante, até mesmo pelo aperfeiçoamento ético que deveria proporcionar aos juristas – não concebe uma justiça *promocional* (à moda de Cappelletti), e nem bem acredita que seja função do Direito a de transformação do estado de coisas (isso deveria ficar, se compreendemos bem suas lições, a cargo da

---

o fenômeno jurídico 'externamente' se rebela contra o conceito, pior para o fenômeno. O 'conceito', não a coisa, é o 'material' com que o processualista elabora sua ciência. Se as coisas não se harmonizam com o conceito, tanto pior para as coisas! O fenômeno, enquanto realidade substancial, deve desaparecer, porque o conceito nasce não apenas com o selo terreno, mas com o selo da eternidade". BAPTISTA DA SILVA, Ovídio. *Jurisdição, Direito Material e Processo*, op. cit., p. 201-2.

[362] BAPTISTA DA SILVA, Ovídio. *Processo e Ideologia*: O Paradigma Racionalista, op. cit., p. 79.

[363] Ibidem, p. 265-6.

[364] Ibidem, p. 282.

[365] Ibidem, p. 285.

Política – com "P" maiúsculo, bem ao gosto de Bauman,[366] autor recorrentemente citado nos textos mais recentes do nosso mestre). E enxerga problemas mais profundos (igualmente *paradigmáticos*) no campo do Direito, cuja solução não divisa no "neoconstitucionalismo".

Tentaremos deixar mais claras as suas proposições quanto a este aspecto. O professor Ovídio entende que a crise do Poder Judiciário decorre de uma "crise da modernidade e de seus sonhos", portanto, de uma crise mais ampla, que envolve "a modernidade e seus paradigmas"; o Direito (e isso desde o Direito Romano tardio) teria sido afastado das noções mais básicas de *justiça*, para tornar-se um braço do poder; na sua compreensão, o Direito teria se tornado "função de outros interesses, sejam políticos ou econômicos, porém, de qualquer modo interesses estranhos à ideia de Justiça", circunstância derivada do "individualismo pragmático que constitui a essência da ideologia moderna, que de um modo ou de outro, nos governa".[367] O Direito teria, pois, perdido a sua essência, a sua alma. E defende uma afirmação intrigante: "o Poder Judiciário funciona bem, tendo em vista o condicionalismo teórico e político dentro do qual ele sobrevive".[368] Por exemplo, como esperar que o processo civil seja efetivo se o *Iluminismo* que o concebeu o projetou para a busca de *certezas* (ou seja, se colocou o valor *segurança* em detrimento da *celeridade*)? O ponto advogado pelo mestre, a partir destas noções, é o de que os problemas do Poder Judiciário são estruturais, e não funcionais: o Judiciário funcionaria (surpreendentemente) bem, considerado o sistema que o concebeu.[369] O que faltaria, portanto, são condições estruturais para que o Judiciário funcionasse melhor (ou seja, para que nos livrássemos do paradigma racionalista, da busca pela vontade da lei que lhe secunda, dos juízes irresponsáveis que daí se formam, etc.). Isso sem falar na crise da democracia representativa[370] no Brasil, aspecto que tem origem "nas profundas desigualdades sociais existentes em nosso país", e que acabou – isso entre outras coisas – deslocando a política para o âmbito do Judiciário.[371]

---

[366] BAUMAN, Zigmunt. *Modernidade Líquida*. Rio de Janeiro: Jorge Zahar, 2001, p. 77.

[367] BAPTISTA DA SILVA, Ovídio. *Da Função à Estrutura*. Disponível em <www.baptistadasilva.com.br>.

[368] Ibidem.

[369] Ibidem.

[370] Ovídio sugere, em apertada síntese, que, se a jurisdição estatal quiser se afirmar como instrumento democrático, ela deverá servir como agente "pulverizador" do Poder, um "órgão produtor de micro-poderes, que possam contrabalançar o sentido centralizador que os outros dois ramos zelosamente praticaram"; desta sorte, a democracia representativa deverá distribuir poder, o que ocorrerá tendo o Poder Judiciário como o seu fiador. BAPTISTA DA SILVA, Ovídio. *Processo e Ideologia*: O Paradigma Racionalista, op. cit., p. 317-9.

[371] BAPTISTA DA SILVA, Ovídio. *Da Função à Estrutura*. Disponível em <www.baptistadasilva.com.br>.

Enfim. Se as causas são tantas, e se são tão históricas quanto profundas, não vê o professor Ovídio como o "direito racional" possa "salvar-se" por si mesmo, "tão somente" a partir da Constituição. Haveria uma série de outros fatores, como o *paradigma econômico*, que manteriam o Direito refém desta "crise" a despeito do "constitucionalismo"; assim, na suma, seria impossível transformar o Direito "sem que haja uma correspondente revisão dos pressupostos sociais e econômicos da nossa cultura",[372] ou sem o apoio da Política.[373]

Pois bem. Posta, como está, nossa pontual (apesar de profunda) discordância, cabe-nos fazer uma breve reexposição dos motivos pelos quais reafirmamos nossa "crença" no neoconstitucionalismo, e na sua faceta transformadora, substancialista. Em primeiro lugar, gostaríamos de deixar dito que a opção por uma compreensão substancial da nossa Constituição não é muito mais do que isso: uma *opção*. Não que seja uma escolha arbitrária, ou irracional,[374] mas não deixa de ser uma escolha (política, pois não?). Não é uma característica *ontológica* de todos os textos constitucionais em todos os tempos. Temos, apenas, que é adequada essa postura *hoje*, e para o Brasil. Pensamos, sendo mais claros, que, sem um constitucionalismo de certa forma radical, num país de modernidade tardia como o nosso, em que as promessas da modernidade e da redução das desigualdades e erradicação da pobreza não foram (nem de longe) cumpridas, não teremos como chegar a lugar algum. Não desconhecemos que Constituição, enquanto texto normativo, sozinha, nada resolve. Mas o dilema é muito claro: ou se garantem (e, portanto, concretizam) direitos fundamentais, ou renunciamos à substancialidade e oramos pela Política (o que, no Brasil, seria abrir a passagem para as teorias de matriz habermasiana – o que poderia vir a sonegar a faticidade do nosso Direito, com prejuízos evidentes aos direitos das minorias).

A nossa compreensão de Constituição é a de um "elo de conteúdo entre Política e Direito" (Streck), de modo que a sua concretização passa sim, também, pela Política (e pela Moral "institucionalizada" em direitos

---

[372] BAPTISTA DA SILVA, Ovídio. *Processo e Ideologia*: O Paradigma Racionalista, op. cit., p. 58.

[373] Vale lembrar o destaque de Ovídio de que o compromisso paradigmático do sistema com o racionalismo, que serve como um instrumento antidemocrático de submissão do Direito ao Poder, tem raízes na separação entre direito e política (que, aliás, no nosso tempo, teria transformado a "vontade da lei" em "vontade do poder"). BAPTISTA DA SILVA, Ovídio. *Processo e Ideologia*: O Paradigma Racionalista, op. cit., p. 52-3.

[374] Em absoluto: entendemo-nos integrantes, nas pegadas de Lenio Streck, de uma tradição autêntica (no sentido hermenêutico da palavra) de afirmação da tese de que a constituição do Brasil é, entre outras coisas, dirigente. STRECK, Lenio Luiz. O Papel da Constituição Dirigente na Batalha contra Decisionismos e Arbitrariedades Interpretativas. In: COUTINHO, Jacinto Nelson de Miranda; BOLZAN DE MORAIS, José Luis; STRECK, Lenio Luiz (Orgs.). *Estudos Constitucionais*. Rio de Janeiro: Renovar, 2007, p. 177.

fundamentais e princípios, como vimos tentando demonstrar). Sendo assim, é a partir dela (que estabelece padrões históricos e contingentes do "justo", que é assim um "evento", um "existencial", como ensina Lenio), apropriada como horizonte de sentido, que poderemos – pensamos nós – atribuir novos sentidos ao Direito (em especial, o Processual Civil).

Mas há mais divergências dignas de nota entre as bases da nossa proposta e a compreensão hermenêutica que o professor Ovídio defende.

Nessa linha, não temos como deixar de enfrentar a crítica que nosso mestre dirige – com amparo em Castanheira Neves – a Dworkin que, no seu entendimento, "expõe vestígios do *Iluminismo*", conclusão que deriva da distinção feita pelo autor norte-americano entre os tais casos *fáceis* e *difíceis*, o que evidenciaria "o tratamento teórico que não raciocina a partir da experiência forense, visão indispensável a quem pretende envolver-se com o processo".[375] Não nos parece sejam adequadas estas observações. Primeiro, porque, como o próprio Dworkin disse – e, de resto, como já foi referido na nossa pesquisa –, a distinção entre casos fáceis e difíceis não tem toda essa importância que lhe é deferida. A mesma coisa (ou melhor: igual processo compreensivo) se dá tanto num caso fácil como num difícil; a diferença se resume a uma questão de compreensão ou incompreensão a respeito da problemática que ex-surge do caso (aliás, repetimos à exaustão – não há hermenêutica sem fatos, e Dworkin sabe bem disso). Um caso fácil é um caso compreendido. Só isso. Não é outra a mensagem que Dworkin nos transmite quando afirma que o caso fácil seria um caso "especial" do gênero "caso difícil". Não se trata, evidentemente, de uma categorização, uma conceitualização, que se dê *a priori*. Apenas que, nos casos controversos, ou seja, naqueles a respeito dos quais o debate resista ao consenso da comunidade jurídica sobre a solução juridicamente adequada, ficam mais nítidas as questões que interessam a Dworkin, quais sejam, quais as responsabilidades que o juiz, "como" juiz, tem de assumir (ficam mais claras as suas premissas, por assim dizer). A segunda crítica, de igual forma, não faz jus à origem da teoria do direito de Dworkin. Como já o dissemos, a sua pretensão é "compreensiva" antes de ser "estruturante" da prática judiciária. Assim, o seu projeto é, justamente, o de compreender a "mecânica" daquilo que os julgadores já fazem, com sucesso, antes de lhes propor um "método" qualquer para a condução de seus trabalhos. Na realidade, praticamente toda a contribuição teórica do jusfilósofo norte-americano tem como ponto de partida casos (práticos, reais) ditos "controversos" que se deram nos Estados Unidos, de onde realizou uma minudente análise dos argumentos que foram decisivos para

---

[375] BAPTISTA DA SILVA, Ovídio. *Jurisdição, Direito Material e Processo*, op. cit., p. 108.

as suas soluções. Sendo assim, como dizer que Dworkin "não raciocina a partir da experiência forense"?

As densas considerações de Castanheira Neves[376] – referenciado por Ovídio – também não impressionam. O nosso entendimento é o de que o mestre lusitano, assim como o professor Ovídio, não se dispuseram a ver Dworkin em sua "melhor luz". A nosso ver, a extensa investida do jusfilósofo português contra a obra de Dworkin, e que é dirigida, em última análise, contra a "utilização" da "coerência" como critério de "justiça", absolutamente não colhe. Castanheira conclui que "as exigências problemático-normativas da judiciativa decisão jurídica concreta – e portanto as dimensões e as exigências normativas impostas à interpretação jurídica por esse juízo – deixam de ser aqui pensadas, explicitamente pensadas", de modo que se postularia "regulativamente nessas decisões o cumprimento das dimensões de *fit* e de *value* e, pressupondo as decisões proferidas nesse cumprimento, ajuíza-se *a posteriori* da sua validade-justificação por aquela coerência".[377] Ora, *a posteriori*? Quando e onde Dworkin disse isso? Se formos fiéis aos supostos de sua "interpretação construtiva", notaremos – como já notamos! – que não há, em momento algum, uma cisão entre compreensão/interpretação/aplicação. Portanto, não se trata de "adjudicar" a "coerência" ao resultado da interpretação. Obviamente, trata-se somente de pré-compreendê-la como um padrão a ser observado, entremeado à justiça e à equidade, por exemplo. Só isso. Ou mais: o filósofo lusitano parece dirigir suas energias contra a "coerência de estratégia", ou seja, contra a coerência "formalmente" considerada; mas não é apenas isso que se exige de um Direito compreendido "como" integridade: exige-se, isso sim, coerência *de princípio*! Neste sentido, também fica totalmente deslocada a afirmação de que:

> Não se trata, pois, apenas de integrar a decisão concreta no todo da ordem e da prática jurídicas e de concretamente as compreender na coerência dessa integração, trata-se antes de dar solução normativo-juridicamente "justa" (com justeza prático-normativa) ao caso concreto mediante um juízo que mobilize adequadamente, ou segundo as exigências daquela justeza, a normatividade jurídica como seu critério específico.[378]

Castanheira claramente tem razão nesta afirmação conclusiva, mas a questão que não se cala é: quando foi que Dworkin verbalizou algo diferente disso? Certamente não nas obras com as quais nos ocupamos na nossa pesquisa. De modo que esta imprecação do mestre português, enquanto proposição crítica, nos soa um tanto anêmica de sentido. É ób-

---

[376] NEVES, António Castanheira. *O Actual Problema Metodológico da Interpretação Jurídica – I*. Coimbra: Coimbra Editora, 2003, p. 362-444.

[377] Ibidem, p. 442.

[378] NEVES, António Castanheira. O Actual Problema Metodológico da Interpretação Jurídica – I, op. cit., p. 443.

vio que a "validade normativa" da decisão deverá ser existencializada no caso concreto, como também é óbvio que a coerência (e nem bem a integridade), por si-só, de nada nos servirá, em termos da produção justa do Direito. Acontece que isto é assim não devido a um "critério específico" de "justeza prático-normativa", mas, antes, porque texto e norma são coisas distintas (e não "separadas"). Claro. É exatamente por isso que Dworkin "salta na frente" para lembrar que a coerência não tem "valor" sem a ressalva dos padrões (aparentemente ignorados por Neves na obra do norte-americano) da justiça e equidade. Por fim, dispensar a hermenêutica de uma orientação normativa, que é o que Castanheira Neves faz, ao final,[379] é falar de qualquer coisa, menos de hermenêutica *jurídica* (filosoficamente compreendida)!

Aproveitando o ensejo, destacamos que ainda há uma terceira objeção aqui em liça, que convém desde já esconjurar: a de que os resultados que Dworkin deriva de sua "leitura moral" nos casos constitucionais particulares coincidem "magicamente" com as suas preferências políticas pessoais (ou seja, a noção – ainda que não abertamente subscrita por Castanheira Neves ou por Ovídio – de que o próprio Dworkin não ponha em prática seus pressupostos); eis a resposta pela pena do norte-americano: "isso parece suspeito, pois costumo insistir na ideia de que direito e moral são coisas diferentes e que a integridade jurídica muitas vezes impede um jurista de encontrar o direito onde gostaria de encontrá-lo".[380] E é isso mesmo: cobrar de Dworkin a (mesma) coerência que ele exige dos juízes constitucionais americanos não é confrontar as suas teses (notadamente, a do Direito como integridade), mas antes ratificá-las (ou seja, isso é reconhecer a integridade de princípios como algo importante a ser perseguido). De resto, é óbvio que as opiniões constitucionais do jusfilósofo norte-americano são influenciadas por suas convicções de moralidade política, pelas mesmas razões pelas quais sabemos que o intérprete integra o resultado da interpretação. Aliás – e a doutrina de Ovídio é particularmente precisa nesse tópico –, a neutralidade judicial é, certamente, uma quimera. Nas palavras de Dworkin, "a política constitucional tem sido atrapalhada e corrompida pela ideia falsa de que os juízes (não fossem tão sedentos de poder) poderiam usar estratégias de interpretação constitucional politicamente neutras"; ora, não nos esqueçamos que

---

[379] "O mesmo é dizer que onde – e queremos dizê-lo agora em geral – se fica apenas pela hermenêutica ou se procura apenas a orientação que ela ofereça, os problemas normativos (os específicos problemas normativo-jurídicos) ficam por resolver – ficam mesmo, de novo se diga, de todo incompreendidos". Ibidem, p. 443.

[380] DWORKIN, Ronald. *O Direito da Liberdade*: A Leitura Moral da Constituição Norte-Americana, op. cit., p. 55.

a "leitura moral" da Constituição – por nós endossada – condena esta mendacidade, já que:

> *Exige* que os juízes façam juízos atuais de moralidade política e encoraja assim a franca demonstração das verdadeiras bases desses juízos, na esperança de que os juízes elaborem argumentos mais sinceros, fundamentados em princípios, que permitam ao público participar da discussão.[381]

Sentimo-nos à vontade para falar nisso – de não ver determinada obra (ou autor) em sua "melhor luz" –, neste capítulo, porque poucos, como o professor Ovídio, foram alvos tão duramente vitimados pela incompreensão geral de seus pares. Não que tenhamos a pretensão de ter "atingido" uma compreensão privilegiada do conjunto de sua obra (longe disso); mas já vimos e sabemos o suficiente para perceber que muitas das objeções que lhe são feitas não passam de interpretações "pobres", ou "pela metade", de seus escritos.

Dois exemplos, e então fecharemos este ponto.

Rosemiro Pereira Leal, já nas páginas inaugurais do seu *Teoria Processual da Decisão Jurídica* (forjada no paradigma habermasiano, de compreensão procedimental da democracia e, portanto, do processo jurisdicional), considera "estranhas" as lições do professor Ovídio, que – de acordo com o que assimilou Rosemiro – sugeriu que deveriam retornar os *interditos romanos* aos nossos dias como uma "forma superior de tutela jurisdicional"; o autor mineiro não entendeu – como confessou em nota de rodapé – "o conceito ali desenvolvido de 'juízes democraticamente responsáveis'" e nem "o conceito de lei como bem de consumo".[382]

Semelhante percepção teve André Cordeiro Leal, que chegou a afirmar que não há "nada de novo no conceito de jurisdição de Ovídio Baptista da Silva em relação à jurisdição bulowiana", na medida em que o jurista alemão também teria buscado afastar o formalismo racionalista e o legalismo então vigentes, elevando a magistratura à categoria de classe criadora do direito; também, André acentua que o "simples fato de Ovídio Baptista defender em obra de sua autoria (1996) que jurisdição deva abarcar também ordens executivas, e não meramente declaratórias", em nada modificaria a "equivalência entre a *jurisdição e atividade do juiz*".[383]

Bom. Que fazer? Glosas como as acima transcritas dão a entender que o fortalecimento dos poderes do juiz defendidos por Ovídio rumem em direção a uma espécie de "autocracia" judicial na criação do direito,[384]

---

[381] DWORKIN, Ronald. *O Direito da Liberdade*: A Leitura Moral da Constituição Norte-Americana, op. cit., p. 57.

[382] LEAL, Rosemiro Pereira. *Teoria Processual da Decisão Jurídica*. São Paulo: Landy, 2002, p. 18.

[383] LEAL, André Cordeiro. *Instrumentalidade do Processo em Crise*, op. cit., p. 68.

[384] LEAL, Rosemiro Pereira. *Teoria Processual da Decisão Jurídica*, op. cit., p. 17.

como se o juiz proposto pelo nosso professor fosse um sujeito "solipsista", um "protagonista", com acesso exclusivo ao "significado e alcance" das "realidades sociais".[385] Defenderemos no tópico seguinte que esta compreensão é um equívoco comum e sério. Pretenderemos demonstrar, através do estudo das responsabilidades que Ovídio projeta para a jurisdição, que o ato sentencial desejado não é um "voo solo" de um juiz plenipotenciário, mas um gesto de democracia, visceralmente atingido pelos argumentos trazidos pelas partes (e com laços de justiça e coerência). Isso nos levará, inclusive, a identificar pontos de contato entre o "dever de fundamentar decisões" cobrado por Ovídio e a exigência de que o provimento seja vazado em "argumentos de princípio" (Dworkin). Claro que, para que a nossa tarefa seja de algum proveito, devemos nos vacinar contra a "cegueira ideológica" – a impossibilidade absoluta de que algumas pessoas que trabalhem em *paradigmas* diferentes entendam-se e possam manter um diálogo produtivo[386] – até mesmo porque, já notamos, pretendemo-nos todos (Dworkin, Ovídio, Lenio, nós mesmos) no paradigma hermenêutico, circunstância que tem consequências tão importantes como irrevogáveis (*a experiência hermenêutica é irreversível*, já o dissera o filósofo da floresta negra). Em todo o caso, se é verdade que os paradigmas fixam as interpretações, também o é que nenhum paradigma está a salvo de contestação por uma nova interpretação que considere melhor outros paradigmas e deixe aquele de lado, por considerá-lo um equívoco.[387] Com isso em mente, lancemo-nos ao trabalho.

### 3.2. Os argumentos de princípio e o dever de fundamentação das decisões judiciais (ou: um diálogo necessário entre Lenio Luiz Streck e Ovídio A. Baptista da Silva)

A partir do fragmento que apresentamos da obra de Ovídio Baptista da Silva, já nos é possível visualizar algumas das principais coordenadas que situam o seu lugar de fala. Para ele, pelo que vimos, não conseguimos ainda nos desvencilhar da herança iluminista que nos legou a Revolução Europeia, que, a pretexto de conviver com a "liberdade individual" (autonomia de vontades), acabou edificando um Estado ("liberal") que se escondeu sob a ficção de ser "isento de valores". Essa filosofia política ressente-se de uma indisfarçada "desconfiança" da magistratura que, tradicionalmente identificada com *Ancién Regime*, deveria ter a sua importância drasticamente reduzida: a pretexto de "radicalizar" o "princípio"

---

[385] LEAL, André Cordeiro. *Instrumentalidade do Processo em Crise*, op. cit., p. 68.

[386] BAPTISTA DA SILVA, Ovídio. *Processo e Ideologia*: O Paradigma Racionalista, op. cit., p. 101.

[387] DWORKIN, Ronald. *O Império do Direito*, op. cit., p. 89.

da separação dos poderes, o Judiciário deveria limitar-se a "aplicar a lei", desvestindo-se de qualquer função "criadora" do Direito. As consequências são claras: o Direito passou a ser aquilo que vinha pronto do "laboratório legislativo", sendo este critério (origem legislativa) o padrão único de "justiça" a ser considerado. "Justiça" é justiça do soberano, pois. Ao juiz, transformado num "técnico", num "burocrata", cabia a missão de pronunciar a "vontade da lei". Como a atividade judicial estava restrita a isso – "clarificação" do sentido da lei –, o magistrado viu-se dispensado de "fundamentar" suas decisões: bastava-lhe, na melhor das hipóteses, "explicar" o caminho trilhado, caso a caso, para encontrar o "sentido" (supostamente prévio) da lei. O "sistema" assim concebido desonerou o juiz de "decidir" e, decorrentemente, de "fundamentar" seus provimentos.

Ovídio nos evidencia que, ao contrário do que se poderia supor, essas amarras históricas seguem bem presentes no nosso cotidiano e, em especial, no Direito Processual Civil. Daí derivam, exemplificativamente, nosso apego ao procedimento ordinário (e à demanda plenária, de cognição exauriente, que lhe secunda), nossa alucinante cadeia recursal (que desonera e desprestigia ainda mais a magistratura de primeiro grau) e a dificuldade com a qual é vista, ainda hoje, a "tutela cautelar" de um "direito à segurança" (do direito, bem entendido). Estes "fenômenos" todos seriam, na visão do nosso mestre, ainda o produto de uma (por vezes inconsciente) de busca pela segurança, pela *certeza* do Direito. E, lembramos, nada disso seria possível sem os supostos epistemológicos que formam o poderoso *paradigma racionalista*, próprio de nossa época.

Acontece que não há nada de "neutro" nisso tudo. A economia de mercado, capitalista e globalizada, serviu-se desta estrutura para "colonizar" a Política e o Direito, colocando-os a serviço de seus interesses. Isto é particularmente grave, visto que, em tempos, o Estado foi transformado em "administração", e, a lei, em pouco mais do que um "instrumento de governo".[388] Se "aplicar a lei" é servir ao "sistema", pouco nos resta com o que trabalhar: o Direito perdeu seus laços com a justiça, perdeu a sua alma. É isso: o juiz "do sistema" é um juiz "irresponsável", na medida em que a (in)justiça de suas decisões não é mérito ou demérito seu, mas do "legislador", do "sistema".

Diante desse quadro desolador, Ovídio tem batido, com alguma insistência, numa tecla que nos interessa investigar: falamos da *discricionariedade judicial* (voltamos a ela).

Num apertado resumo, nosso processualista vem apontando como eixo para superação deste estado de coisas a concessão de uma certa dose

---

[388] BAPTISTA DA SILVA, Ovídio. *Jurisdição, Direito Material e Processo*, op. cit., p. 145.

de "discricionariedade" aos juízes, de molde a permitir-lhes que, assumindo-se como agentes políticos, resgatem os compromissos do Direito com os "valores do justo", franqueando-lhe a condição de efetuar uma "escolha" (uma autêntica "decisão") entre as propostas (razoáveis) de interpretação (solução) dos casos que chegam à sua jurisdição. Sendo mais claro, Ovídio parte da compreensão de que os textos, interpretados hermeneuticamente, "na imensa maioria dos casos concretos", oferecerão "duas ou mais soluções possíveis e legítimas", o que terá como consequência o reconhecimento de que a jurisdição não é "declaratória" da única vontade da lei ou do legislador; donde a necessidade de que os magistrados verdadeiramente "decidam"; para tanto, deveriam ser dotados do tal "poder discricionário" de decidirem-se "entre as alternativas autorizadas pela norma", circunstância que permitiria transformá-los em "juízes responsáveis".[389]

Entenda-se que o tal "juiz responsável" é aquele que se opõe, portanto, ao "juiz do sistema" (que tem por missão "declarar" as injustiças da lei), e que compartilha do pensamento que recupera a "função hermenêutica na compreensão de textos, sob o pressuposto epistemológico de que o texto carrega várias soluções jurídicas possíveis", já que "texto e norma não são a mesma coisa", e que, nesta direção, reentroniza "a *Retórica* como ciência da argumentação forense, que o pensamento linear dos geômetras do século XVII pretendeu eliminar do direito processual".[390]

Pois então.

Para que nossos estudos sejam de algum proveito, temos de desatar agora uma questão prévia, de caráter semântico. Defenderemos ao longo deste tópico que o "poder discricionário" de que fala Ovídio – parafraseando, entre outros, Karl Engish[391] – não deve ter aquele sentido "forte" que lhe atribuiu Dworkin (ausência de qualquer limitação de padrões de autoridade), e que, se for assim compreendido, não será uma ameaça à nossa tese de que são possíveis (e necessárias) "boas respostas" em Direito. Sustenta este nosso argumento o fato de que, para o nosso professor,

---

[389] BAPTISTA DA SILVA, Ovídio. *Jurisdição, Direito Material e Processo*, op. cit., p. 147-8.

[390] Ibidem, p. 148.

[391] ENGISCH, esclareça-se, defende posição contrária à por nós endossada: "O resultado a que chegamos com referência à tão discutida discricionariedade é, portanto, este: que pelo menos é possível admitir – na minha opinião é mesmo de admitir – a existência de discricionariedade no seio da nossa ordem jurídica conformada pelo princípio do Estado de Direito. De discricionariedade, note-se, neste sentido: no sentido de que, no domínio da administração ou no da jurisdição, a convicção pessoal (particularmente, a valoração) de quem quer que seja chamado a decidir, é elemento decisivo para determinar qual das várias alternativas que se oferecem como possíveis dentro de certo 'espaço de jogo' será havida como sendo a melhor e a 'justa'. É problema da hermenêutica jurídica indagar onde e com que latitude tal discricionariedade existe". ENGISCH, Karl. *Introdução ao Pensamento Jurídico*. 10. ed. Lisboa: Calouste Gulbenkian, 2008, p. 227-8. Confira-se ainda, neste sentido: BAPTISTA DA SILVA, Ovídio. *Processo e Ideologia*: O Paradigma Racionalista, op. cit., p. 285.

não se deve confundir *discricionariedade* com *arbitrariedade*; e a (fundamental) diferença entre uma e outra – segundo afirma – é que a primeira não deverá ultrapassar o campo da juridicidade, devendo, portanto, prestar contas, sempre, "aos princípios da *razoabilidade*".[392] Quer dizer: Ovídio não acredita na construção de decisões *além do direito*, até mesmo porque não concebe o Direito como um *sistema de regras*, o que *nos* permite concluir que a discricionariedade defendida pelo processualista gaúcho possa ser assimilada como uma espécie de *proporcionalidade*, padrão que identificamos, com Lenio Streck, como sendo a necessidade de garantir a coerência e a integridade das decisões judiciais. Fixemos bem este argumento, ao qual retornaremos.

Sendo assim, e apesar das nossas divergências pontuais das lições de Ovídio (em especial, repitamos, com relação à importância que atribuímos ao *neoconstitucionalismo*), temos que nos será possível a "apropriação" (no sentido hermenêutico da palavra) das suas considerações sobre o dever de fundamentação das decisões judiciais, notadamente, como instrumento de combate ao "protagonismo judicial".

Até mesmo porque, repetimos, nossa divergência é pontual. É um equívoco considerar que o professor Ovídio não creia, por exemplo, na força normativa dos princípios constitucionais e no dever e decidir coerentemente com a Constituição; ele próprio reconhece que o constitucionalismo contemporâneo tem contribuído para a assimilação prática entre o *político* e o *jurídico*, de modo que os magistrados, orientados a partir de "juízos valorativos", façam reingressar o "justo" no raciocínio jurídico, eliminando a epistemologia das matemáticas.[393]

De igual forma – permitimo-nos insistir nisso –, não nos parece adequado aproximar as complexas lições de Ovídio com (qualquer d)as posturas "positivistas" que antes apresentamos. Quando o professor se coloca – topicamente, diga-se – ao lado de autores como Hart ou Kelsen,[394] isso nunca se dá em defesa do Direito como um "sistema de regras", ou como objeto de uma "teoria pura"; o que Ovídio recolhe destes autores é, tão só, a compreensão da inexorabilidade de que a norma legal não possui um sentido unívoco. Mas, ao contrário dos corifeus do positivismo, nosso professor não considera válida "qualquer solução" que surja a partir dos casos (hipóteses) não "contemplados" pelas regras. Absolutamente. A decisão reclamada por Ovídio é uma decisão fundamentada, proferida por um juiz responsável (democrático), que se assuma como intérprete,

---

[392] BAPTISTA DA SILVA, Ovídio. *Processo e Ideologia*: O Paradigma Racionalista, op. cit., p. 271.

[393] Ibidem, p. 252.

[394] BAPTISTA DA SILVA, Ovídio. *Da Sentença Liminar à Nulidade da Sentença*, op. cit., p. 186 e 192, respectivamente.

circunstância esta que lhe compromete, certamente, com padrões como a justiça e a coerência (e, corolário, com os argumentos das partes, desmembrados seus vínculos com o caso prático). Evitemos mal-entendidos desde já, pois: a compreensão do Direito como um "sistema de regras" já foi expressamente rechaçada por Ovídio, que nela visualiza, aliás, um "inevitável compromisso com o *normativismo*" por ele sempre combatido.[395] E mais, a superação do positivismo é apontada por Ovídio como indispensável para que o Direito seja recolocado no campo das ciências hermenêuticas.[396]

Com isso esclarecido, voltemos a Dworkin, e comecemos trabalhando uma preocupação comum ao norte-americano e ao professor Ovídio: a de que os juízes – se bem que não podem fechar os olhos à Política –, não deveriam ser – e não são – legisladores delegados.[397]

Para desenvolver esta afirmação – e darmos continuidade à nossa "cruzada" de filtragem da teoria do Direito de Dworkin pela *Crítica Hermenêutica do Direito* – devemos introduzir categorias absolutamente essenciais para a compreensão (e aproveitamento) da teoria do Direito do jusfilósofo norte-americano. Referimo-nos à (já célebre) distinção entre os *argumentos de política* e os *argumentos de princípio*. Nas palavras de Dworkin, "os argumentos de política justificam uma decisão política, mostrando que a decisão fomenta ou protege algum objetivo coletivo da comunidade como um todo"; já os "argumentos de princípio justificam uma decisão política, mostrando que a decisão respeita ou garante um direito de um indivíduo ou de um grupo".[398]

É importante frisar, desde logo, que se trata, ambos, de argumentos "políticos" em um sentido mais amplo. O que a distinção quer deixar mais sensível é que há argumentos de *princípio político* (que recorrem aos direitos políticos de cidadãos individuais) e argumentos de *procedimento político* (que exigem que alguma decisão particular promova alguma concepção do bem-estar geral ou do interesse público).[399] Entenda-se bem: para o autor norte-americano, um direito político *é* um objetivo político individuado.[400]

Assim, enquanto o princípio é um padrão que favorece um "direito", a política é um padrão que estabelece uma "meta". Dessa forma, os

---

[395] BAPTISTA DA SILVA, Ovídio. *Jurisdição, Direito Material e Processo*, op. cit., p. 169.

[396] BAPTISTA DA SILVA, Ovídio. *Processo e Ideologia*: O Paradigma Racionalista, op. cit., p. 269.

[397] DWORKIN, Ronald. *Levando os Direitos a Sério*, op. cit., p. 129.

[398] Ibidem, p. 129.

[399] DWORKIN, Ronald. *Uma Questão de Princípio*, op. cit., p. 6.

[400] DWORKIN, Ronald. *Levando os Direitos a Sério*, op. cit., p. 142.

argumentos de princípio são argumentos em favor de um direito, e os argumentos de política são argumentos em favor de algum objetivo de cariz coletivo, geralmente relacionado ao bem comum. Dito de outro modo, "os argumentos de princípio são argumentos destinados a estabelecer um direito individual; os argumentos de política são argumentos destinados a estabelecer um objetivo coletivo;" ou, de forma mais direta: "os princípios são proposições que prescrevem direitos; as políticas são proposições que descrevem objetivos".[401]

Note-se que, no processo legislativo, ambas as modalidades de argumentação são admitidas, ou seja, a lei pode encontrar sua justificativa (política) com base em argumentos de uma ou de outra ordem (aliás, não é incomum – e Dworkin tem isso muito claro – que os políticos procurem justificativas para os seus atos associadas à proteção de direitos). Mas, a partir do momento em que entendemos um "direito político como um objetivo político individuado", importa fixar que o processo legislativo tem um papel que determinante para a lógica judiciária: o de transformar uma questão de política em uma questão de princípio. Para facilitar, um exemplo. A lei – mesmo que tenha a sua edição justificada em argumentos de política, como acontece no caso da concessão de um subsídio a determinado segmento da economia –, ao reconhecer um direito a alguém, faz com que o beneficiário da norma não mais dependa dos originais argumentos de política para a obtenção do benefício (no caso, o tal subsídio): isso porque, nesta hipótese, a lei o terá transformado em uma questão de princípio.[402] Esse é, simplificadamente, o ponto.

Dworkin defende a tese – e com ele concordamos – de que as decisões judiciais devem ser geradas por princípios, e não por políticas.[403] Mergulhemos agora nessa afirmação.

---

[401] DWORKIN, Ronald. *Levando os Direitos a Sério*, op. cit., p. 141.

[402] Ibidem, p. 130-31.

[403] Um outro exemplo, para tentar tornar isso tudo mais simples: pensamos que negar, por hipótese, um dano moral a alguém que efetivamente o sofreu, com base no único propósito (argumento) de evitar o fomento daquilo que se convenciona chamar de "indústria do dano moral" (crescimento exponencial do número de demandas objetivando reparações deste jaez, defendendo a existência de danos imateriais nas mais diversas – e improváveis – experiências das relações humanas), é um caso claro de recusa de um direito individual com base num (deslocado, e portanto ilegítimo, neste fórum) argumento de política. Seria, nesse sentido, uma decisão incorreta (ou, para sermos fiéis à nossa terminologia, uma *má decisão*). Ou bem o cidadão tem o direito, e aí cabe ao tribunal assegurá-lo, ou bem o cidadão não o tem! O (de resto, indesmentível) excesso de serviço do Poder Judiciário não pode (ou não deve) comprometer o seu dever fundamental de fornecer uma boa resposta. Pelo que se lê em Dworkin, quando comenta o caso McLoughlin (no qual se discutia a respeito do dever de indenizar a Sra. McLoughlin pelo colapso nervoso sofrido ao perceber que o marido e os filhos haviam falecido num acidente de trânsito), acredito que o jusfilósofo ratificaria esta observação. DWORKIN, Ronald. *O Império do Direito*, op. cit., p. 32-5.

O caso é que, a partir do momento que aceitamos que o Judiciário deve tomar decisões políticas importantes, devemos refletir sobre quais motivos, em suas mãos, são "bons" motivos; e a visão de Dworkin – fixemos pela repetição – é a de que o tribunal deve tomar decisões de princípio, decisões sobre quais direitos as pessoas têm sob determinado sistema constitucional, e não decisões sobre como se promove o bem-estar geral; e mais: deve tomar essas decisões elaborando e aplicando a "teoria substantiva da representação", extraída do princípio básico de que o governo deve tratar as pessoas como iguais.[404]

Já na apresentação desta proposição, Dworkin adianta e enfrenta duas objeções (que, aliás, não consideramos sejam as principais) à utilização dos argumentos de princípio pela agência judiciária. A primeira delas vai no sentido de que os juízes não seriam eleitos (e, portanto, não poderiam "criar" leis – obrigações – mediante argumentos de princípios); a segunda, residiria na impossibilidade da criação de um dever "retroativo" pelo juiz, para a surpresa do contraditor "prejudicado" com a decisão (ou seja, se não haveria lei, prévia à controvérsia, estipulando a obrigação, não poderia também o juiz "editá-la"). Segundo o autor, a primeira objeção mais justifica a argumentação de princípio do que a enfraquece (afinal, pior seria se os juízes, que não são mesmo eleitos pelo "povo", pudessem justificar suas decisões com base em argumentação política, à revelia de um "processo político criado para oferecer uma expressão exata dos diferentes interesses que devem ser levados em consideração"); a segunda objeção, de sua vez, é respondida com a seguinte (e precisa) observação: "se o demandante tem de fato o direito a uma decisão judicial em seu favor, ele tem a prerrogativa de contar com tal direito", quer dizer, se "o tribunal decidir que, pesadas as razões de ambas as partes, o argumento do demandante é o mais forte, terá também decidido que, comparadas com as da parte contrária, as expectativas do demandante eram mais justificadas".[405]

Não há – no nosso entendimento – maior fôlego nestas colocações. Perceba-se que, na verdade, estas objeções devem ser entendidas como refutações não à utilização de argumentos de princípio, mas, antes, à própria inclusão dos princípios na prática do Direito – aparentemente, porque estes poderiam delegar ao magistrado um papel "criativo" de obrigações à revelia da lei. Ora, se o nosso trabalho serviu de algo, já temos subsídios satisfatórios para desmascarar, aqui, os problemas hermenêuticos (e, portanto, filosóficos) e de modelo de direito (relacionados à teoria da norma e das fontes) que sustentam esta modalidade de discurso...!

---

[404] DWORKIN, Ronald. *Uma Questão de Princípio*, op. cit., p. 101.
[405] DWORKIN, Ronald. *Levando os Direitos a Sério*, op. cit., p. 129-35.

Em todo o caso, deixemos novamente dito que a questão da (falta de) "legitimidade" dos juízes (colocada por Dworkin como o "argumento da democracia") para fazerem o que fazem não nos deve assustar. Simplesmente, não há razões institucionais para afirmar que uma decisão legislativa sobre direitos seja mais adequada do que uma decisão judicial. O argumento contrário, que costuma remeter à equidade, é assim resumido pelo jusfilósofo norte-americano: "A democracia supõe igualdade de poder político, e se decisões políticas genuínas são tiradas do legislativo e entregues aos tribunais, então o poder político dos cidadãos individuais, que elegem legisladores mas não juízes, é enfraquecido, o que é injusto".[406] Não é verdade, contudo, considerar – de um modo generalizador – que os cidadãos perdem em poder político com a atribuição ao tribunal de algumas decisões políticas. Talvez seja plausível afirmar que alguns cidadãos (em especial, os integrantes de categorias politicamente organizadas e influentes, como as organizações profissionais, ou os detentores do poder econômico) perdem poder político, e que outros cidadãos (membros de minorias, etc.) ganham mais do que perdem; mas isso não é mais do que uma decorrência de uma concepção de Estado de Direito centrada nos direitos, e que, assim, reconhece aos indivíduos um direito a um julgamento específico sobre seus direitos.[407] Não esqueçamos que a Democracia não se resume ao império da soberania popular, dependendo também da asseguração dos direitos fundamentais e, dentre eles, os das minorias sem maior influência política. Nesse fio, o ideal democrático da igualdade do poder político pode muito bem ser promovido (ao revés de retardado) com a transferência das decisões sobre direitos das legislaturas para os tribunais.[408] Entenda-se: não se trata de submeter a legislação ao crivo dos "especialistas" para que a melhorem ou a tornem mais "justa"; realmente, aí sim haveria uma perda de autogoverno. Mas, pontua Dworkin, "a situação é completamente diferente quando existem motivos plausíveis para se querer saber se uma determinada lei, regulamento ou programa de governo enfraquece o caráter democrático da comunidade", e é exatamente *esse* tipo de questão que a Constituição remeterá ao tribunal.[409]

Dito com outras palavras, não há contraste entre Democracia e Estado de Direito: pelo contrário. Cuida-se, ambos, de valores políticos enraizados num ideal mais fundamental, o de que qualquer governo aceitável deve tratar as pessoas como iguais; e um Estado assim constituído enco-

---

[406] DWORKIN, Ronald. *Uma Questão de Princípio*, op. cit., p. 30.

[407] Ibidem, p. 30-1.

[408] Ibidem, p. 32.

[409] DWORKIN, Ronald. *O Direito da Liberdade*: A Leitura Moral da Constituição Norte-Americana, op. cit., p. 49.

raja cada indivíduo a supor que suas relações com outros cidadãos e com o próprio governo são questões de justiça (lembremos da comunidade de princípios); é para isso que se aposta num fórum independente, um *fórum do princípio* (até mesmo porque a justiça, no fim, é uma questão de direito individual, não, isoladamente, uma questão de bem público).[410]

Tenhamos presente, pois – e aí a razão segue com Dworkin –, que a Democracia "de fato fica prejudicada quando um tribunal dotado de autoridade toma a decisão errada a respeito das exigências das condições democráticas"; entretanto, e nisso é que reside a *clareira* que pretendemos abrir, "não fica mais prejudicada do que uma legislatura majoritária toma uma decisão constitucional errada que continua de pé".[411]

O que queremos dizer é que a existência do tal "fórum do princípio" oferece, portanto, a promessa de que os conflitos mais profundos, mais fundamentais entre os indivíduos e a sociedade irão, algum dia, em algum lugar, tornar-se finalmente *questões de justiça*; e essa característica é agudamente penetrante, na medida em que obriga o próprio debate político a incluir o argumento acerca do princípio, não apenas quando o caso vai ao tribunal, mas muito antes e muito depois.[412]

Claro: é fato que a política comum geralmente tem por objetivo uma solução de "meio-termo", conciliatória, que dê a todos os grupos poderosos uma certa medida daquilo que eles querem para que não se sintam insatisfeitos (nas quais, por óbvio, raramente vem à tona argumentos de princípio); contudo, quando a questão ameaça tomar o caminho do tribunal (e no Brasil, por exemplo, isso acontece todo o tempo), mesmo estes legisladores sentem-se constrangidos a provar não só a popularidade, mas também a *constitucionalidade* das medidas que apoiam.[413] E, para tanto, precisam entender-se com argumentos de princípio para justificar suas decisões, o que faz com que a comunidade tome conhecimento deles e a respeito deles seja instada a refletir e a posicionar-se. Temos que isso nos deixa (enquanto "povo") muito mais próximos da qualidade de "agentes morais", e não de simples números numa contagem política.[414]

O dado a ser considerado em Dworkin, portanto, é o de que o Direito é algo mais do que, simplesmente, o exercício do poder discricionário (no sentido "forte" da expressão) de autoridades públicas; trata-se, antes, de

---

[410] DWORKIN, Ronald. *Uma Questão de Princípio*, op. cit., p. 38-9.

[411] DWORKIN, Ronald. *O Direito da Liberdade*: A Leitura Moral da Constituição Norte-Americana, op. cit., p. 50.

[412] DWORKIN, Ronald. *Uma Questão de Princípio*, op. cit., p. 102-3.

[413] DWORKIN, Ronald. *O Direito da Liberdade*: A Leitura Moral da Constituição Norte-Americana, op. cit., p. 550.

[414] Ibidem, p. 553.

uma "questão de direitos e deveres",[415] e como tal deve ser compreendido e trabalhado. Recordemos que a afirmação de que uma "decisão judicial é uma decisão política" deve ser compreendida no contexto que remete à (já referida) "doutrina da responsabilidade política", ou seja: o fato de a decisão judicial ter natureza "política" não justifica que venha fundamentada em "argumentos de política". Aliás, seguindo a mesma "doutrina da responsabilidade", os argumentos de princípio somente justificarão uma decisão "quando for possível mostrar que o princípio citado é compatível com decisões anteriores que não foram refeitas, e com decisões que a instituição está preparada para tomar em circunstâncias hipotéticas".[416] Evidente: seguimos comprometidos com o ideal da integridade (de princípios)!

Sendo assim, um juiz que siga a concepção do Estado de Direito centrada nos direitos tentará, num caso controverso (antes: em *qualquer* caso), estruturar algum princípio que, para ele, capta, no nível adequado de abstração, os direitos morais das partes que são pertinentes às questões levantadas pelo caso (e, claro: não pode "aplicar" tal princípio a menos que este, como princípio, seja compatível com os demais princípios – decorrentes do sistema normativo constitucional, no nosso caso – que existencializam a regra em questão).[417]

Nesse sentido, se apenas um conjunto de princípios é compatível com uma lei, então um juiz que siga a concepção centrada nos direitos deve aplicar esses princípios; se mais de um é compatível, a questão exigirá uma "escolha" (bem ao gosto do professor Ovídio, aliás) entre maneiras de caracterizar a lei que – quer queira, quer não – refletirá, em alguma medida, a própria moralidade política do juiz.[418] Mas atenção: para Dworkin, o Direito insiste em que a força não deve ser usada ou refreada, não importa quão útil seria isso para os fins em vista, quaisquer que sejam as vantagens ou a nobreza de tais fins, a menos que permitida ou exigida pelos direitos e responsabilidades individuais que decorrem de decisões políticas anteriores, relativas aos momentos em que se justifica o uso da força pública.[419]

Nesta altura, é importante dar contornos mais nítidos ao juiz projetado por Dworkin (e que, neste sentido, não se distancia muito do "juiz responsável" de Ovídio Baptista): ele próprio reconhece que um juiz pode ter poder discricionário em quaisquer dos sentidos *fracos* antes definidos

---

[415] DWORKIN, Ronald. *Levando os Direitos a Sério*, op. cit., p. 76.
[416] Ibidem, p. 138.
[417] DWORKIN, Ronald. *Uma Questão de Princípio*, op. cit., p. 15.
[418] Ibidem, p. 25.
[419] DWORKIN, Ronald. *O Império do Direito*, op. cit., p. 116.

(a lembrar: (1) quando o dever de decidir for definido por padrões que "pessoas razoáveis" possam interpretar de forma diferente; e (2) quando a decisão a ser tomada for "definitiva") e que, não obstante isso, deva considerar, com razão, "que sua decisão coloca a questão de qual é o seu dever enquanto juiz, questão que ele deve decidir refletindo sobre o que dele exigem as diferentes considerações que ele acredita serem pertinentes a essa matéria".[420]

Dito de outra forma, também o próprio Dworkin reconhece a inexorabilidade da discricionariedade na atividade judicial, mas apenas nos sentidos "fracos" que atribuiu ao conceito. E isso é o que acontece quando há uma divergência acerca dos padrões que os juízes estão proibidos ou obrigados a levar em conta, ou acerca do peso relativo que estão obrigados a lhe atribuir.[421] Aliás, *só* isso.[422] Afinal, não esqueçamos que os juízes, para Dworkin, desenvolvem uma filosofia jurídica que conterá não apenas características estruturais que elaborem a exigência geral de que uma interpretação se ajuste à história doutrinal, mas também afirmações substantivas sobre os objetivos sociais e os princípios de justiça; nesta conjuntura, "a opinião de um juiz sobre a melhor interpretação será, portanto, a consequência de convicções que outros juízes não precisam compartilhar".[423]

Enfim. Convém que não nos distanciemos mais do nosso assunto. Dissemos de início que a nossa proposta era de aproximação entre o dever de fundamentação das decisões judiciais, trabalhado pelo professor Ovídio, e a argumentação de princípios. Vamos a ela.

Calha relembrar que, para Ovídio, as soluções do Direito, não são "certas" ou "erradas", e isso porque a história também não pode ser compreendida como "certa" ou "errada": elas serão apenas "razoáveis"; contudo, deverão ser "suficientemente razoáveis", ou seja, alicerçadas em "fundamentos válidos", onde não estejam ocultas as "verdadeiras razões

---

[420] DWORKIN, Ronald. *Levando os Direitos a Sério*, op. cit., p. 109.

[421] Ibidem, p. 113.

[422] Talvez não seja demasiado "arriscado" afirmar que a interpretação jurídica de Ovídio não está, assim, tão distante da "interpretação construtiva" de Dworkin, que, com Gadamer, reconhece que a "atualização" de sentido é, sempre, produtiva. A tarefa do jurista é, com a fusão de horizontes, diferente da função do historiador, por exemplo. Essa nossa constatação está ilustrada em trecho conclusivo de um texto do professor Ovídio: "Não basta, portanto, revelar uma pretensa interpretação 'verdadeira', porque o preceito – pertencendo ao sistema que o produziu – longe de encerrar-se em sua primitiva formulação, deve inserir-se no ambiente social em que vive o intérprete, de modo que a simples revelação do sentido originário da norma – embora seja caminho a ser seguido pelo intérprete – não esgota a sua missão. Depois dessa tarefa preliminar, ele terá de harmonizar seu sentido primitivo com as circunstâncias da sua atualidade, infundindo-lhe nova vida. A mera revelação do que seria o sentido originário deve ser tarefa do historiador do Direito, não do intérprete que a deve aplicar". BAPTISTA DA SILVA, Ovídio. *Processo e Ideologia*: O Paradigma Racionalista, op. cit., p. 280.

[423] DWORKIN, Ronald. *Uma Questão de Princípio*, op. cit., p. 242.

de decidir".[424] Desta sorte, partindo-se do princípio de que o texto legal deve ser hermeneuticamente compreendido (é o que Ovídio chama de comportar "duas ou mais compreensões"), não esgotará o juiz a sua atividade com a indicação de que tal ou qual norma legal incidiu sobre o julgado; ele não poderá escolher "livremente" o sentido que lhe pareceu adequado: consequência da *transformação paradigmática* proposta pelo processualista tematizado, é que o juiz, apoiado nas "circunstâncias do caso" (e, aqui, há uma referência constante à norma do artigo 131 do Código de Processo Civil), indique as razões pelas quais optou por um (e não por outro) dos sentidos possíveis da norma.[425] Vale dizer, a exigência é a de que a motivação do ato jurisdicional seja "completa", abrangendo tanto a versão aceita pelo julgador quanto as razões pelas quais ele recusara a versão oposta, e isso porque o "convencimento judicial" deve alcançar "o nível de racionalidade exigido pela lei"; a sentença deve conter, pois, argumentos convincentes sobre a "impropriedade ou a insuficiência das razões ou fundamentos de fato e de direito usados pelo sucumbente", de modo que a fundamentação deve ser "ampla", compreensiva de "todos os aspectos relevantes do conflito", em especial, a "análise crítica dos fatos".[426]

Noutras palavras – *nossas* palavras, na verdade –, esta argumentação "convincente" será, para nós, por tudo o que já dissemos, uma argumentação de princípio.[427]

Sugerimos, para subsidiar esta compreensão, que se leia a doutrina de Ovídio sobre a discricionariedade como se lê a "tese das boas respostas", ou seja, como uma doutrina sobre a *responsabilidade dos juízes*, antes do que sobre a sua (pretensa) "liberdade decisória". Não concebemos, como já falamos, que Ovídio aposte suas fichas num juiz "solitário", "eremítico", que centralize a dinâmica do processo em torno da sua capacidade de "decidir". Do contrário. Quando se exige que o juiz "fundamente" suas decisões, está-se exigindo (muito) mais do que uma *explicação* dos motivos que o convenceram; está-se cobrando dele, na verdade, que explicite seu convencimento, através da análise crítica da prova, e que jus-

---

[424] BAPTISTA DA SILVA, Ovídio. *Jurisdição, Direito Material e Processo*, op. cit., p. 140-1.

[425] Ibidem, p. 148-9.

[426] Ibidem, p. 150.

[427] Não nos parece – como esperamos venha ficando claro ao longo do nosso trabalho – seja de algum modo "arbitrária" a aproximação das posturas de Ovídio e Dworkin. Trata-se, tão só, de uma compreensão hermenêutica da obra de ambos. Aliás, percebemos que o próprio Ovídio, ao tematizar questão análoga – a importância dos precedentes na prática judiciária –, já destacou o acerto de Dworkin, quando este nos dá a noção, agora já transmitida, de que a força de um precedente é definida pelos argumentos de princípio que lhe subsidiam, e não "como proposição abstrata que o julgador deva aplicar, sem vinculá-las às razões que a tenham justificado, ao ser construído o precedente". BAPTISTA DA SILVA, Ovídio. *Processo e Ideologia*: O Paradigma Racionalista, op. cit., p. 259.

tifique a interpretação do direito que entendeu aplicável.[428] É dizer: que argumente – compartilhadamente, diga-se – em favor de princípios! Essa decisão não será de nenhuma forma um "solilóquio", um "monólogo", já que a natureza dialógica do processo determina que:

> O julgador assegure o contraditório efetivo a ambas as partes, compreendido nesse princípio o direito, reconhecido a ambos os litigantes, não apenas de alegar e provar suas alegações, mas, fundamentalmente, o direito, reconhecido tanto ao vencedor quanto ao vencido, de obter "respostas" para suas alegações e provas.[429]

Perfeito: de nada valeria a Constituição assegurar o contraditório se ao julgador fosse possível limitar-se a dizer que o sucumbente participou do processo, fez alegações e produziu provas sobre cujo mérito (demérito), nada se pronuncia.[430]

Visto isso, não nos parece que sobre, desse entremeio de responsabilidades (constitucionais, frise-se) endereçadas à jurisdição, nada parecido com o "poder discricionário forte" que nos anunciou, antes, Dworkin.

Duas palavras mais.

Primeiro, ainda sobre a questão das "múltiplas respostas possíveis em Direito", é importante observar que, como é óbvio, haverá uma infinidade de casos em que simplesmente haverá "dúvida" sobre qual decisão é a mais adequada, de modo que o juiz, optando por qualquer delas, acreditará ter cumprido com o seu dever. Mas não há qualquer razão para afirmar que, nessa hipótese, agiu com "poder discricionário" no sentido "forte", já que esteve sempre constrangido a procurar, no emaranhado de princípios contemplados na "sua" teoria, aquela resposta que melhor se harmonizasse (de maneira coerente e consistente) com a unidade do Direito.[431] Temos de ter cuidado, portanto, com a chamada "justiça do caso concreto" (*sic*). Uma teoria coerente do Direito deve condenar "a prática de tomar decisões que parecem certas isoladamente, mas que não podem fazer parte de uma teoria abrangente dos princípios e das políticas gerais que seja compatível com outras decisões igualmente consideradas certas"; afinal de contas, a doutrina requer, como diz Dworkin, uma "consistência articulada".[432]

Em segundo lugar, insistimos que não há *nenhuma* razão para deixar de cobrar fundamentação (sincera, exaustiva) das decisões judiciais, de modo a que os juízes deixem à mostra a "estrutura oculta de suas sen-

---

[428] BAPTISTA DA SILVA, Ovídio. *Jurisdição, Direito Material e Processo*, op. cit., p. 151-2.

[429] Ibidem, p. 152.

[430] Ibidem, p. 154.

[431] Dworkin, respondendo a uma crítica de Raz, argumenta nesse mesmo sentido. DWORKIN, Ronald. *Levando os Direitos a Sério*, op. cit., p. 111.

[432] Ibidem, p. 137.

tenças, deixando-as assim abertas ao estudo e à crítica".[433] E o que se vê, se estivemos (minimamente) corretos, é que Ovídio não exige menos dos juízes. Ora, desde o momento em que a submissão formal do intérprete ao texto (impossível, porém pressuposta pelo sistema) é deixada para trás, podemos (e devemos!) exigir do magistrado que deixe a hipocrisia de lado e assuma a responsabilidade de confessar as verdadeiras razões e fundamentos de suas decisões.[434] Mesmo porque não há nenhuma possibilidade – e tanto Dworkin como Ovídio sabem bem disso – de protagonizar uma "interpretação neutra" da Constituição ou da legislação que lhe deve obediência. Demandemos dos juízes que se assumam, pois, como intérpretes e agentes políticos. Afinal, "valer-se de uma teoria política não é uma corrupção da interpretação, mas parte do que significa interpretação".[435] Claro: Lenio tem toda a razão quando nos adverte a assim denominada "fundamentação" não é mais do que o produto do modo-de-ser-no-mundo do intérprete que o levou a compreender (portanto, no caso do juiz, a decidir) daquele modo; e isso quer dizer que, no caso da decisão judicial, "fundamento" é condição de possibilidade da decisão tomada (isto é, o juiz *só* decide porque *já encontrou* o fundamento) – o que, evidentemente, não o desonerará de buscar explicitar esse já-compreendido, mediante o aprimoramento do sentido que lhe foi antecipado.[436]

Permitam-me uma reflexão conclusiva: há uma unidade de desígnios entre o que nós (juntamente com Lenio Streck) defendemos como sendo uma "boa resposta" (hermeneuticamente/constitucionalmente adequada) do Direito, e aquilo que o Professor Ovídio reclama dos juízes a partir do dever de fundamentar suas decisões: todos queremos combater e evitar a arbitrariedade judicial, a "livre" escolha de uma interpretação sobre o Direito que ex-surge em determinada (e irrepetível) situação de aplicação. E o controle dessa produção se dá através da exigência de fundamentação constitucionalmente adequada, principiologicamente justificada. Lembremos que, mais do que o art. 131 do Código de Processo Civil (sempre lembrado pelo Professor Ovídio), são antes os princípios que vêm ao Direito justamente para trazer de volta o mundo prático (*i.e.*, as tão faladas "circunstâncias do caso"). É dessa compreensão que somos caudatários, e é a partir dela que enxergamos a virtuosidade hermenêutica da produção científica do Professor Ovídio. Mais: não há verdadeiro Direito sem compromisso com padrões como a equidade e a justiça. Dworkin, Ovídio e Lenio falam, aqui, a mesma língua. Por isso é

---

[433] DWORKIN, Ronald. *O Império do Direito*, op. cit., p. 316.
[434] BAPTISTA DA SILVA, Ovídio. *Processo e Ideologia*: O Paradigma Racionalista, op. cit., p. 292.
[435] DWORKIN, Ronald. *Uma Questão de Princípio*, op. cit., p. 247.
[436] STRECK, Lenio Luiz. Hermenêutica (Jurídica): Compreendemos Porque Interpretamos ou Interpretamos Porque Compreendemos? Uma Resposta a Partir do *Ontological Turn*, op. cit., p. 228.

que os princípios, enquanto padrões de "moralidade institucionalizada", normativamente compreendidos, assumem o papel de "fechar" a interpretação, de conduzi-la rumo à "correção" que sustentamos seja possível (e necessário) atingir.

Resumindo tudo, e pedindo licença para ser otimista: o diálogo entre Lenio Streck e Ovídio Baptista soa como um *réquiem* para o "protagonismo judicial".

## 4. O protagonismo judicial e a ponderação de princípios constitucionais: o exemplo privilegiado do Formalismo-valorativo e a última pergunta pelas "boas respostas" do Direito

No presente estágio da nossa pesquisa, grande parte do nosso projeto foi concretizado. Fomos apresentados aos supostos da *Crítica Hermenêutica do Direito,* de Lenio Streck (*neoconstitucionalismo* e Filosofia *no* Direito), à qual nos consideramos filiados; tivemos contato com as principais categorias da Filosofia Hermenêutica de Heidegger (fenomenologia, *Dasein*, diferença ontológica, círculo hermenêutico, etc.) e da Hermenêutica Filosófica de Gadamer (*applicatio*, fusão de horizontes, autoridade da tradição, etc.); traçamos as linhas de uma apropriação (hermenêutica), para o nosso modelo de Direito, de grande parte das teses de Ronald Dworkin (a tese dos direitos, a "única resposta correta", o Direito como integridade, o fórum do princípio) e, ainda, exploramos, no âmbito do processo jurisdicional, tanto os principais passos que nos conduziram ao convívio com o *protagonismo judicial* (sob enfoques distintos, tanto o *paradigma racionalista* como o socialismo processual), como aqueles que, segundo a nossa compreensão, podem dele nos liberar (o *acontecer* do Estado Democrático de Direito *no* processo, a tese das *boas respostas* em Direito, que com ele é compatível).

Nosso trabalho não estará, contudo, completo, se não pudermos confrontar as vantagens que as posturas que defendemos levam em relação àquelas que as interpelam. Dito com outras palavras, se o nosso propósito é o de contribuir para a comunidade jurídica com uma proposição que nos leve à concretização de direitos e à interdição dos relativismos interpretativos (estamos de acordo com Lenio Streck: esta postura *deve* ser assumida pela Academia), não nos devemos furtar ao confronto com teorias que, imbuídas de objetivos semelhantes, adotaram caminhos distintos.

E não há, na nossa visão, teoria mais sofisticada, e de "popularização" tão crescente, como a que preconiza, para a solução jurisdicional de *casos difíceis*, a aplicação de princípios constitucionais através do mecanismo da *ponderação*, nos moldes estabelecidos por Robert Alexy.

Caberá a nós, portanto, neste capítulo final, primeiro examinar os principais alicerces desta interessante teoria para, depois, contrastá-los com as noções que vimos desenvolvendo e sustentando ao longo do nosso estudo (ou seja, Alexy *versus* Dworkin e Lenio). Em seguida, investigaremos as consequências da assunção das propostas de Alexy (e daqueles que o sucederam, como, entre nós, Humberto Ávila), especificamente, na prática do Direito Processual Civil. Nesse intuito, nos ocuparemos de analisar o exemplo privilegiado da escola denominada de *Formalismo-Valorativo*, inaugurada por Carlos Alberto Alvaro de Oliveira, a qual – sustentaremos –, para que nos seja de algum proveito, deve ser submetida a uma radical *filtragem hermenêutica*. No final, apenas dedicaremos algumas linhas mais à defesa da plausibilidade prática da noção, por nós insistentemente defendida (ocupando, como é nítido, a *clareira* aberta por Lenio Streck), de que é possível e necessário obter, *através de um processo democrático e democratizante* (e, aí, os *procedimentalistas* têm coisas importantes a nos ensinar), *boas respostas* em Direito.

Sem mais, lancemo-nos à nossa última tarefa.

### 4.1. Noções sobre a *ponderação* de princípios constitucionais (ou: reflexões hermenêuticas sobre o protagonismo do juiz ponderador)

Uma vez introduzidos os *princípios* no núcleo das discussões sobre os rumos do Direito (vide o debate Dworkin *versus* Hart, antes trabalhado), foram desenvolvidas diversas teorias no intuito não só de dar-lhes contornos conceituais mais precisos (responder *o quê*, afinal, seriam os princípios) mas, sobretudo, para sistematizar (*racionalmente*) a sua aplicação.

Trata-se, é bom que se diga, de uma preocupação que é (além de *legítima*) naturalmente pós-positivista,[437] na medida em que reconhece a frequência com que os chamados *hard cases* atravessam o dia a dia do Direito, e em que se detém no modo de construção da solução destes casos. A rigor, se o Direito não é mais concebido como um *sistema* (somente) de

---

[437] Observa-se que Robert Alexy, autor cuja obra será agora tematizada, julga haver desenvolvido um "conceito de direito não positivista", já que acrescenta a uma "dimensão real ou fática" a "dimensão ideal ou discursiva da correção". In: ALEXY, Robert. *Constitucionalismo Discursivo*. Porto Alegre: Livraria do Advogado, 2007, p. 9.

*regras*, mas de regras *e princípios*, interessa (a todos os pós-positivistas) saber o que fazer diante dos casos (antes tidos como) *não contemplados pelas regras*. Sendo assim, pode-se (e deve-se) compreender estas investigações como uma tentativa de restrição da discricionariedade judicial (no sentido "forte" aqui adotado), uma vez que se trata de tematizar a operatividade de um padrão de julgamento que é "invocado" justamente para agregar argumentos que restrinjam a tal "margem de liberdade" (*zona de penumbra*, ou o que seja) do tomador da decisão.

Com isso em mente, vamos a Robert Alexy, cujo nome é sempre lembrado tanto pelo aprofundamento da distinção entre *regras* e *princípios* (antecipada por Dworkin), como, principalmente, pelo desenvolvimento de alguns "critérios interpretativos" para a solução de casos complexos.

Antecipamos que não se trata de um autor perfilhado ao paradigma hermenêutico. Alexy é filiado à matriz teórica do *racionalismo discursivo*, e desenvolveu a maioria das reflexões que serão aqui examinadas com base numa (sofisticada, diga-se) *teoria da argumentação*. Mas, para que seja possível explicitar as nossas divergências (e, até, para que nos possamos "apropriar" hermeneuticamente, se quando possível, de alguns de seus contributos), é necessário "começar do começo", ou seja, estabelecer as bases desta discussão.

Vamos a elas.

A conhecida distinção *estrutural*[438] entre *regras* e *princípios* aparece, em primeiro lugar, na sua *Teoria dos Direitos Fundamentais*, obra destinada à construção de uma *teoria jurídica* (e não filosófica ou histórica, por exemplo) *dos direitos fundamentais da Lei Fundamental* alemã (definidos, através de um *critério formal*, como aqueles dispostos nos enunciados nos artigos 1 a 19 da Lei Fundamental – integrantes do capítulo intitulado *Direitos Fundamentais* –, além dos contidos nos enunciados dos artigos 20, parágrafo 4°, 33, 38, 101, 103 e 104 da Lei Fundamental – disposições estas que admitem o *recurso de inconstitucionalidade*).[439] Assim, é determinante ter bem presente que a principal preocupação de Alexy, neste texto, é a de fornecer respostas *racionalmente fundamentadas* às questões vinculadas aos direitos fundamentais, que corresponderiam a uma *abertura do sistema jurídico ao sistema da moral*, abertura esta *razoável* e que, portanto, deveria ser levada a cabo com *meios racionais*.[440] Mais especificamente, o desiderato assumido é o de edificar uma *dogmática dos direitos fundamentais*, median-

---

[438] Lembremos que a tal distinção, para Dwokin, era de natureza *lógica* (e que foi, na sequência de sua produção científica, praticamente abandonada, como vimos nos capítulos 2 e 3).

[439] ALEXY, Robert. *Teoria de los Derechos Fundamentales*. Madrid: Centro de Estudios Constitucionales, 1997, p. 21-65.

[440] Ibidem, p. 25.

te uma fundamentação racional dos juízos concretos de dever-ser sobre estes direitos.[441]

Percebam-se, pois, os pontos de contato que há, de início, com a teoria do Direito de Dworkin: abertura do Direito à Moral, através da institucionalização de direitos fundamentais (*preferenciais*, para Dworkin); e a preocupação de descobrir (justamente para não sonegar) os direitos que as pessoas efetivamente têm (os tais "juízos concretos de dever-ser"). Mas, avancemos.

Com esses pressupostos, Alexy chega a um conceito de *norma* (*de direito fundamental*) como *significado de um enunciado normativo*, passível de ser expresso em modalidades deônticas básicas (ordem, proibição e permissão); a justificativa para o emprego de um *conceito semântico* como o adotado é o propósito de problematizar as normas no âmbito da sua *validade*, ou seja, de reunir critérios para saber se uma norma é, ou não, *válida* (o que, nos lindes de uma *teoria jurídica* como a projetada, seria obtido através da remessa de uma norma a outra de hierarquia superior).[442]

Nessa ordem de ideias, as *normas de direito fundamental* foram divididas em dois grupos: as diretamente estatuídas pela Constituição e as a elas *adscritas*, sendo que as tais *adscrições* haveriam de ser feitas *conforme o direito* (seja pela mera referência à sua positivação, no primeiro caso, seja pela possibilidade de desenvolver uma *argumentação jusfundamental correta*, no segundo caso).[443] Há, pois, uma vinculação entre *norma* e *argumentação*, apesar de serem distintas a *norma como objeto semântico* das razões que a apoiam; assim – e isso é fundamental para a operacionalidade de sua teoria –, Alexy desloca os dados da realidade social do *âmbito normativo* para o da *argumentação*, afirmando ser mais útil, para o ideal de um Estado de Direito, que se separe aquilo que o legislador impôs como *norma* das razões empregadas pelo intérprete em uma determinada aplicação.[444]

---

[441] ALEXY, Robert. *Teoria de los Derechos Fundamentales*. Madrid: Centro de Estudios Constitucionales, 1997, p. 38.

[442] São enumeradas, ainda, quatro vantagens do conceito adotado: "(1) Se mantienen lo más cerca posible de la Ley Fundamental y, por cierto, (2) sin que a través de ellas se impidan consideraciones de tipo general, (3) a través de ellas no se prejuzga acerca de ninguna tesis material y estructural y (4) abarcan, en lo esencial, las disposiciones a las cuales en la discusión sobre derechos fundamentales se les atribuye el carácter de derecho fundamental". In: ALEXY, Robert. *Teoria de los Derechos Fundamentales*, op. cit., p. 50-66.

[443] Alexy adverte que a referência à positivação de uma norma *também corresponde a uma argumentação jusfundamental correta*, apenas que desenvolvida com outro critério. In: ALEXY, Robert. *Teoria de los Derechos Fundamentales*, op. cit., p. 70-2.

[444] Ibidem, p. 79-80. Importante observar que essa distinção entre *norma* como *objeto semântico* e os *dados da realidade social* (que forneceriam argumentos para sustentá-la) é algo que não encontramos em Dworkin. Não há uma tal cisão (que, no limite, é entre fato e Direito) no paradigma hermenêutico.

É com *essas* premissas que, finalmente, Alexy vai chegar à distinção *estrutural das normas de direito fundamental*, agora bipartidas em *regras e princípios* (de plano: *regras e princípios* são *normas* porque ambas dizem aquilo que *deve ser*). Tenhamos presente, sempre, que a ideia do autor é constituir a base da *fundamentação jusfundamental* e, com isso, *solucionar os problemas centrais da dogmática dos direitos fundamentais*, como eixo para responder à pergunta pelos *limites da racionalidade no âmbito dos direitos fundamentais*.[445]

Daí que *princípios* seriam normas que ordenam que algo seja realizado na maior medida possível, dentro das possibilidades *fáticas* e *jurídicas*, encerrando, portanto, *mandamentos de otimização*, o que permite sejam eles cumpridos em diferentes *graus* (dependendo das possibilidades *reais* e *jurídicas*, estas últimas determinadas pelos *princípios* e *regras* em sentido oposto). Ao revés, *regras* seriam normas que somente admitem *cumprimento* ou *descumprimento*, ou seja: se a regra é *válida*, há de se atender exatamente o que ela exige, nem mais, nem menos.[446]

Essa exposição inicial foi necessária para chegarmos ao ponto que nos interessa mais de perto, referente à efetiva "aplicação" (prática, portanto) desta distinção. Alexy explica que é comum às regras e aos princípios o fato de – enquanto normas que são –, se aplicados *independentemente um do outro*, conduzirem a resultados incompatíveis, ou seja, a dois juízos de dever ser contraditórios;[447] assim, é na resolução dos denominados *conflitos entre regras* e *colisões entre princípios* que entraria em cena (e nela se justificaria) a diferenciação estrutural construída.

Para o autor, o conflito entre regras somente pode ser solucionado mediante a introdução em uma delas de uma *cláusula de exceção* à sua aplicação, que excepcionaria a sua incidência no caso específico (o exemplo é o da regra que determina permaneçam as pessoas na sala até que soe o toque de saída, com aplicação excepcionada por uma outra regra, que determina o abandono da sala, antes deste toque, na hipótese de disparar o alarme de incêndio); se isso não acontecer, uma das normas contrastantes há de ser declarada *inválida* (aí entrariam, por exemplo, os brocardos *lex posteriori derrogat legi priori*, *lex specialis derrogat legi generali*, etc.), o que implicará exclusão do ordenamento jurídico.[448] Nada muito

---

[445] ALEXY, Robert. *Teoria de los Derechos Fundamentales*, op. cit., p. 80-1.

[446] Enquanto o conceito de *regras* apresentado por Alexy assemelha-se ao de Dworkin (aplicação à moda do *tudo ou nada*, como vimos no *Levando os Direitos a Sério*), o conceito de *princípios* de ambos os autores é absolutamente distinto (apesar de o "primeiro" Dworkin também ter falado na dimensão do "peso"), circunstância que é apontada pelo próprio Alexy, na nota 27 ao terceiro capítulo da obra por nós consultada. ALEXY, Robert. *Teoria de los Derechos Fundamentales*, op. cit., p. 86-7.

[447] Ibidem, p. 87.

[448] Ibidem, p. 88.

diferente do *all or nothing fashion* do Dworkin de *Levando os Direitos a Sério*, como se vê.

Já as *colisões de princípios* não se dariam no âmbito da *validade*, mas do *peso*. Explicando melhor, Alexy sustenta que, quando algo é permitido por um princípio e proibido por outro, uma das normas há de ceder em face da outra, devendo o choque ser resolvido mediante *ponderação da dimensão do peso dos princípios* sob as circunstâncias do caso; nesse sentido, como somente conflitariam princípios *válidos*, a dimensão do peso ficaria situada *além da validade*, proporcionando que ambos os princípios (mesmo o de *menor peso*, bem entendido) sigam integrados ao ordenamento jurídico.[449]

Em artigo mais recente,[450] o autor alemão, dando continuidade às lições introduzidas na sua *Teoria*, delineou contornos ainda mais precisos dessa problemática, tendo demonstrado que (ao contrário de Dworkin) segue firme a sua crença na esquematizada *distinção estrutural*. No referido texto, está posta a explicação de que as regras são "normas que ordenam algo definitivamente"; portanto, "quando vale e é aplicável, é ordenado definitivamente fazer rigorosamente aquilo que ela pede", sendo que a sua aplicação ocorre mediante "subsunção", modalidade (aplicativa) que "já está relativamente bem investigada". De outro lado, os princípios "são caracterizados pelo fato de eles poderem ser cumpridos em graus diferentes e de a medida ordenada de seu cumprimento depender não só das possibilidades fáticas, mas também das jurídicas"; assim, sua aplicação se dá mediante "ponderação", cuja legitimidade dependerá da sua racionalidade.[451]

Agora, chegamos ao ponto: fixemo-nos, de ora em diante, nos *princípios* e na sua *ponderação*.

Neste campo, Alexy trabalha com o desdobramento do (que considera seja o) "princípio constitucional mais importante", qual seja, o "princípio da proporcionalidade", em três "princípios parciais da idoneidade, da necessidade e da proporcionalidade em sentido restrito"; assim, enquanto os "princípios parciais da idoneidade e da necessidade expressam o mandamento da otimização relativamente às possibilidades fáticas", no "princípio da proporcionalidade em sentido restrito [...] trata-se, pelo contrário, da otimização relativamente às possibilidades jurídicas", sendo *este* "o campo da ponderação".[452]

---

[449] ALEXY, Robert. *Teoria de los Derechos Fundamentales*, op. cit., p. 88-9.

[450] *A Fórmula Peso*, Publicado na Alemanha em 2003 e recentemente traduzido para o português. In: ALEXY, Robert. *Constitucionalismo Discursivo*, op. cit., p. 131-53.

[451] ALEXY, Robert. A Fórmula Peso. In: *Constitucionalismo Discursivo*, op. cit., p. 131-2.

[452] Ibidem, p. 132.

Posto em outros termos, saber se a medida concreta pensada para o caso realmente atenderá ao *fim* a que se destina, bem como saber se há alguma outra solução, *menos gravosa*, que produza um resultado igualmente eficaz, não é pauta para a ponderação, que somente se ocupa do exame das *possibilidades jurídicas* da proposta de interpretação.

Assim que a *lei da ponderação* é a seguinte: "Quanto mais alto é o grau do não cumprimento ou prejuízo de um princípio, tanto maior deve ser a importância do cumprimento do outro", o que deve ser *aferido* em três etapas:

> Em um primeiro passo deve ser comprovado o grau do não-cumprimento ou prejuízo de um princípio. A esse deve, em um segundo passo, seguir a comprovação da importância do cumprimento do princípio em sentido contrário. Em um terceiro passo deve, finalmente, ser comprovado se a importância do cumprimento do princípio em sentido contrário justifica o prejuízo ou não-cumprimento do outro.[453]

A aplicação dessa *lei* (para Alexy, uma *regra* que determina, categoricamente, seja aplicado o princípio *preponderante*) depende de pelo menos dois elementos aptos a criar a chamada *comensurabilidade racional*, consistentes (a) num ponto de vista uniforme sobre a Constituição e (b) na construção de uma *escala* (*leve, médio* e *grave*, por exemplo) para avaliar os graus de *perdas e ganhos jurídico-fundamentais*.[454]

Pois bem.

Depois dessa breve exposição (de um simples recorte, diga-se) da teoria de Alexy, e de ter sido evidenciado que há objetivos comuns entre esta e a *Crítica Hermenêutica do Direito* (ambos estamos preocupados em evitar decisionismos e em proteger direitos fundamentais), cabe-nos agora defender o ponto de que, sem uma *filtragem hermenêutica* dos supostos que estruturam a teoria alexyana, correremos o (sério) risco de voltar para onde estávamos: o sistema positivista.

O dado é que, a pretexto de dar *racionalidade ao discurso* (que, não nos entendam mal, é mesmo algo a ser almejado), Alexy acabou construindo um *instrumento* em favor do operador do Direito que, por mais elaborado que seja, não é mais do que isso: um *instrumento* (um método, se se quiser). E o problema é que, para edificá-lo, o jusfilósofo alemão acabou incorrendo em diversos dos "resvalos" que nos serviram para denunciar, antes, as insuficiências do positivismo jurídico.

Em primeiro lugar, temos de ter presente que qualquer distinção *a priori* que se faça entre regras e princípios (seja ela lógica ou estrutural, não importa) assume o risco de dar mãos com a metafísica. Principal-

---

[453] ALEXY, Robert. A Fórmula Peso. In: *Constitucionalismo Discursivo*, op. cit., p. 133.
[454] Ibidem, p. 142.

mente se esta separação se der (como se dá em Alexy) com o escopo de distinguir a forma de solucionar casos "jurídicos" (estes também divididos em *fáceis* ou *difíceis*). Neste sentido, impressiona a naturalidade com que se afirma que alguns (ou muitos) problemas (do Direito!) podem ser resolvidos mediante "subsunção" da prescrição normativa (naturalmente abstrata) à realidade social. Essa consideração, ao reconhecer um espaço próprio para (meras) inferências lógico-dedutivas na prática do Direito, é visivelmente atrelada ao paradigma representacional (pressupõe uma espécie de *naturalismo*, ou seja, admite a possibilidade de explicações emergentes de raciocínios dedutivos),[455] exatamente aquele que sustentou, filosoficamente, o "sistema de regras".

Encontramos então, nessa proposição, muito mais do positivismo jurídico de Hart do que Alexy julga ter deixado para trás. Principalmente, insistimos, no modo como ambos (tanto Alexy como o jusfilósofo inglês) trabalham com a *subsunção* de regras a *casos fáceis* (modo dedutivo). Na verdade, é possível situar a divergência entre estes autores (apenas) na forma de trabalhar os casos "não contemplados", ou *difíceis* (em que a tal operação "lógico-formal" seria *insuficiente*). Aí sim, enquanto Alexy nos apresenta os princípios como *normas* (na verdade, *comandos otimizáveis*), e visa à estruturação de sua aplicabilidade, Hart aposta suas fichas na *discricionariedade judicial*.

Apesar disso, o fato é que as teorias da argumentação (dentre elas, a desenvolvida por Alexy), enquanto projeto de superação do positivismo jurídico, não têm condições de avançar o suficiente. Há uma *barreira* a impedi-las, não tanto de perfil normativo (ou "jurídico", em sentido estrito), mas, antes, de cariz *filosófico*. Alheios à guinada linguístico-ontológica que conduz o nosso estudo, os argumentativistas seguem reféns, como vimos, do paradigma representacional (significando que não escapam da aposta ora numa espécie de *suficiência ôntica* da regra, receptáculo dos sentidos, ora nas condições subjetivas privilegiadas do sujeito, que então *assujeita* o objeto conforme as possibilidades de sua consciência).

Isso não é assim por acaso. Arthur Kaufmann explica que a teoria da argumentação é assumidamente *anti-hermenêutica*, porque vê esta como uma "metafísica irracional" e, portanto, contrária ao "pensamento problemático", que caberia à argumentação operacionalizar num "discurso racional livre".[456] Ora, essa questão já foi aprofundada antes neste trabalho, mas vale a pena voltarmos a isso: a hermenêutica *é* racional, "ela tão

---

[455] STRECK, Lenio Luiz. *Verdade e Consenso*: Constituição, Hermenêutica e Teorias Discursivas, op. cit., p. 200.

[456] KAUFMANN, Arthur. A Problemática da Filosofia do Direito ao Longo da História. In: KAUFMANN, Arthur; HASSEMER, Winfried (Orgs.). *Introdução à Filosofia do Direito e à Teoria do Direito Contemporâneas*, op. cit., p. 154.

só se ocupa (total ou parcialmente) de processos irracionais, como é o caso da determinação do direito, segundo a divisa: lidar com o irracional do modo mais racional possível".[457] Em todo o caso – fixemos aqui pela repetição –, guardemos que a teoria da argumentação "não acompanha a hermenêutica na abolição do esquema sujeito-objeto, prevalecendo-se antes da *objectividade*; aliás, chega-se mesmo a afirmar a completude dos argumentos e a excluir os acasos".[458]

Antecipamos que, na nossa visão, as teorias da argumentação podem até ser "anti-hermenêuticas", como diz Kaufmann, mas isso não implica que a hermenêutica seja "antiargumentativista". Temos que é possível, *no paradigma hermenêutico*, apropriarmo-nos de alguns dos contributos da teoria da argumentação (até mesmo, daquela desenvolvida pelo próprio Alexy). Mas isso somente será possível se mantivermos a vista atenta às advertências de Lenio Streck e Ernildo Stein: a hermenêutica e as teorias da argumentação operam em níveis de racionalidade distintos. Enquanto a primeira funciona como um "vetor de racionalidade de primeiro nível" (estruturante), como diz Stein, a segunda opera no plano lógico, apofântico, mostrativo. Quer dizer, a teoria da argumentação não tem condições de substituir a hermenêutica de perfil filosófico, exatamente porque não há um modo procedimental de acesso ao conhecimento, como já nos ensinou Streck. Se isso for devidamente assimilado (uma coisa é compreender; a outra é explicitar o compreendido), não veremos maiores *riscos* para a tese das *boas respostas* no recurso a "mecanismos argumentativos" como o da *ponderação*. Retomaremos depois este ponto.

Mas, seja como for, o dado é que essa "escolha filosófica" em prol da(s) postura(s) metafísica(s) não vem sem consequências sérias, todas elas refletidas nas insuficiências (considerados os nobres propósitos de eliminar relativismos de sentido e concretizar direitos) do esquema ponderativo. O dado é que a questão da *pretensão de correção* (das proposições jurídicas) em face da *discricionariedade judicial* (sempre no sentido "forte", lembremos) não é de modo algum resolvida pela *fórmula-peso*.

Acompanhamos Lenio, pois, na afirmação de que o "calcanhar de Aquiles da ponderação [...] reside no deslocamento da hierarquização 'ponderativa' em favor da 'subjetividade' assujeitadora do intérprete, com o que a teoria da argumentação [...] não escapa do paradigma representacional".[459] É isso: não podemos perder de mira que estamos diante

---

[457] KAUFMANN, Arthur. A Problemática da Filosofia do Direito ao Longo da História, op. cit., p. 154.

[458] Ibidem, p. 154.

[459] STRECK, Lenio Luiz. *O Princípio da Proibição de Proteção Deficiente (Untermassverbot) e o Cabimento de Mandado de Segurança em Matéria Criminal*: Superando o Ideário Liberal-Individualista Clássico. Disponível em: <www.leniostreck.com.br>, p. 14.

de um sujeito e de uma fórmula. Acontece que as respostas corretas não estão nem *no sujeito* e nem *na fórmula*. Portanto, não adianta apostar todas as fichas num ou noutro. Não foi (até hoje) possível a "construção de uma racionalidade discursiva que assegurasse condições para uma universalização do processo de atribuição de sentido",[460] exatamente porque *os sentidos não estão nas coisas e nem na consciência: eles dão-se intersubjetivamente*. Sendo assim, estamos "condenados a interpretar" (Streck), não há outro jeito. A saída é permitir que a hermenêutica seja filosofia, e lidar com o "método" a partir desta pré-compreensão.

Observa-se que Alexy elege como meta a "pretensão de correção" no "plano da aplicação do direito" (o que decorreria da união entre direito e moral); sucede que, para tanto, ele recorre a "valorações adicionais que não se deixam desprender somente do material fundado em autoridade dado", isso nas hipóteses em que "lei, precedente e dogmática não determinam resposta a uma questão jurídica".[461] Ora, proposições como essa demonstram que os princípios funcionam, para o jusfilósofo alemão, não tanto como *norma*, mas como uma espécie de "reserva normativa" (ou "hermenêutica"), chamada à ação na insatisfatoriedade das respostas fornecidas por "lei, precedente e dogmática". É como se os princípios somente integrassem o Direito num "segundo nível", num "segundo grau". Somente viessem à tona em *casos difíceis* (antes destes, a "subsunção" do material fornecido pelos tais "lei, precedente e dogmática" bastaria). E, o que é mais interessante: apesar da objetivação consistente na *fórmula-peso*, quem segue *atribuindo peso aos princípios* e, antes, estabelecendo *quais princípios estão efetivamente em conflito*, é o próprio sujeito. Não há como fugir disso. Daí ser possível dizer, novamente com Lenio, que "a escolha do princípio aplicável 'represtina' a antiga 'delegação positivista'".[462]

Nosso argumento central, portanto, a respeito do ponto, apesar dos muitos desdobramentos, resume-se ao que segue: desde o ponto de vista de uma *ontologia fundamental*, é inviável a eleição de um *método* para a solução dos problemas do Direito. É isso. Essa "escolha" não pode valer (e não vale!) como uma elaboração prévia, que propiciaria, *a posteriori*, o acesso à compreensão; do contrário: não esqueçamos que o *Dasein* (ser-aí) *já interpretou sempre*, e que, como tal, não está em causa um método prévio; por isso, a razão segue com Lenio quando acentua que "quando o intérprete do direito diz 'eu interpreto desse modo porque estou baseado

---

[460] STRECK, Lenio Luiz. *Verdade e Consenso*: Constituição, Hermenêutica e Teorias Discursivas, op. cit., p. 197.

[461] ALEXY, Robert. A Institucionalização da Razão. In: *Constitucionalismo Discursivo*, op. cit., p. 39-40.

[462] STRECK, Lenio Luiz. O Princípio da Proibição de Proteção Deficiente (Untermassverbot) e o Cabimento de Mandado de Segurança em Matéria Criminal: Superando o Ideário Liberal-Individualista Clássico, op. cit., p. 14.

no método tal', o *Dasein* se pronuncia (e já se pronunciou desde há muito) como ser-no-mundo".[463] Já aprendemos com Heidegger que primeiro compreendemos para depois interpretar. É a mesma coisa que está agora em pauta.

Nessa ordem de considerações, é possível afirmar que, *se a tal fórmula-peso objetiva uma reorganização estruturalizada de algo que é existencial*, que é a *compreensão*, ela não tem (desde o ponto de vista da *linguistic-ontological turn*) qualquer utilidade; do contrário: apenas forneceria uma nova "capa de sentido" para justificar decisões possivelmente arbitrárias. Ela partiria, como dito, de uma *impossibilidade*. Ora:

> Fosse isso verdadeiro e seria difícil responder à pergunta acerca de como se interpretava antes do surgimento das teorias da argumentação. É como se a elaboração do procedimento apto à universalização dos discursos fundamentadores partisse de um marco zero, ignorando a compreensão antecipadora, isto é, como se um *easy case* fosse um *easy case* em si (como se contivesse uma essência), como se ele mesmo não pudesse ser um *hard case*, como se essa aferição do que seja um *easy case* pudesse ser feita previamente, proceduralmente.[464]

Dito com outras palavras, a hermenêutica (de cariz filosófico) mete-se numa discussão anterior, onde o todo da racionalidade é dado sem a argumentação, ou, como diz Lenio, "onde a argumentação sempre chega tarde"; assim, a questão fundamental no Direito passa a ser conseguir compreender que fundamentar não é um problema de metodologia ou de procedimento argumentativo, mas sim um modo de ser, pela simples razão de que hermenêutica é filosofia e não normatização de "procedimentos metodológicos" que sustentariam o raciocínio dos juristas.[465]

Por razões semelhantes, o paradigma hermenêutico também rejeita a compreensão de *norma* como um "conceito semântico", cindida das razões que a apoiam (dimensão *argumentativa*, nas palavras do jusfilósofo alemão). Lembremos que, para Alexy, o campo da ponderação é o da *proporcionalidade stricto sensu*, ou seja, pondera-se a respeito das *possibilidades jurídicas*, enquanto que o exame dos aspectos práticos (dados da realidade social) fica a cargo dos demais *princípios parciais da proporcionalidade – idoneidade e adequação*. Ainda que isso tenha uma finalidade aparentemente mais "didática" do que "prática" (afinal, é óbvio que Alexy "entrelaça", para a solução do caso concreto, todas as dimensões do tal princípio da proporcionalidade – não só as jurídicas e nem só as fáticas), não deixa de

---

[463] STRECK, Lenio Luiz. *Hermenêutica Jurídica e(m) Crise*: Uma Exploração Hermenêutica da Construção do Direito, op. cit., p. 316-7.

[464] STRECK, Lenio Luiz. *Verdade e Consenso*: Constituição, Hermenêutica e Teorias Discursivas, op. cit., p. 197.

[465] STRECK, Lenio Luiz. Hermenêutica (Jurídica): Compreendemos Porque Interpretamos ou Interpretamos Porque Compreendemos? Uma Resposta a Partir do *Ontological Turn*, op. cit., p. 241-4.

representar uma separação (um dualismo) entre fato e Direito, entre uma proposição *abstrata* e o *caso prático* ao qual aquela será *subsumida* (sim: não esqueçamos que a *ponderação* de princípios *é uma regra*, já que o *resultado* do balanceamento seria *aplicado à moda do tudo ou nada*). Mas, para nós, que vemos impasses filosóficos nessa "adjudicação", melhor é admitir que *norma é produto da interpretação*. E que a interpretação é sempre um ato aplicativo, uma tarefa prática, sempre relacionada a um *caso* (hipotético ou real, não importa, mas sempre uma situação concreta). Quer dizer, a norma não subsiste como um objeto linguístico (ou como *conceito semântico*): ela é o *sentido* do texto jurídico. E esse mesmo texto, igualmente, não subsiste como um 'ente disperso' no mundo. Lembremos que o texto é um *evento*, justamente porque trata de coisas (Streck). E que o *texto só é na sua norma*. Quando olhamos um texto, portanto, "o nosso olhar já atribuirá uma determinada norma a esse texto. É nesse sentido que – e isso pode parecer complexo aos olhos do jurista inserido no sentido comum teórico –, no plano da filosofia hermenêutica [...], *o ser será sempre o ser de um ente*".[466] Então, queiramos ou não, aí está a *diferença ontológica* a pontuar a questão. A partir dela (e da espiral hermenêutica que entremeia fato e Direito), não há *colisão entre normas*, já que o caso é único, irrepetível; o que há, tão só – se bem compreendida –, é *a norma de cada texto*, de cada *caso*.

Dworkin (sempre ele, e sempre filtrado pelos supostos da *Crítica Hermenêutica*) ajuda-nos a explicar melhor o nosso ponto de vista.

Mas, antecipemo-nos à crítica: é fato (como já dissemos aqui) que o jusfilósofo norte-americano chegou a trabalhar com a perspectiva de que princípios "entram em conflito e interagem uns com os outros, de modo que cada princípio relevante para um problema jurídico particular fornece uma razão em favor de determinada solução, mas não a estipula";[467] bem assim, com a noção de que "os direitos individuais reconhecidos por nossa sociedade entram frequentemente em conflito, e, quando isso acontece, compete ao governo distingui-los", concluindo que "se o governo fizer a escolha certa e proteger o mais importante em detrimento do que tem menos importância, o governo não terá enfraquecido ou aviltado a noção de direito".[468] Afirmações como esta poderiam dar a entender que há mais de Alexy em Dworkin do que o paradigma hermenêutico reconhece (afinal, bem ou mal, reconhece-se não só o "conflito" de princípios como a sua resolução pela atribuição de "pesos" aos argumentos).

---

[466] STRECK, Lenio Luiz. *Hermenêutica Jurídica e(m) Crise*: Uma Exploração Hermenêutica da Construção do Direito, op. cit., p. 316.

[467] DWORKIN, Ronald. *Levando os Direitos a Sério*, op. cit., p. 114.

[468] Ibidem, p. 297.

Mais: também sabemos que o próprio Dworkin reconhece que a prática do Direito (enquanto "fenômeno social") tem uma dimensão *argumentativa*, no sentido de que todos os nela envolvidos "compreendem que aquilo que ela permite ou exige depende da verdade de certas proposições que só adquirem sentido através e no âmbito dela mesma", e de que "a prática consiste, em grande parte, em mobilizar e discutir essas proposições".[469] Quer dizer, o jusfilósofo norte-americano admite (ainda que noutro contexto) que a prática do Direito (também) é argumentativa (sendo este o argumento central de Alexy).

Tudo isso é verdade. Contudo, como vimos, a "interpretação construtiva" de Dworkin é tributária da hermenêutica filosófica gadameriana. E isso impede que o jusfilósofo estadunidense privilegie "argumentos racionais" em lugar da compreensão antecipadora. Também, evita que este separe os discursos de fundamentação dos discursos de aplicação, já que interdita a divisão entre o fato (caso prático) e o "Direito". E isso se dá porque o autor norte-americano entende que a prática do Direito é, *antes de qualquer coisa* (isto é, antes de ser *argumentativa*), *interpretativa*, aspecto que tem consequências irreversíveis e dele bem conhecidas. Se interpretamos sempre (isto é, se a hermenêutica é universal, como Gadamer e Dworkin a concebem), com o Direito e a sua prática não poderia ser diferente. Assim, os argumentos somente serão argumentos "jurídicos", à medida que forem também "interpretados" como integrantes da cadeia do direito (ou seja: como "argumentos de princípio"). É daí que decorre a sua "validade": da (inexorável) submissão à interpretação, o que implica reconhecer, entre outras coisas, a autoridade da tradição ("traduzida" em Dworkin como a história institucional "exitosa") e a compreensão antecipadora. Dworkin não tem dúvida de que o "melhor argumento" deve sair "vencedor" em uma discussão jurídica. Mas a sua teoria do Direito tem uma preocupação anterior: qual é o fundamento de validade de um "bom argumento"? E essa "validade" decorre da sua coerência principiológica com a totalidade do Direito, padrão que somente se afere *compreensivamente* (nunca proceduralmente).

Dito de outra forma, mais simples: fórmula nenhuma tem o poder de desonerar o intérprete de interpretar, e o processo compreensivo antecede a escolha de qualquer método. Por razões como esta, é necessário denunciar que nenhuma teoria da argumentação terá o condão de substituir a autoridade da *tradição* (no Direito, *história institucional*), que deverá ser desvelada e reconstruída, detalhada e principiologicamente, caso a caso (também aqui, é bom que se diga e repita, estamos com Lenio Streck).

---

[469] DWORKIN, Ronald. *O Império do Direito*, op. cit., p. 17.

Em realidade, portanto, temos que Dworkin é certamente um *antagonista* de posturas como a de Alexy, que tratam do repertório legal (ou constitucional) como uma "tentativa de comunicação", e que supõem que uma regra "não clara" pode ser mais bem compreendida com a aplicação de técnicas (como a da *ponderação*) que usamos para melhorar nossa compreensão de outros tipos de comunicação.[470] A cadeia do Direito deve ser interpretada, já vimos, sob os influxos da autoridade da tradição, e dali continuada de forma principiologicamente coerente. E isso somente se dá intersubjetivamente (o juiz é só mais um romancista na cadeia). Sendo assim, aqui, não pode mesmo estar em causa um "método", ao menos se este "método" for (como é em Alexy) calcado esquema sujeito-objeto (paradigma representacional).

Sendo mais claros: não se trata de sermos contrários às técnicas de decisão judicial, ou mesmo a qualquer tipo de método. Trata-se, isso sim, como já dissemos, de antes divisar os diferentes graus de racionalidade que estão em jogo. O método não serve para estruturar a compreensão, mas pode auxiliar (pensamos) na tarefa de dar racionalidade à explicitação do compreendido. Aliás, mesmo Dworkin, confrontado com a objeção de que a sua teoria do Direito só serviria para Hércules (e não para os homens e mulheres "comuns"), redarguiu em termos semelhantes, afirmando que "devemos confiar nas técnicas de decisão judicial que, a nosso juízo, possam reduzir o número de erros, com base em algum juízo a respeito das capacidades relativas dos homens e das mulheres que podem desempenhar diferentes papéis".[471] Claro: na medida em que as tais "técnicas de decisão" não desonerem o aplicador de "interpretar", de trabalhar com categorias interpretativas, elas bem poderão servir ao dever constitucional de fundamentar as decisões. Quer dizer, não há sentido em "descartar" uma técnica que facilite a "comunicação" de que a decisão "X" ou "Y" é a que melhor reconstrói a dignidade histórico-institucional do Direito. Tanto que saibamos, sempre, que nenhuma técnica ou método substituirá a compreensão antecipadora. Simples, pois: cada coisa em seu devido lugar.

De toda forma, é necessário ter cuidado redobrado com "sincretismos metodológicos". Concordamos com Chamon Júnior quando este aponta que Alexy faz uma "leitura estreita" da doutrina de Dworkin que, apesar de ter falado (como dito) em "pesagem" de princípios, sempre o fez em uma perspectiva *deontológica* (e não *axiológica*); e que Alexy, ao identificar estrutural e operacionalmente *princípios* com *valores*, acaba retirando o caráter normativo daqueles, em detrimento de uma *relação de preferibi-*

---

[470] DWORKIN, Ronald. *Uma Questão de Princípio*, op. cit., p. 10.
[471] DWORKIN, Ronald. *Levando os Direitos a Sério*, op. cit., p. 203.

*lidade*.⁴⁷² Assim, na obra do jusfilósofo alemão, os princípios "correriam em busca do ponto mais alto", ficando a sua prevalência resolvida por uma questão de "importância" (um *prefere* ao outro); mas a pergunta que não cala é: esta *hierarquização* de princípios é orientada a quais fins? Ora, o Direito (democraticamente produzido) não pode ser reduzido a uma "busca pela realização de valores"; e, justamente por isso, desde uma leitura *deontológica* (como a por nós endossada), um princípio não pode ser *preferido* a outro, "mas tão somente aplicado, ou não".⁴⁷³

Essa é, segundo sustentamos, uma decorrência do Direito compreendido como integridade. Os direitos são *trunfos* estabelecidos, justamente, perante argumentos axiológicos e teleológicos (argumentos "de política"). Isso tudo decorre, no limite, da *virtude soberana* (Dworkin) de o Estado devotar igual interesse pelos seus cidadãos. Nesta ordem de considerações, é possível novamente acompanhar Chamon Júnior quando este afirma que:

> A norma, podemos dizer, não é mais ou menos realizada ou ordenada. Ela submete a uma noção binária. Pela visão de Alexy, um princípio poderia fazer com que não se alcançasse um grau ótimo em sua aplicação, o que corresponderia a dizer que a norma fora *mais* ou *menos* cumprida. Ora, o direito ou é obedecido, ou não é. O direito subjetivo não pode ser *mais* ou *menos*: ele não se submete a um peso gradual que pode ceder tanto perante outros direitos bem como também a metas coletivas.⁴⁷⁴

De fato, para Dworkin, pois, os princípios "forçam" a determinação de direitos e deveres jurídicos.⁴⁷⁵ É por isso que são *normas*, que possuem caráter *deontológico*. São *padrões* de moralidade institucionalizada *no* Direito, e cuja aplicação, contrariamente ao que possa parecer, somente reforça a sua *autonomia* (e legitimidade, já que se pretende democraticamente produzido). Nessa sede, não há *consenso*, *conciliação* ou *meio-termo* que faça as vezes de se reconhecer o direito de quem efetivamente o tem (é o *having a right* do qual falamos antes). Disso depende, mais do que a satisfação de um interesse privado, a concretização do Estado Democrático de Direito.

---

⁴⁷² CHAMON JUNIOR, Lúcio Antônio. *Tertium non Datur*: Pretensões de Coercibilidade e Validade em Face de Uma Teoria da Argumentação Jurídica no Marco de uma Compreensão Procedimental do Estado Democrático de Direito. In: OLIVEIRA, Marcelo Andrade Cattoni de (Coord.). *Jurisdição e Hermenêutica Constitucional no Estado Democrático de Direito*, op. cit., p. 104-9.

⁴⁷³ Ibidem, p. 109.

⁴⁷⁴ Ibidem, p. 113. Essa noção "binária" (*sic*) de que fala o autor é decorrência da sua adesão à matriz procedimentalista, com esteio em Habermas. De toda forma, com essa ressalva (o processo compreensivo não é de forma alguma "binário"; portanto, a "norma" também não poderia sê-lo), endossamos a crítica de Chamon Júnior (ou a pessoa tem um direito individual – *having a right* – reconhecido pelo Direito, ou não tem).

⁴⁷⁵ DWORKIN, Ronald. *Levando os Direitos a Sério*, op. cit., p. 123-4.

Mas, e encaminhando o final deste ponto, vamos à controvérsia propriamente dita. A pergunta que sempre vem aos que falamos do paradigma hermenêutico é: se não *ponderando*, como, então, "aplicar" princípios com parâmetros mínimos de correção e racionalidade? No ensejo, pretendemos também explicar melhor a nossa afirmação anterior, de que não se trata propriamente de *descartar* a ponderação ou as teorias da argumentação, mas de colocá-las em seu devido lugar.

De fato, os juízes (mesmo os comprometidos com os objetivos da República e com o ideal da integridade do Direito) frequentemente divergem não apenas sobre o modo de interpretar uma regra ou um princípio, mas também sobre a questão de saber se a regra ou o princípio que um juiz cita deve, inclusive, chegar a ser reconhecida como sendo uma regra ou um princípio.[476] No Brasil, aliás, isso chegou a níveis crônicos. Saltamos de um período de negação da própria normatividade dos princípios para uma "era" onde todos os padrões parecem ter sido "agraciados" com a "dignidade" de princípio. Daí que nos vemos às voltas com "padrões de julgamento" que, na verdade, têm efeito muito mais retórico (performático) do que algum laço *moral*, que pudesse ser reconstruído a partir da história institucional, e em defesa dos direitos, como preconizara Dworkin. Desacostumado a lidar com a ausência de um "catálogo" do qual pudessem ser "subsumidas" as soluções da complexidade do Direito, o campo jurídico tem nos agraciado com uma perigosa e crescente capacidade "inventiva". Em uma linguagem bem simples, de uma hora para outra, "tudo virou princípio". E aí nos vemos às voltas com "princípios" (*sic*) como o da *afetividade*, da *moderação*, do *rodízio*, e por aí vamos. É o fenômeno que Lenio Streck epitetou de *pan-principiologismo*.[477]

Para Dworkin, contudo – que mantém, repetimos, pretensão antes *compreensiva* da prática judiciária (preocupa-lhe assimilar quais as razões que fazem com que as decisões judiciais possam ser consideradas como *erros* ou *acertos* institucionais) do que *estruturante* desta (o que está presente em autores como Alexy, por exemplo)[478] –, saber se um princípio é

---

[476] DWORKIN, Ronald. *Levando os Direitos a Sério*, op. cit., p. 175.

[477] Para uma análise mais detalhada deste "fenômeno", e até mesmo para saber do que tratam os tais "princípios" (*sic*) citados no texto, é indispensável a leitura do posfácio à terceira edição do livro de Lenio, *Verdade e Consenso*, publicada pela Lumen Juris Editora.

[478] No conjunto de sua obra, Dworkin deixa sempre presente a postura de construir soluções teórico-práticas a partir da própria prática, das experiências do cotidiano (e da história) do tribunal e da Política. A sua filosofia política, assim, não reflete sobre um Estado "ideal", mas sobre o Estado "presente", com suas imperfeições e contingências. Assim é a sua relação, também, com o Direito. Nesse fio, a atribuição de caráter normativo aos princípios jurídicos surge, para o autor, mais como o reconhecimento de padrões (já) utilizados pelos juízes nos tais "casos difíceis", do que como uma "inovação" da sua teoria do Direito. Portanto, a sua postura com relação aos princípios é antes fenomenológica do que prescritiva, e esse aspecto, rigorosamente hermenêutico, posiciona-lhe à distância de Alexy.

ou não um princípio de uma comunidade é matéria para a *argumentação* e não para relatórios, sendo certo que o que está habitualmente em jogo é o "peso" do princípio, e não o seu *status*.[479] Quer dizer, "aplica-se" um princípio *argumentando em favor* dele. Ou melhor, *argumentando em favor dos direitos* (seja da sua garantia, seja da sua concretização). E essa argumentação, diga-se, deverá ser guiada levando-se em conta a tarefa de reconstrução da história institucional do direito (preferencial, fundamental) a que se visa resguardar.

Nessa linha, para o jusfilósofo norte-americano serão "adequados" os princípios, enquanto padrões do Direito, na medida em que sirvam de *base* para as instituições e leis da sociedade, de modo a poderem figurar em uma teoria do Direito "bem fundada".[480] Aliás, é por isso, e por uma demanda por *igual consideração e respeito*, que esta justificativa deve ser principiologicamente coerente. Nada disso seria possível, entretanto, sem que reconhecêssemos a autoridade da tradição na qual estamos situados (Estado Democrático de Direito). É a tarefa de personificação do *agente moral* (porque age coerentemente com seus princípios) de que antes falamos.

Mais especificamente, Dworkin pontuou, ao tematizar o Direito como integridade, que, quando um juiz identifica determinado padrão no Direito como um princípio, isso deve ser compreendido como uma *proposta interpretativa*: "o princípio se ajusta a alguma parte complexa da prática jurídica e a justifica; oferece uma maneira atraente de ver, na estrutura dessa prática, a coerência de princípio que a integridade requer".[481] É isso: o princípio *orienta* a interpretação da prática judiciária, e deve justificá-la de forma convincente.

Pensemos no seguinte: o princípio é um padrão de julgamento, ligado a uma justificativa moral, que deve ser aplicado na defesa de direitos. Sem que estes direitos (ligados, sobretudo, à igualdade) sejam respeitados, não estaremos em uma Democracia. A sua defesa, portanto, não é um *favor* da maioria, mas o resguardo da legitimidade de um Estado Democrático de Direito. Além disso, o princípio é um padrão que, diferentemente das regras (se quisermos insistir, de alguma forma, nesta distinção), não determina imediatamente um comportamento, apesar de seu perfil *deontológico* (diz o que *deve ser*, tem pretensão de eficácia). Essas premissas nos permitem acompanhar Lenio Streck quando diz que cada regra tem um princípio que a *institui*. Claro: se o Direito deve ser coerentemente produzido, e se essa coerência não é só de estratégia (mas de princípio!), eviden-

---

[479] DWORKIN, Ronald. *Levando os Direitos a Sério*, op. cit., p. 125.

[480] Ibidem, p. 125.

[481] DWORKIN, Ronald. *O Império do Direito*, op. cit., p. 274.

temente que toda a *regra* (como manifestação do Direito) deve encontrar justificativa no emaranhado de princípios que o integra.

Colocando o problema de forma mais clara, a regra não subsiste sozinha, não retira validade de si própria. Ela deve ter algum "sentido" coerente com a integridade do Direito. A esse "sentido", que não é prévio, que não é fixo, que não pode ser aferido proceduralmente, chamamos princípio! Caso não haja um tal "sentido", uma tal justificativa "jurídica", a regra será *inválida*. Dito sem meias-palavras, será *inconstitucional*, já que a Constituição é o *lócus* que, por unir conteudisticamente Direito e Política (Streck), irradia esse conjunto normativo que *funda*(menta) a validade da produção democrática do Direito. Hermeneuticamente, portanto, é possível acompanhar Lenio na afirmação de que o princípio *existencializa* a regra, e é justamente por isso que (como defendemos antes, neste mesmo trabalho) os princípios trazem o mundo prático de volta para o Direito, sendo este um dos méritos da causa *neoconstitucionalista*. E, nessa conjuntura, temos que, mais do que um *campo de ponderação*, o decantado *princípio da proporcionalidade* melhor servirá ao projeto democrático se for compreendido como o "nome a ser dado à necessidade de coerência e integridade de *qualquer* decisão".[482]

Resumindo tudo: se o princípio dá o "sentido" da prática judiciária, e se esse "sentido" é sempre um produto da interpretação (que, de sua vez, é Filosofia!), não há nada oriundo do paradigma representacional que nos possa servir de apoio *nesse nível de racionalidade*.

Enfim.

Retomando um pouco o rumo, é inegável que Alexy tenha contribuído para a discussão sobre a efetividade e os limites da Constituição. Aliás, falando especificamente sobre o caso brasileiro, o autor disse que:

> Em uma constituição como a brasileira, que conhece direitos fundamentais numerosos, sociais generosamente formulados, nasce sobre esse fundamento uma forte pressão de declarar todas as normas não plenamente cumpríveis, simplesmente, como não-vinculativas, portanto, como meras disposições programáticas. A teoria dos princípios pode, pelo contrário, levar a sério a constituição sem exigir o impossível.[483]

É bem isso: todos queremos "levar a sério a constituição sem exigir o impossível" (*sic*); sucede que essa gravíssima empreitada corre seriíssimos riscos quando buscamos realizá-la alheios às conquistas filosóficas que atravessaram o século XX. Esse é o ponto que advogamos, no trilho

---

[482] STRECK, Lenio Luiz. O Princípio da Proibição de Proteção Deficiente (Untermassverbot) e o Cabimento de Mandado de Segurança em Matéria Criminal: Superando o Ideário Liberal-Individualista Clássico, op. cit., p. 15.

[483] ALEXY, Robert. Colisão de Direitos Fundamentais e Realização de Direitos Fundamentais no Estado de Direito Social. In: *Constitucionalismo Discursivo*, op. cit., p. 69.

aberto por Lenio: a *Crítica Hermenêutica do Direito*, nos termos aqui propostos, "parte da tese de que os princípios introduzem o mundo prático no direito, 'fechando' a interpretação, isto é, diminuindo – ao invés de aumentar – o espaço de discricionariedade do intérprete".[484] E isso é assim porque Dworkin e Gadamer, nossos esteios teórico-filosóficos, são ambos antirrelativistas.

Fechando, e temendo sermos repetitivos, insistimos que uma teoria da argumentação (como a de Alexy) pode, sim, auxiliar na tarefa prática dos juristas de aplicar a Constituição. Não há problemas em empregar um método, contanto que compreendamos o método "como" método (e não como uma forma de fundamentar o próprio conhecimento). Agora, é preciso que saibamos que uma teoria da argumentação jurídica como a antes esquadrinhada não pode servir ao propósito de justificação/explicitação do nível de racionalidade compreensiva (estruturante do sentido, o "como" hermenêutico) que desde sempre já operou no processo interpretativo.[485] E, como é esse nível que já operou (bem) antes de elegermos uma "fórmula" para a solução de algum caso, ou de distribuímos "pesos" a princípios, é imprescindível que o intérprete não se sinta "desonerado" de interpretar nestas situações (atribuindo ao "legislador" a eventual "injustiça" de sua decisão). Numa palavra final: se os vetores da ponderação ou da fórmula-peso forem hermeneuticamente compreendidos (ou seja, se soubermos que também eles são inexoravelmente interpretativos, e que na sua "eleição" o *Dasein* já se pronunciou de há muito como ser-no-mundo), poderá não haver oposição entre a hermenêutica e as teorias da argumentação (então situadas, de alguma forma, como *complementares* àquela nas tarefas de solução de problemas práticos e de explicitação daquilo que foi compreendido – lugares, estes sim, bem próprios da racionalidade discursiva).

### 4.2. O protagonismo judicial e a última palavra sobre a tese das *boas respostas*: o exemplo privilegiado do *Formalismo-valorativo* e o contributo procedimentalista

Estamos atingindo o final do nosso trabalho. Agora, é chegado o momento de retomarmos o projeto (que, na verdade, nos acompanhou todo o tempo) de filtragem do processo jurisdicional (civil) pela *Crítica Herme-*

---

[484] STRECK, Lenio Luiz. O Princípio da Proibição de Proteção Deficiente (Untermassverbot) e o Cabimento de Mandado de Segurança em Matéria Criminal: Superando o Ideário Liberal-Individualista Clássico, op. cit., p. 15.

[485] STRECK, Lenio Luiz. Hermenêutica (Jurídica): Compreendemos Porque Interpretamos ou Interpretamos Porque Compreendemos? Uma Resposta a Partir do *Ontological Turn*, cit., p. 250.

*nêutica do Direito* (Streck), o que fazemos desde o marco teórico substantivo dworkiniano, e com as baterias voltadas à destruição do protagonismo judicial.

Reunimos boas condições para fazê-lo. Afinal, já situamos a autoridade da tradição na qual estamos situados (Estado Social e Democrático de Direito), tomamos ciência dos desafios que o *neoconstitucionalismo* devotou à jurisdição constitucional, apropriamo-nos das conquistas filosóficas que invadiram o século XX e compartilhamos uma compreensão hermenêutica a respeito das contribuições centrais de Dworkin para a teoria do Direito. Mais: já sabemos inclusive quais os "ganhos" proporcionados pelo paradigma hermenêutico em relação às teorias da argumentação (em especial, a desenvolvida por Alexy), principalmente se estas forem entendidas como uma tentativa de estruturação do processo de obtenção do conhecimento. Vantagens estas que se dão, concretamente, em termos de produção democrática do Direito (basta pensar na compreensão hermenêutica dos princípios *versus* a "fórmula" da *ponderação*).

Pois bem. O momento, então, é de sugerir um novo modelo de processo, através do qual seja possível a (re)construção de *boas respostas* no Direito. A nossa proposta será desenvolvida, de maneira bem simples, em duas frentes: (a) leitura principiológica (ou "moral", se se quiser) do processo; e (b) desenvolvimento em contraditório (como garantia de policentrismo e de compartilhamento da tarefa decisória).

Vamos a elas.

### 4.2.1. A Leitura "Moral" do Processo (versus o Formalismo-valorativo e outras tentativas)

Dissemos já ao início dos trabalhos que a estratégia de "leitura moral" da Constituição, proposta por Dworkin, não é algo "inédito", ou que nos devesse causar maior estranheza. Não é, como esperamos tenha ficado nítido ao longo da nossa pesquisa, uma tentativa de "moralização" do Direito, ou de subdeterminação deste àquela. Trata-se, tão só, da compreensão dos direitos fundamentais estabelecidos no emaranhado constitucional como "princípios excepcionalmente abstratos" de justiça, e que devem servir como guia da interpretação (construtiva, porém democrática) da prática do Direito. É isso: se os princípios são padrões de julgamento que, *na defesa de direitos*, levam em conta alguma dimensão da "moralidade" (por isso – e *só por isso* – que "institucionalizam" a Moral *no* Direito), e se "agir de acordo com princípios" é, de fato, um agir "moral", é possível concluir (como concluímos antes, com Lenio Streck) que o que está em jogo é um "fechamento interpretativo", uma restrição das "repostas possíveis", em prol da *coerência* do Direito (ideal da integridade). Agir "por princípios" é agir coerentemente. No âmbito do Direito, essa exigência decorre, substancialmente, da exigência de tratamento igualitário (*equal concern and respect*), base da Democracia (em especial, na linguagem dworkiniana, por nós endossada).

Com o processo, não poderia ser diferente. Estamos diante (como também já foi colocado) de um direito e de uma garantia constitucionais, *condição de possibilidade* do acesso à ordem jurídica justa (principiologicamente coerente). De modo que qualquer compreensão que se pretenda hermenêutica do processo *deverá tomá-lo em consideração como o lugar da aplicação dos princípios*. Afinal, o juiz (e os demais integrantes da agência judiciária) somente age(m) *no* processo. Por tanto é que afirmamos antes, com Alvaro de Oliveira (relido a partir das nossas premissas), que o processo *é* um "direito constitucional aplicado". O que está em jogo, pois, em cada *ação*, é um capítulo da construção da história institucional do Direito, que deve com ela guardar coerência. Isso não pode ser feito, por razões que já explicamos à exaustão, por argumentos que não sejam *de princípio* (tanto os dos contraditores como os empregados pelo julgador). A questão, aqui, é de legitimidade democrática.

Sendo assim, interessa investigar, sobremodo, o *controle principiológico* do desenvolvimento do processo. E a maneira que encontramos para explicar isso melhor é a denúncia das insuficiências das tentativas de estruturação do processo que privilegiam, sob diferentes roupagens, o *protagonismo judicial*, que não se coaduna com o paradigma hermenêutico (aposta na *individualidade*, na *subjetividade*, e não na *pluralidade*, na *intersubjetividade*). É com esse propósito que destacaremos agora, resumidamente, os aportes da escola processual cognominada de *Formalismo-Valorativo*.[486]

Trata-se de uma "concepção nova", elaborada por Carlos Alberto Alvaro de Oliveira,[487] com o escopo de contrapor o "excesso de formalismo" na lida com o processo; mais especificamente, o seu propósito é o de solucionar a "antinomia existente entre formalismo e justiça", problemática que se atravessa como um obstáculo à "adequada realização do direito material e dos valores constitucionais".[488]

---

[486] A investigação filosófica do *Formalismo-Valorativo* tem – a exemplo do estudo desenvolvido no capítulo 3 – origem anterior ao presente livro: trata-se de tema que vem sendo pesquisado e desenvolvido em conjunto com Adalberto Narciso Hommerding, com quem mantenho constante e produtiva interlocução.

[487] Consultar, necessariamente, obra já referenciada no presente trabalho: OLIVEIRA, Carlos Alberto Alvaro de. *Do Formalismo no Processo Civil*, op. cit.

[488] OLIVEIRA, Carlos Alberto Alvaro de. O Formalismo-Valorativo no Confronto com o Formalismo Excessivo. In: *Revista da Ajuris*. Porto Alegre, n. 104, 2006, p. 55.

Atentemos para o fato de que o tal *formalismo*, na dicção de Alvaro de Oliveira, diz respeito à totalidade formal do processo, "compreendendo não só a forma, ou a formalidade, mas especialmente a delimitação dos *poderes, faculdades* e *deveres* dos sujeitos processuais, coordenação de sua atividade, ordenação do procedimento e organização do processo", tudo isso com vistas a que sejam "atendidas as suas finalidades primordiais"; nesse sentido, a "forma" tem a tarefa de indicar "as fronteiras para o início e o fim do processo, circunscrever o material a ser formado, e estabelecer dentro de quais limites devem cooperar e agir as pessoas atuantes no processo para o seu desenvolvimento", trazendo consigo, então, a ideia de "organização da desordem, emprestando previsibilidade a todo o procedimento"; neste sentido, impede que a realização do procedimento fique deixada "ao simples querer do juiz", funcionando como "uma garantia de liberdade contra o arbítrio dos órgãos que exercem o poder do Estado".[489] O formalismo processual também serviria ao controle dos "eventuais excessos de uma parte em face da outra, atuando por conseguinte como poderoso fator de igualação (pelos menos formal) dos contendores entre si".[490]

Todavia – segue o processualista gaúcho –, o formalismo (elemento fundador da efetividade e da segurança do processo), assim como o próprio processo, seria polarizado por um *fim*, ou seja, por *valores*, que seriam histórica e culturalmente situados; nesse sentido, o processo reflete "toda uma cultura", constituindo-se na expressão "das concepções sociais, éticas, econômicas, políticas, ideológicas e jurídicas, subjacentes a determinada sociedade e a ela características, e inclusive de utopias".[491]

É dessa conjuntura que emergem os fundamentos do *Formalismo-valorativo*. A proposta é a de que seja estabelecido um poder "ordenador, organizador e coordenador" que se preste para a "organização de um processo justo", assim entendido aquele que alcance as "finalidades últimas do processo em tempo razoável" e que colabore para a "justiça material da decisão".[492] Esclarece Alvaro de Oliveira que não há como se pensar nos "fins" do processo sem que esta noção se entrelace com a de "valores"; e os "valores mais importantes para o processo", na sua ótica, seriam "por um lado a realização da justiça material e a paz social, por outro, a efetividade, a segurança e a organização interna e justa do processo (*fair trial*)", sendo que "os dois primeiros estão mais vinculados aos

---

[489] OLIVEIRA, Carlos Alberto Alvaro de. O Formalismo-Valorativo no Confronto com o Formalismo Excessivo, op. cit., p. 56.

[490] Ibidem, p. 57.

[491] Ibidem, p. 59.

[492] Ibidem, p. 60.

fins do processo, os três últimos ostentam uma face instrumental em relação àqueles".[493]

Indo direto ao aspecto que nos interessa mais de perto (o do *como fazê-lo*), o processualista gaúcho propõe que os "valores essenciais" *efetividade* e *segurança* funcionem, "numa perspectiva deontológica", como "sobreprincípios", ou seja, como orientação do juiz na "aplicação de regras e princípios", embora mesmo aqueles sejam "instrumentais em relação ao fim último do processo, que é a realização da Justiça do caso"; seja como for – e aqui chegamos ao ponto – o autor percebe que "ambos [os valores essenciais] se encontram em permanente conflito, numa relação proporcional", sendo que esse "conflito" deverá ser solucionado "nos casos não resolvidos pela norma", pelo "órgão judicial, com emprego das técnicas hermenêuticas adequadas", através das quais saberá "ponderar qual dos valores deverá prevalecer".[494]

Bom. Esse recorte da teoria inaugurada por Alvaro de Oliveira já nos fornece o material necessário para confrontá-la com o paradigma hermenêutico e com a causa neoconstitucional.

De início, é bom que digamos que a concretização de cláusulas constitucionais *no* e *através do* processo, compreendido então como direito fundamental (de natureza pública), é, por todos os prismas, um ganho em relação a qualquer concepção liberal-individualista do Direito Processual (lembremos das amarras do *Paradigma Racionalista*). Mais: concordamos efetivamente com Alvaro de Oliveira tanto quando este reconhece a importância da *forma*[495] enquanto modo de limitação do arbítrio (tanto o judicial como o das partes), conferindo racionalidade à marcha procedimental, como quando este diagnostica e ataca o *mal* que é o *formalismo excessivo* e estéril (vício bem presente na prática judiciária[496]). Bem nessa linha, quando o autor chama a atenção para o fato de que o processo não é nem *um fim em si mesmo*, e nem *ideologicamente neutro*, é difícil não reconhecer nisso um acerto.

---

[493] OLIVEIRA, Carlos Alberto Alvaro de. O Formalismo-Valorativo no Confronto com o Formalismo Excessivo, op. cit., p. 56.

[494] Ibidem, p. 60-1.

[495] A forma dos atos em geral, como ensina Ovídio Baptista da Silva, "é não só uma necessidade inerente à comunicação jurídica, mas fundamentalmente uma garantia de segurança e da própria liberdade jurídica. A abolição das formas por meio das quais cada ato jurídico deva ser praticado provocaria a instauração imediata do arbítrio absoluto, tornando simplesmente impossível a convivência social". *Curso de Processo Civil*: Processo de Conhecimento. 4. ed. São Paulo: Revista dos Tribunais, 1998, v. I, p. 203.

[496] É o que Lenio chama de "estética jurídico-processual", na qual "o direito material sucumbe diante da forma". STECK, Lenio Luiz. *Hermenêutica Jurídica e(m) Crise*: Uma Exploração Hermenêutica da Construção do Direito, op. cit., p. 255.

Não temos dúvida de que a "processualística" ou a "formalística" (compreendidos como o "desvirtuamento" do processo e da forma que lhe é inerente) não podem servir de empecilho para o reconhecimento do direito de quem efetivamente dele é titular.[497] Estamos, por exemplo, com Pico i Junoy, quando este adverte que um pronunciamento judicial sobre a questão de fundo não pode ser justificado através da imposição de algum obstáculo produto de um formalismo que não se coadune com o direito à justiça, ou que não apareça como justificado e proporcional conforme as finalidades para as quais foi estabelecido e que, em todo caso, devem ser adequadas à Constituição.[498] Claro: estamos todos de acordo em que o formalismo é importante, mas não a "formalística" (esta leva ao "esoterismo processual" denunciado por Vittorio Denti, para quem o rito passa a ser sempre acentuado, perpetuando-se um "tecnicismo extremo").[499]

Mas, por aqui, esfumaçam-se os nossos pontos de contato.

É que, indo direto ao assunto, apesar de Alvaro de Oliveira pretender estabelecer um (necessário) entrelaçamento entre a Constituição e o processo jurisdicional, ele acaba errando na "estratégia", quando visivelmente se rende ao escalonamento axiológico dos princípios, em moldes parecidos com os propostos por Robert Alexy.

Os problemas começam aí mesmo, com a compreensão "axiológica" da Constituição, o que termina por enfraquecer o seu perfil normativo (e, portanto, *deontológico*). Essa postura assume riscos preocupantes porque, se de um lado, o processualista gaúcho acerta ao dizer que o processo é um direito fundamental, de outro, ele enfraquece essa sua mesma proposição com a concepção de que ele deve ser posto a serviço de determinados "valores importantes" (*sic*). Ora, já vimos que os direitos legitimamente estabelecidos (e o processo é um deles, como o próprio Alvaro reconhece!) são exatamente *trunfos* (*righs as trumps*) contra os interesses coletivos (argumentos de política, axiológicos, morais ou que visem, de alguma forma, à preservação do "bem comum"). Não há "valor" importante o bastante, num ambiente democrático, para que se negue o direito de quem efetivamente o tem (lembremos o *having a right* de Dworkin).

Percebe-se que o *Formalismo-valorativo* ainda vai além, quando assume o objetivo de absorver os "reclamos da justiça do povo" (*sic*), mesmo

---

[497] Esta é uma afirmação que endossamos, mas que deve ser lida com cuidado redobrado, de molde a não deixar que se sugira, com ela, o enfraquecimento do caráter institucional do processo. Absolutamente. É do *fortalecimento* e da *ressignificação* do processo, a partir dos supostos da *Crítica Hermenêutica do Direito*, que será propiciado o *acontecer* da Constituição.

[498] PICÓ I JUNOY, Joan. Las Garantías Constitucionales del Proceso, op. cit., p. 49.

[499] DENTI, Vittorio. *Un Progetto per la Giustizia Civile*. Bologna : Il Mulino, p. 123-4.

que, eventualmente, sem "o expresso beneplácito do legislador", já que a manutenção da ordem jurídica "certamente passa pelo Estado", mas "vai além dele, atenta aos direitos construídos pelo processo histórico".[500] Isso nos parece extremamente suspeito. Como vimos repetindo, o Direito, principalmente depois do segundo pós-guerra, assumiu uma feição não autoritária, justamente através da consagração de direitos fundamentais das minorias contra a vontade da maioria. É o que, num grosseiro resumo, caracteriza o fenômeno que chamamos de institucionalização da Moral no Direito, e que permite ao cidadão que obedeça ao Direito (já que legitimamente estatuído) por uma obrigação moral. Dito isso, e se a nossa batalha deve ser pela produção democrática do Direito, não concebemos espaço público, *fora da Constituição*, no qual devessem prevalecer os "reclamos da justiça do povo" (*sic*). Isso equivaleria a aniquilar o Direito democraticamente produzido e a sua almejada autonomia. Os efeitos seriam os mesmos de se admitir a pertinência dos *argumentos de política* no âmbito do tribunal. Aqui, portanto, não há *sincretismo* possível: ou se *leva a Constituição a sério*, ou então o vaticínio de Ovídio se terá concretizado: o Direito ficará a serviço de *funções outras* (e poderá até funcionar *bem*, mas terá, enfim, perdido a sua alma).

Há mais. O *Formalismo-valorativo*[501] também é um exemplo privilegiado para demonstrar como a *"técnica hermenêutica"* (*sic*) da *ponderação* – que é por essa escola endossada – ao revés de limitar a margem de liberdade do juiz na apreciação de um caso prático, acaba por apostar na sua *subjetividade*, revelando-se (como já havíamos adiantado) um mecanismo débil de controle da discricionariedade judicial (sempre, no sentido "forte" empregado no debate Hart *versus* Dworkin).

Veja-se que, apesar de Alvaro afirmar que, para a solução do "conflito entre o valor do formalismo e o da justiça", mostra-se "inconveniente a atribuição de ampla liberdade ao órgão judicial", devendo a indigitada resposta ser encontrada "dentro do próprio sistema" (portanto, não na "consciência" do juiz), ele acaba identificando na "equidade" um "instrumento do justo concreto", um "recurso normal posto à disposição do operador jurídico no processo de aplicação das normas, com vistas à pon-

---

[500] OLIVEIRA, Carlos Alberto Alvaro de. O Formalismo-Valorativo no Confronto com o Formalismo Excessivo, op. cit., p. 62.

[501] Aliás, aqui, uma observação faz-se necessária: quando se fala em "formalismo-valorativo", já se percebe aqui uma espécie de "dicotomia", ou "oposição", entre "forma" e "valor"; mas esta "cisão" não é absolutamente possível. Ora, por detrás de toda forma já há um valor, e todo valor só *é* numa forma. Não se lida com essa questão como se a forma fosse um "objeto", ou como se o "valor" devesse ser atribuído (ou "descoberto") por um "sujeito". Isto seria, a olhos vistos, repristinar a Filosofia da Consciência. Em resumo, pois, no paradigma hermenêutico, a compreensão da necessária mediação entre "forma" e "valor" (que são diferentes, mas indissociáveis), como tudo aquilo que já foi dito neste trabalho, é algo que somente se dá a partir dos teoremas da "diferença ontológica" e do "círculo hermenêutico".

deração das particularidades do caso".[502] Perceba-se: nesta passagem, o processualista gaúcho esclarece que, para ele, a *ponderação* dos princípios (na verdade, *valores*) constitucionais deve ser feita mediante o recurso à *equidade*. Explicando melhor este ponto, o autor preconiza que a tal "equidade desponta como a justiça do caso concreto, como inarredável mediação entre o caráter abstrato do sistema e as exigências das hipóteses singulares e concretas", com o que "sai-se da legalidade para ingressar no direito".[503] E isso tudo vem concatenado com o fato de que o "sentimento de justiça" é o "apanágio do verdadeiro juiz".[504]

No limite, portanto, Alvaro está reconhecendo que a *ponderação* que ele propõe (entre os *valores* "segurança" e "justiça") não passa de um exercício de *equidade*, esta compreendida como um *instrumento* estaria à disposição, se bem entendemos suas lições, do "verdadeiro juiz", qual seja, *aquele que esteja imbuído de um "sentimento de justiça", determinado a realizar a "justiça do caso concreto"*. Então, *essa* é a sua saída para os chamados *casos difíceis*.

Com efeito. Os excertos acima são autoexplicáveis: não é necessário ir muito longe para ver que voltamos a Hart. Se, para o jusfilósofo inglês, o caso "não contemplado" pela previsão "abstrata" da regra (que sempre teria, recordemos, uma "textura aberta") deveria ser revolvido pela discricionariedade do julgador, agora, em tempos de pós-positivismo, Alvaro de Oliveira, para resolver este mesmo impasse, faz as suas apostas no recurso à "equidade". Mas fica a pergunta: qual a diferença? Também a discricionariedade, para Hart, não deveria conduzir a uma decisão "arbitrária" ou "irracional"; e, para atender à almejada "mediação" entre a previsão normativa "abstrata" e o "caso concreto", Hart já havia adiantado que *todas as regras* teriam a tal "textura aberta" (uma *zona de penumbra*), que deveria ser preenchida pelo tomador da decisão. Então, essa eleição da "equidade" (aliás, por que, especificamente, a "equidade"? Por que não a "justiça" ou algum outro padrão qualquer?) é, ao que nos parece, uma desabrida repristinação da discricionariedade judicial, com todos os corolários daí decorrentes. Problemas que, como se vê, "ponderar" não resolve. Aliás, insistimos nisso: todo o esquema da "ponderação" acaba resumido, para o *Formalismo-valorativo*, numa espécie de abertura do Direito para a "equidade", com a qual seriam corrigidas as injustiças de uma compreensão meramente formalista do "sistema jurídico".

---

[502] OLIVEIRA, Carlos Alberto Alvaro de. O Formalismo-Valorativo no Confronto com o Formalismo Excessivo, op. cit., p. 68. Pior: o autor, em nota de rodapé, na qual cita autores como Maria Helena Diniz, afirma que "este entendimento é *pacífico* [destaquei] na doutrina brasileira"...!

[503] Ibidem, p. 69.

[504] Ibidem, p. 68.

Ora, já vimos o suficiente para saber que não precisamos ir "além do sistema" para que o Direito produza "justiça". Aliás, o Direito, para Dworkin, agrega em si os ideais da "integridade", da "equidade" e da própria "justiça". O que se precisa, isso sim, é de uma compreensão adequada dos efeitos da ruptura paradigmática proporcionada pelo "novo" que é a Constituição, e dos novos "sentidos" constitucionais que guiam (e legitimam) a jurisdição. É dessa compreensão que a "leitura principiológica" ("moral", se se quiser) da Constituição e do processo, por nós advogada, é tributária. É que não há nada na produção democrática do Direito (que atingiu, lembremos, uma auspiciosa autonomia em relação ao Estado, à Política, à Moral etc.) que deva ficar nas mãos da (de resto, insindicável – e bem por isso, antidemocrática) "melhor capacidade de julgamento" de alguém. Já demonstramos que o protagonismo judicial é algo a ser derreado.

Aliás, temos que é desnecessário seguir insistindo nestes aspectos, cuja exploração já foi objeto de dezenas de páginas da nossa pesquisa.

Avancemos, pois.

Outro tópico digno de investigação, e que nos permitirá deixar ainda mais clara a nossa visão a respeito da inoperância dos "métodos" para "aplicação" de princípios constitucionais no âmbito do processo, é a questão das "invalidades processuais",[505] problemática que Alvaro de Oliveira sugere seja equacionada com regras de "sobredireito processual", assim entendidos os "preceitos relativizantes das nulidades".[506]

Quem esquadrinhou mais detidamente esta temática, também pelos olhos do *Formalismo-valorativo*, foi Daniel Francisco Mitidiero,[507] processualista que (adiantamos) se orienta por uma compreensão "pós-metafísica" do Direito, no sentido de que este "deixa de ser visto como um *objeto* que o homem tem de *conhecer* para alcançar a *verdade* e passa a ser encarado como um *problema* que o jurista tem de *resolver* em uma atividade *dialética, comunicativa*, visando à obtenção do *consenso*".[508] Com isso em mente, tomemos o "caso das invalidades" como um exemplo para ver-

---

[505] Consultar, a respeito da problemática das invalidades processuais: HOMMERDING, Adalberto Narciso. *Invalidades Processuais*: Análise das Questões Objetivas dos Concursos para Ingresso na Carreira da Magistratura. Santa Rosa: Coli, 2009. Apesar de se tratar de uma obra com evidentes (e assumidas) pretensões "didáticas", o trabalho de Adalberto (cujo lugar de fala é o paradigma hermenêutico) desmascara as insuficiências das "técnicas hermenêuticas" para a resolução dos problemas do processo (no particular, o das chamadas "invalidades processuais").

[506] OLIVEIRA, Carlos Alberto Alvaro de. O Formalismo-Valorativo no Confronto com o Formalismo Excessivo, op. cit., p. 71.

[507] Consultar: MITIDIERO, Daniel Francisco. O Problema da Invalidade dos Atos Processuais no Direito Processual Civil Brasileiro Contemporâneo. In: *Revista Ajuris*. Porto Alegre, n. 96, dez. 2004.

[508] Ibidem, p. 70.

mos como (e se) esta pretensão tem condições de ser resolvida nos lindes do *Formalismo-valorativo*.

Muito resumidamente, explica Mitidiero que "invalidade processual" seria "a consequência à relevante infração de forma de um ato do processo produzido por um agente que na relação jurídica processual em contraditório desempenhe função estatal, assim decretada pelo órgão jurisdicional competente"; neste caso, o vocábulo "forma" vai "tomado em sua acepção estrita de invólucro do ato processual", de modo que "escapa do conceito de invalidade qualquer consideração que leve em conta o conteúdo do ato processual".[509] Na sequência, depois de denunciar a superação dos conceitos de "nulidades cominadas", "nulidades não cominadas", "nulidades absolutas", "nulidades relativas" e de "anulabilidades", o autor conclui que a tal "invalidade processual" deve ser tomada como "uma consequência que se segue à decretação judicial de uma relevante infração de forma".[510] E, indo agora ao ponto que nos interessa mais de perto, a heurística solução para a questão de "como, porém, identificar uma relevante infração de forma?", vem através da invocação dos "postulados normativos aplicativos contidos nos arts. 244 e 249, §1°, CPC", aos quais competiria a "pré-exclusão" das citadas infrações de forma.[511]

*Postulados normativos aplicativos*: eis aí uma sofisticada contribuição de Humberto Bergmann Ávila[512] para o campo jurídico. Vamos a ela, muito sucintamente. Ávila, imbuído do propósito de "incorporar a justiça no debate jurídico, sem comprometimento da racionalidade argumentativa", propõe, enquanto "a doutrina refere-se à proporcionalidade e à razoabilidade ora como princípios, ora como regras", uma "nova categoria, denominada de categoria dos *postulados normativos aplicativos*", que englobaria as "condições de aplicação dos princípios e regras".[513] Explicando melhor, trata-se de uma "metanorma", uma "norma de segundo grau", que serve para estruturar a aplicação das normas de "primeiro grau" (regras e princípios[514]). Nas palavras do autor, são "deveres estruturantes da aplicação de outras normas", da seguinte maneira: "os postulados não impõem a

---

[509] MITIDIERO, Daniel Francisco. O Problema da Invalidade dos Atos Processuais no Direito Processual Civil Brasileiro Contemporâneo, op. cit., p. 76-7.

[510] Ibidem, p. 83.

[511] Ibidem, p. 83.

[512] Consultar: ÁVILA, Humberto. *Teoria dos Princípios*: Da Definição à Aplicação de Princípios Jurídicos. 6. ed. São Paulo: Malheiros, 2006.

[513] Ibidem, p. 27.

[514] Vale pontuar que, para Ávila, "de um lado, os princípios não apenas explicitam valores, mas, indiretamente, estabelecem espécies precisas de comportamentos; e, de outro, que a instituição de condutas pelas regras também pode ser objeto de ponderação, embora o comportamento preliminarmente previsto dependa do preenchimento de algumas condições para ser superado". ÁVILA, Humberto. *Teoria dos Princípios*: Da Definição à Aplicação de Princípios Jurídicos, op. cit., p. 27. Quer

promoção de um fim, mas, em vez disso, estruturam a aplicação do dever de promover um fim"; também, "não prescrevem indiretamente comportamentos, mas modos de raciocínio e de argumentação relativamente a normas que indiretamente prescrevem comportamentos"; bem assim, "não descrevem comportamentos, mas estruturam a aplicação das normas que o fazem".[515] Importante destacar, ainda, que os tais "postulados normativos aplicativos" não funcionam por "subsunção", já que "demandam, em vez disso, a ordenação e a relação entre vários elementos (meio e fim, critério e medida, regra geral e caso individual), e não um mero exame de correspondência entre a hipótese normativa e os elementos de fato".[516]

Bom, seja como for, o ponto que merece a nossa atenção é o de que Mitidiero identificou, nos citados dispositivos do Código de Processo Civil (que estabelecem, na linguagem corrente da doutrina processual, os "princípios" (sic) da "finalidade" e do "não prejuízo"[517]), a figura dos *postulados normativos aplicativos* teorizados por Humberto Ávila. A nossa investigação toma agora, então, um novo rumo: se a *ponderação* alexyana (na leitura de Alvaro de Oliveira, diga-se), quando pensada para os "conflitos de princípios" que atravessariam o processo, acabou reenergizando (como vimos) o *protagonismo judicial* ("descambou" para uma aposta subjetivista na "equidade", compreendida como uma "abertura do Direito"), terá a figura dos *postulados normativos aplicativos* o fôlego necessário para colocar o "juiz-protagonista" em seu devido lugar?

Desde o ponto de vista da hermenêutica (de cariz filosófico), a resposta só pode ser negativa. E isso por uma singela razão: seguem bem presentes, na *teoria dos princípios* de Ávila, os embaraços da aposta no método como forma de estruturar a interpretação.

Vejamos como isso se dá, no caso particular das invalidades processuais. A sugestão de Mitidiero, como se viu, é a de "pré-excluir" as "relevantes infrações de forma" quando o ato processual tiver atingido a sua finalidade e não houver gerado prejuízo. Neste caso, as citadas "normas" do Código de Processo desempenhariam a função de "postulados

---

dizer, a distinção entre regras e princípios, se bem que mantida, tem formatação distinta da de Alexy (mentor da *ponderação*, agora também estendida para as regras).

[515] ÁVILA, Humberto. *Teoria dos Princípios*: Da Definição à Aplicação de Princípios Jurídicos, op. cit., p. 123.

[516] Ibidem, p. 124.

[517] A "relevante infração de forma", para Mitidiero, ocorre quando os artigos 244 e 249, § 1º, ambos do CPC, não a pré-excluem, ou seja, devemos perguntar: a) o ato atendeu à finalidade a que se destina? b) causou prejuízo? Respondendo "sim" para a primeira e "não" para a segunda, a relevante infração de forma estará pré-excluída. HOMMERDING, Adalberto Narciso. *Invalidades Processuais*: Análise das Questões Objetivas dos Concursos para Ingresso na Carreira da Magistratura, op. cit., p. 81.

normativos aplicativos", isso "na medida em que visariam a superar um confronto normativo".[518] Lembremos: o *mote* do *Formalismo-valorativo* é, justamente, o de equacionar o "conflito" entre os "valores" da "segurança jurídica" e da "justiça". Para tanto, Mitidiero julga haver descoberto (no interior do *próprio sistema*, diga-se) "metanormas", que teriam uma "função normativa" semelhante à de um "sobredireito processual" (o que, na especificidade, resolveria o tal "conflito" em favor dos "fins de justiça do processo").[519] Nesse caso, a "nulidade" não chega a se formar, já que "não há nulidade anterior a um pronunciamento judicial".[520]

Isso nos soa, contudo, um tanto artificial. Ao que nos parece, Mitidiero tem uma compreensão constitucionalmente adequada do que seja uma "invalidade processual" (ela de fato "não se forma" quando o ato processual atinge o seu escopo e não causa um prejuízo; os citados dispositivos do Código de Processo são evidentemente conformes com a Constituição), mas se complica na forma de explicitar o que compreendeu.

Em primeiro lugar, parece-nos que a tomada do "não prejuízo" e da "finalidade" como "postulados normativos-aplicativos" não guarda, sequer, a fidelidade necessária com a *teoria dos princípios* que lhe serviu de subsídio. Não nos esqueçamos que o próprio Humberto Ávila acentua que seus "postulados normativos aplicativos" não servem, como vimos à "imposição de um fim" (apenas estruturam a aplicação do dever de promovê-lo). Acontece que os padrões do "não prejuízo" e da "finalidade" obviamente "impõem um fim" (para ficarmos na terminologia de Ávila), na medida em que desempenhariam um papel visivelmente "teleológico" de evitar que a "formalística" atravancasse, injustificadamente, a marcha processual. Assim, se quiséssemos nos situar na teoria de Ávila, seria mais fácil "enquadrar" estes padrões antes como "princípios" do que como "postulados normativos-aplicativos".

Mas este é um problema menor, que simplesmente se aponta para demonstrar que há, mesmo nos termos da teoria de Ávila, dificuldades sérias em tomar os tais dispositivos do Código Processual como "regras metódicas de interpretação".

Indo agora ao problema propriamente dito, o fato é que não é necessário (e nem possível) "pré-excluir" nada do campo hermenêutico, justamente porque não se interpreta "previamente", ou "em abstrato". E nem

---

[518] MITIDIERO, Daniel Francisco. O Problema da Invalidade dos Atos Processuais no Direito Processual Civil Brasileiro Contemporâneo, op. cit., p. 83.

[519] MITIDIERO, Daniel Francisco. O Problema da Invalidade dos Atos Processuais no Direito Processual Civil Brasileiro Contemporâneo, op. cit., p. 84. "Sobredireito" porque se sobrepõe às demais regras, em virtude do "interesse público eminente, condicionando-lhes, sempre que possível, a imperatividade". Ibidem, p. 84.

[520] Ibidem, p. 86.

a regra (que imponha o decreto de uma nulidade, por exemplo) tem um sentido prévio, que pudesse subsistir anteriormente ao caso prático. Ela será, como vimos, *existencializada*, justificada, por um *princípio*, que cumprirá o papel de não deixar que ela se desgarre do mundo prático e de dar-lhe um "sentido" constitucionalmente coerente na sua aplicação (e o "sentido" do decreto de invalidades processuais é, justamente, o resguardo da "forma" que, de sua vez, tanto serve a determinadas finalidades – antes vistas – como à evitação de prejuízos aos participantes do processo). Desta forma, o "pronunciar" da invalidade processual deve ser visto (sempre) como um ato de jurisdição constitucional, que carrega o fardo de, para ser legítimo, ter de ser principiologicamente coerente. A nossa sugestão, portanto, é simples: compreenda-se e aplique-se o *princípio instituidor* das regras que estabelecem as formas e cominam nulidades, e a pretensão de *correção* da resposta judicial estará assegurada. E melhor: não haverá necessidade de procurar refúgio em padrões potencialmente estranhos à produção democrática do Direito, como o tal "sobredireito" e, mesmo, as indigitadas "metanormas".

Aliás, qual é a *validade* de uma metanorma? De onde ela retira a sua *normatividade*?

Adalberto tem razão quando questiona quais seriam as "metanormas" a fundarem as "metanormas" (afinal, se admitirmos a existência de "metanormas", não podemos negar a possibilidade da existência de "metanormas" a amparar "metanormas"); quer dizer:

> Se seguirmos o raciocínio de Ávila e de Mitidiero, poderíamos, subjetivamente, encontrar alguma outra "metanorma", num nível superior, qual uma "Grundnorm", disciplinando quando se deveria ou não utilizar a "metanorma", e assim por diante! Numa breve sentença: (re)cairíamos no positivismo kelseniano.[521]

Neste sentido, figuras como as "metanormas" e o "sobredireito" acabam sendo um prato cheio para a *resistência positivista*, na medida em que funcionam surpreendentemente bem com o arquétipo filosófico que subsidiou o "sistema de regras" (sujeito-objeto). Não é difícil ver que essa "criação" de novas formas de normatividade tem o mesmo DNA que as "regras secundárias" de Hart (lembremos da "regra de reconhecimento"). O raciocínio segue sendo feito, como dantes, em "etapas", de forma "escalonada". Na falta da regra, o princípio; na dúvida com relação aos princípios, aos postulados normativos; para uma perplexidade residual, o "sobredireito". E por aí vamos.

Mas, não nos entendam mal: não deixamos de reconhecer, nem no esquema da *ponderação*, nem dos supostos do *Formalismo-valorativo* e nem

---

[521] HOMMERDING, Adalberto Narciso. *Invalidades Processuais*: Análise das Questões Objetivas dos Concursos para Ingresso na Carreira da Magistratura, op. cit., p. 85.

na figura dos *postulados normativos aplicativos* alguns avanços importantes para a teoria do Direito. Apenas nos cabe advertir que nenhuma destas tentativas de superação do positivismo jurídico reúne condições de suprimir algo próprio do paradigma hermenêutico, que é a "dimensão pré-compreensiva", forjada no "mundo prático". Por não fazê-lo, ou seja, por tratar de hermenêutica não como filosofia, mas como lógica (ou como uma espécie de "ferramenta para organizar o raciocínio"), correm o seriíssimo risco de recair nos braços do esquema representacional (sujeito-objeto), *aquele mesmo que sustentou o positivismo jurídico que estas novas posturas visam a esconjurar.*

Ora, como vimos, a aposta no "método" faz com que o intérprete mantenha "encoberta" a questão do ser, a questão do sentido correto a ser produzido. Faz com que desviemos o olho da coisa. Nas palavras de George Steiner, para Heidegger as "técnicas metafísicas de argumentação e sistematização impedem-nos de 'pensar a questão do ser', de exprimir os nossos pensamentos no registro vital da interrogação".[522] E esse risco – que é o risco do *velamento* do ser – não devemos mais correr.

Sendo assim, e fechando aqui a questão, pensamos que tanto a *ponderação* como os tais *postulados normativos aplicativos*, para que possam ingressar validamente no paradigma hermenêutico, *não podem ser vistos com uma técnica*, mas como algo a ser desenvolvido no entremeio do "círculo hermenêutico" (Heidegger), na pergunta pelo "como" da interpretação. Não dispensam, pois, uma leitura principiológica (ou "moral", como diz Dworkin) da Constituição e do processo. São (se não assim), mecanismos "fracos" de controle do *protagonismo judicial.*

Numa palavra final: qualquer técnica argumentativa a respeito da "normatividade" do Direito somente terá para nós alguma serventia na medida em que nos auxiliem na tarefa de reconstrução da história institucional do Direito, contribuindo assim para a manutenção da sua integridade e autonomia. Esse é o preço que se paga pela apropriação hermenêutica dos aportes da teoria substantiva de Dworkin.

### 4.2.2. A Garantia do Contraditório (ou: um diálogo entre a Escola Mineira do Processo e a Crítica Hermenêutica do Direito)

Estamos no final desta pesquisa. Já sabemos que o processo jurisdicional deve ser hermeneuticamente compreendido e que, no marco *neoconstitucional*, isso significa nele reconhecer, enquanto "direito constitucional aplicado" (Alvaro de Oliveira, lido pela nossa lente), o lugar da aplicação

---
[522] STEINER, George. *Heidegger*. Lisboa: Dom Quixote, 1990, p. 54.

dos princípios (constitucionais, por certo). Também já vimos como (e por quais motivos) esse ideal passa longe de qualquer forma de *protagonismo* (tanto o judicial como o das partes) dos sujeitos processuais.

Nossa pretensão, como se viu, não é a construção, passo a passo, de uma nova teoria processual. Antes, o que nos move é o propósito – mediado pela apropriação hermenêutica dos aportes substantivos da teoria do Direito de Ronald Dworkin – de fornecer subsídios para uma compreensão mais geral deste fenômeno, ou seja, de "situá-lo" em meio ao marco teórico fornecido pela *Crítica Hermenêutica do Direito*.

Nossos esforços poderiam ser vãos, contudo, se não fornecêssemos elementos mais precisos a respeito de (pelo menos) uma "pauta mínima" que nos auxiliasse a guiar a condução do processo jurisdicional propriamente dito. E a "pauta" que oferecemos, por entendê-la inextricavelmente associada a qualquer noção minimamente constitucionalizada do processo é, sem dúvidas, a compreensão hermenêutica da *garantia do contraditório* – também ela, no nosso trabalho, posta a serviço da (re)construção de *boas respostas* no Direito.

O ponto de partida da nossa proposição encontra-se, queiramos ou não, no marco procedimental, que vem sendo (muito bem, aliás) trabalhado pela *Escola Mineira de Processo*.[523] Assim, o bom desenvolvimento deste ponto depende, significativamente, do desenvolvimento adequado dessa premissa (que supõe, como se sabe, harmonização entre compreensões distintas da Constituição[524]).

Tenha-se que, para a "doutrina tradicional", processo é "o instrumento através do qual se exerce a jurisdição", e o "procedimento seria a forma através da qual os atos e as fases processuais se sucedem"; observa Marcelo Cattoni, contudo, que estas concepções seriam caudatárias de um critério teleológico (no caso do processo) e de uma compreensão do processo como relação jurídica (no caso do procedimento), ambas inadequadas para o marco constitucional, já que velariam uma compreensão "estatalista" da jurisdição.[525] Concordamos. De fato, o pano de fundo da "instrumentalidade do processo",[526] nas suas mais diversas facetas, é

---

[523] Escrevemos sobre a "apropriação hermeneuticamente válida" dos contributos da *Escola Mineira* no ponto 1.3 deste trabalho.

[524] A tensão entre o substancialismo neoconstitucional e a compreensão processual da Constituição foi trabalhada, ainda que de modo sucinto, nos pontos 2.1 e 2.3 desta pesquisa.

[525] OLIVEIRA, Marcelo Andrade Cattoni de. Processo e Jurisdição Constitucional. In: OLIVEIRA, Marcelo Andrade Cattoni de (Coord.). *Jurisdição e Hermenêutica Constitucional no Estado Democrático de Direito*, op. cit., p. 447-8.

[526] Consultar: DINAMARCO, Cândido Rangel. *A Instrumentalidade do Processo*. 12. ed. São Paulo: Malheiros, 2005. E, necessariamente: LEAL, André Cordeiro. *Instrumentalidade do Processo em Crise*, op. cit.

uma espécie de "legitimidade prévia da função ou poder jurisdicional", já que a jurisdição não deixa de ser entendida como a "atividade do juiz, ora abordada como segmento de atividade estatal, ora como explicitação do poder do Estado".[527] Há uma ligação clara, portanto, entre uma compreensão institucionalmente "fraca" do processo (tido como um "instrumento" da atividade judicial) e o "dogma" do protagonismo judicial. Lembremo-nos, com Lenio Streck, que o enfoque "instrumentalista" do processo admite a existência de escopos metajurídicos, permitindo ao juiz realizar determinações jurídicas, mesmo que não contidas no direito legislado, com o que, "o aperfeiçoamento do sistema jurídico dependerá da 'boa escolha dos juízes' e, consequentemente, de seu ('sadio') protagonismo"; no limite, isso nada mais é do que a "prevalência do velho positivismo".[528]

Ora, a compreensão hermenêutica do processo como um "direito constitucional aplicado" (portanto, com sentido principiologicamente coerente) interdita qualquer tentativa de colocá-lo a serviço de algum "escopo" ou "valor" que não possa ser democraticamente legitimado. Do contrário: já vimos que "levar um direito é sério" é, na verdade, preservar a *autonomia* do Direito. Daí a necessidade que o processo seja estruturado (e *existencializado*) de molde a viabilizar a (re)construção de uma *boa resposta*.

Parece-nos que a referida *Escola* Mineira, quando aposta no reforço institucional do processo como forma de quebrar o "protagonismo judicial", bem nos auxilia na concretização deste ideal.

Voltemos, pois, a Cattoni, para quem procedimento "é a atividade de preparação de provimentos estatais", caracterizado por uma "interconexão normativa entre os atos que o compõem", pela qual "o cumprimento de uma norma da sequência é pressuposto da incidência de outra norma e da validade do ato nela previsto"; já o processo "caracteriza-se como uma espécie de procedimento pela participação na atividade de preparação do provimento dos *interessados*, juntamente com o autor do próprio provimento"; e, no caso específico do processo jurisdicional – que

---

[527] LEAL, André Cordeiro. *Instrumentalidade do Processo em Crise*, op. cit., p. 138-9. E, realmente, para Dinamarco, a jurisdição é "uma das expressões do poder estatal", sendo que a legitimidade do sistema processual estaria na sua "compatibilidade com a carga de valores amparados pela ordem sócio-político-constitucional do país"; assim, a legitimidade da jurisdição seria um "fenômeno sociológico", que se manifestaria através de "aceitação geral do poder". DINAMARCO, Cândido Rangel. *A Instrumentalidade do Processo*, op. cit., p. 387-8.

[528] STRECK, Lenio Luiz. Hermenêutica, Constituição e Processo, ou de "Como Discricionariedade não Combina com Democracia": O Contraponto da Resposta Correta. In: OLIVEIRA, Marcelo Andrade Cattoni de; MACHADO, Felipe (Coord.). *Constituição e Processo*: A Contribuição do Processo ao Constitucionalismo Democrático Brasileiro, op. cit., p. 10.

é o que nos interessa mais propriamente –, "essa participação se dá de uma forma específica, dá-se em contraditório".[529]

Aqui está o nosso ponto de contato e de "apropriação hermeneuticamente válida" da contribuição procedural: também nós reconhecemos que o processo jurisdicional, para que possa cumprir a missão que lhe entendemos cabida (a de ser *condição de possibilidade* de acesso à ordem jurídica justa – principiologicamente coerente), *deve contar, necessariamente, com a participação dos interessados, esta desenvolvida em contraditório*. E a "essência" desse "contraditório" está, bem como ensina Cattoni, "na simétrica paridade de participação, nos atos que preparam o provimento, daqueles que nele são interessados porque, como seus destinatários, sofrerão seus efeitos".[530] Mais ainda: longe de representar a simples possibilidade de as partes se pronunciarem sobre as alegações e provas uma da outra, o *contraditório*, hermeneuticamente compreendido, abrirá o almejado caminho para a casuística reconstrução da história institucional do Direito. No final, adiantamos, isto tudo está ligado à garantia constitucional de que as decisões judiciais sejam adequadamente fundamentadas, bem nos termos defendidos por Ovídio Baptista.[531]

Seja como for, o dado é que não encontramos boas razões, no paradigma hermenêutico, para discordar desta compreensão da forma como deve ser desenvolvido o processo jurisdicional. Efetivamente, compreendê-lo como "direito" implica permitir aos contraditores *participação* na construção do provimento. Aliás, – e aqui a razão segue com Cattoni – não se pode opor o exercício do Poder Jurisdicional à garantia de direitos, pois é justamente "através do processo jurisdicional realizado em contraditório entre as partes, juntamente com o juiz ou tribunal autor do provimento, que o provimento jurisdicional é emitido e a função jurisdicional exercida".[532]

Essa "participação" de que falamos transcende a tradicional "bilateralidade de audiência" para se concretizar na efetiva garantia de influência da argumentação das partes na formação do conteúdo das decisões judiciais; e essa exigência deve ser cumprida através de um "dever de consulta" do juiz aos demais atores processuais, de modo a evitar que a

---

[529] OLIVEIRA, Marcelo Andrade Cattoni de. Processo e Jurisdição Constitucional. In: OLIVEIRA, Marcelo Andrade Cattoni de (Coord.). *Jurisdição e Hermenêutica Constitucional no Estado Democrático de Direito*, op. cit., p. 448.

[530] Ibidem, p. 450.

[531] Vide o ponto 3.2, no qual há uma tentativa de aproximação entre a garantia constitucional de obter decisões fundamentadas (Ovídio) e a argumentação de princípio (Dworkin).

[532] OLIVEIRA, Marcelo Andrade Cattoni de. Processo e Jurisdição Constitucional. In: OLIVEIRA, Marcelo Andrade Cattoni de (Coord.). *Jurisdição e Hermenêutica Constitucional no Estado Democrático de Direito*, op. cit., p. 454-5.

resolução judicial possa, de alguma forma, caracterizar para estes uma "surpresa"; disso resultará, como percebe Theodoro Júnior, "um temperamento para o aumento dos poderes do juiz provocado pela função social e publicística do processo forjada ao longo do século XX".[533]

Em linhas gerais, é possível concordar com o próprio Carlos Alberto Alvaro de Oliveira,[534] quando este propõe uma espécie de "conteúdo mínimo do princípio do contraditório", nestes termos: "insta a que cada uma das partes conheça as razões e argumentações expendidas pela outra, assim como os motivos e fundamentos que conduziram o órgão judicial a tomar determinada decisão, possibilitando-se sua manifestação a respeito em tempo adequado (seja mediante requerimento, recursos, contraditas, etc.). Também se revela imprescindível abrir-se a cada uma das partes a possibilidade de participar do juízo de fato, tanto na indicação da prova quanto na sua formação, fator este último importante mesmo naquela determinada de ofício pelo órgão judicial. O mesmo se diga no concernente à formação do juízo de direito, nada obstante decorra dos poderes de ofício do órgão judicial ou por imposição da regra *iura novit curia*, pois a parte não pode ser surpreendida por um novo enfoque jurídico de caráter essencial tomado como fundamento da decisão, sem ouvida dos contraditores".[535]

Em todo o caso – e sem querer entrar, aqui, na discussão a respeito da (in)constitucionalidade de lides parciais,[536] ou coisas do gênero (ou

---

[533] THEODORO JÚNIOR, Humberto. Constituição e Processo: Desafios Constitucionais da Reforma do Processo Civil no Brasil. In: OLIVEIRA, Marcelo Andrade Cattoni de; MACHADO, Felipe (Coord.). *Constituição e Processo*: A Contribuição do Processo ao Constitucionalismo Democrático Brasileiro, op. cit., p. 252-3. Neste texto, o autor chama a atenção para o fato de que o Supremo Tribunal Federal, ao explorar o direito comparado (em especial, precedentes da Corte Constitucional da Alemanha), já fez a referência de que o "contraditório" englobaria, num apertado resumo: (1) direito à informação; (2) direito de manifestação; e (3) direito de ver seus argumentos considerados (STF, Pleno, MS 24.268/MG, Rel. p/acórdão Min. Gilmar Mendes, ac. 05.02.2004, RTJ 191/922), op. cit., p. 255.

[534] Com a ressalva de que, diferentemente de nós, Alvaro de Oliveira não dispensa o julgador de resolver o "conflito" entre a obediência a um "mínimo" de contraditório e o "direito fundamental à efetividade do processo" mediante a "técnica da ponderação dos valores e o equilíbrio dos interesses em jogo no caso concreto". OLIVEIRA, Carlos Alberto Alvaro de. A Garantia do Contraditório. In: *Revista da Ajuris*. Porto Alegre, n. 74, 1998, p. 117-8.

[535] OLIVEIRA, Carlos Alberto Alvaro de. *A Garantia do Contraditório*, op. cit., p. 114-5.

[536] Temos repetido, com alguma insistência, que a compreensão do fenômeno processual há de ser hermenêutica. Isso significa dizer que não podemos conviver com qualquer tentativa de estruturação prévia dos sentidos, e com a "aplicação" do contraditório não como ser diferente. Não há como "entificar" o cumprimento do contraditório em cláusulas fechadas (o contraditório há de ter um "sentido", que não é prévio, que não se dá em abstrato, coerente com o Direito). O seu "sentido" é o de viabilizar um efetivo compartilhamento decisório. Desta sorte, é óbvio que haverá casos em que a decisão judicial poderá ser proferida sem uma "consulta prévia" ao entendimento das partes (pensemos nas necessárias tutelas de urgência, por exemplo). Bem assim, não vemos confronto entre a compreensão aqui sustentada e a viabilidade jurídica das "lides parciais", ou "sumárias", como as defendidas por Ovídio Baptista, que defende a viabilidade de um contraditório "diferido", em casos determinados

seja, sem querer, neste espaço, problematizar a casuística) –, concentraremos nossas energias no seguinte aspecto, que é especialmente caro para a nossa tese das *boas respostas*: o contraditório deve servir para assegurar a participação efetiva de todos os interessados no processo de formação do provimento jurisdicional. E isso, na linguagem dworkiniana (vista aqui pela lente da *Crítica Hermenêutica do Direito*), implica estimular as partes a que se somem ao juiz na tarefa de reconstrução da história jurídico-institucional que guiará a solução da causa. Ainda mais especificamente, o contraditório deve, portanto, permitir que os contraditores problematizem a causa através de *argumentos de princípio*, que deverão ser efetivamente enfrentados na decisão judicial, de modo que esta espelhe não só uma teoria compartilhada entre os atores processuais, mas, substancialmente, *uma teoria principiologicamente coerente com a integridade do Direito*.

Dito de outra forma, o que propomos é uma reformulação da dinâmica processual. O fardo de des-cobrir no Direito uma *boa resposta* (hermeneuticamente-constitucionalmente adequada, ou *correta*, se se quiser) não pode (e não *deve*) ficar depositado nas mãos de um juiz-protagonista, e nem deve depender, de modo exclusivo, da atuação das partes. A cláusula do contraditório deve, portanto, pontuar todo o processo como garantia do *policentrismo* que é próprio do marco constitucional democrático.

Neste sentido, o que *garantirá* um contraditório efetivo é, em última análise, a fundamentação "completa" do provimento jurisdicional, que deve fornecer boas justificativas para descartar a(s) teoria(s) proposta(s) pela(s) parte(s), aí incluídas as razões que expliquem porque e é a *sua teoria* a que melhor interpreta a prática do Direito como um todo. No fundo, não pedimos mais do que já pedia Ovídio Baptista: que os juízes, no mínimo, justifiquem de modo sincero suas decisões, esclarecendo às partes porque tal argumento foi vencedor e não o outro, submetendo a sua decisão à crítica e ao recurso.

Perceba-se que o que está em jogo, tanto com a cláusula do contraditório, como com o cumprimento do dever fundamental de fundamentar decisões, é o *direito fundamental de o cidadão obter respostas corretas*. Lembremos da chamada "tese dos direitos" de Dworkin: "o direito a ter uma decisão favorável em um processo é um direito político genuíno";[537] claro, para o jusfilósofo norte-americano, o ideal da prestação jurisdicional, no modelo centrado nos direitos, é de que, na medida em que isto é praticá-

---

(consultar: BAPTISTA DA SILVA, Ovídio. O Contraditório nas Ações Sumárias. In: *Da Sentença Liminar à Nulidade da Sentença*, op. cit., p. 253-86). Ora, o contraditório é uma das cláusulas que se entremeia ao processo jurisdicional, e a sua "aplicação" não pode jamais obscurecer o caráter de "condição de possibilidade de acesso à ordem jurídica principiologicamente justa" que lhes justifica.

[537] DWORKIN, Ronald. *Levando os Direitos a Sério*, op. cit., p. 140.

vel, os direitos morais que os cidadãos efetivamente possuem devem ser acessíveis a ele no tribunal.[538]

E isso é assim porque – ainda de acordo com Dworkin – há uma incontornável *dimensão moral* em causa em cada julgamento; mais do que decidir simplesmente quem vai ter o quê, o juiz deve deliberar sobre "quem agiu bem, quem cumpriu com suas responsabilidades de cidadão, e quem, de propósito, por cobiça ou insensibilidade, ignorou suas próprias responsabilidades para com os outros, ou exagerou as responsabilidades dos outros consigo mesmo".[539] Mas isso ele não pode decidir *sozinho*. Para tanto, deve somar-se às partes na difícil tarefa de reconstrução da dignidade principiológica do Direito.

Claro que, para que o contraditório sirva de alguma coisa, os juízes devem estar dispostos a colocar seus *pré-conceitos* em suspensão, ou seja, devem estar dispostos a realmente compartilhar a tarefa decisória, escutando o que as partes têm a dizer. Neste sentido, Dworkin tem razão quando observa que:

> A independência do Judiciário não consiste em que os juízes não tenham opiniões anteriores sobre os assuntos que têm de decidir, mas no ato de ouvir cuidadosa e honestamente aos argumentos apresentados pelos dois lados e na disposição de mudar de idéia caso sejam convencidos a tal.[540]

Seja como for, insistimos que a compreensão hermenêutica do contraditório que propomos aqui não é nada muito diferente do que Dierle Nunes (para citar apenas este integrante da plurirreferida *Escola Mineira*) sugere seja uma "leitura do contraditório como garantia de influência no desenvolvimento e resultado do processo", a permitir que as partes contribuam, de forma crítica, para a formação do julgado.[541] Aliás, endossamos também a sua observação de que "o comando constitucional que prevê o contraditório e garante um Estado Democrático de Direito já impõe a interpretação do contraditório como garantia de influência a permitir uma compartipação dos sujeitos processuais na formação das decisões".[542] Em realidade, a nossa divergência com o procedimentalismo (nos moldes que vêm da *Escola Mineira*) é pontual (apesar de paradigmática): enquanto autores como Dierle defendem que uma concepção deontológica do contraditório como "garantia de influência" assegura uma correção normati-

---

[538] DWORKIN, Ronald. *Uma Questão de Princípio*, op. cit., p. 15.

[539] DWORKIN, Ronald. *O Império do Direito*, op. cit., p. 4.

[540] DWORKIN, Ronald. *O Direito da Liberdade*: A Leitura Moral da Constituição Norte-Americana, op. cit., p. 496.

[541] NUNES, Dierle José Coelho. *Processo Jurisdicional Democrático*: Uma Análise Crítica das Reformas Processuais, op. cit., p. 227.

[542] Ibidem, p. 229.

va *procedimental* das decisões (o que vocacionaria o "fluxo discursivo" ao entendimento),[543] para nós, o *fim* do processo não é o *entendimento*,[544] mas a produção de uma *boa resposta*, uma resposta que assegure os direitos de quem efetivamente os tem. Exigimos, pois, dos sujeitos processuais, que apresentem teorias fundadas em *argumentos de princípio*, através dos quais seja possível uma *aferição substancial* da conformidade do *projeto* que apresentam com a materialidade da Constituição e com a integridade do Direito. Somente assim seremos fieis aos aportes substantivos da teoria de Dworkin e aos supostos da *Crítica Hermenêutica do Direito*.

Numa palavra: a teoria adotada no ato decisório não deve espelhar um entendimento compartilhado *apenas* entre os sujeitos processuais e o juiz, mas também, e substancialmente, este compartilhamento deve ser empreendido, de forma principiologicamente coerente, com *os demais juízes do passado* (ou seja, com os demais *romancistas-na-cadeia*).

Voltamos, pois, à problemática da *fundamentação*. E, sendo isso assim, mesmo correndo o risco de perdermos o foco, estamos constrangidos a deixar ditas duas palavras mais sobre o dever de fundamentar decisões judiciais no ambiente neoconstitucional.

Em primeiro lugar, é bom repetir que subscrevemos a tese de que "o tribunal é o fórum do princípio" (Dworkin). Isso significa dizer que os argumentos dos sujeitos processuais somente serão "válidos" na medida em que forem compreendidos "como" argumentos de princípio. A pretensão de transformação do estado de coisas através do Direito, que é própria do constitucionalismo emergente do segundo pós-guerra, não pode vir a significar, em hipótese alguma, uma "substituição" da Política pelo Direito. A agência judiciária somente estará legitimada a atuar nas *omissões* do Executivo e do Legislativo e, mesmo assim, quando desta

---

[543] NUNES, Dierle José Coelho. *Processo Jurisdicional Democrático*: Uma Análise Crítica das Reformas Processuais, op. cit., p. 239.

[544] Aliás, eis a visão de Dworkin a respeito do "drama judiciário": na prática, não há cooperação, diálogo ou consenso efetivo. Nas suas palavras, os "litígios judiciais são de meter medo: podem ser perdidos mesmo com bons argumentos e, tanto no folclore quanto de fato, constituem uma situação perigosa na qual uma palavra descuidada ou um fato apresentado na hora errada podem ser implacavelmente aproveitados pelos advogados adversários para parecer muito mais prejudiciais ou incriminadores do que de fato são. O processo litigioso também é, num nível ainda mais baixo e mais dramático, profunda e inevitavelmente belicoso: o réu não se vê confrontado por um companheiro que junto com ele busca chegar à verdade, mas com um inimigo cujo objetivo declarado é o de esmagá-lo. A partir do momento em que se entra com a ação, o queixoso e o réu se travam, tanto de um modo simbólico quanto de modo real num processo cujo final, seja qual for (e mesmo que seja um acordo), será visto como a justificação de um lado e a humilhação do outro. Não é de surpreender que praticamente qualquer pessoa entre na defensiva (ou se torne zombeteira e arrogante, o que é quase a mesma coisa) quando ela ou sua equipe são levadas a julgamento, e se submeta docilmente às orientações dos advogados, os quais, por sua vez, devem aos clientes e aos colegas a responsabilidade de cumprir seu próprio papel nesse triste drama, combatendo fogo com fogo". DWORKIN, Ronald. *O Direito da Liberdade*: A Leitura Moral da Constituição Norte-Americana, op. cit., p. 273.

*omissão* resultar uma violação a direitos.[545] A caracterização desta *omissão* deverá, portanto, *ser objeto de debate processual* e integrar a fundamentação da decisão. Nesta conjuntura, deve ficar claro que o fato de o Poder Judiciário assumir um certo "protagonismo" nos quadros de um Estado Democrático de Direito não pode, em nenhuma medida, ser visto como uma abertura para o protagonismo "do juiz". Esse é o ponto. Aliás, esta não é nem mesmo a pretensão do sobre-humano Hércules, que também vai se recusar a "substituir seu julgamento por aquele do legislador quando acreditar que a questão em jogo é fundamentalmente política, e não de princípio", ou seja, quando o argumento for "sobre as melhores estratégias para satisfazer inteiramente o interesse coletivo por meio de metas, tais como a prosperidade, a erradicação da pobreza ou o correto equilíbrio entre a natureza e a preservação".[546] Mas, uma postura que restrinja além disso a atuação da agência judiciária, segundo pensamos, negaria normatividade a cláusulas (por vezes expressamente previstas) da Constituição. Ora, a "idéia de que a Constituição não quer dizer o que nela está escrito nos leva à intragável conclusão de que ela não quer dizer absolutamente nada".[547] Nesse equívoco, pois, não queremos incorrer. Fica, de toda sorte, o alerta de que a argumentação que se estimula e persegue, com a materialização do contraditório, é, somente, *aquela em favor de direitos*, isto é: uma *argumentação de princípio*.

Em segundo, vai aqui uma advertência quanto ao cuidado que se faz necessário na "invocação de precedentes" como guia das decisões.[548] Uma

---

[545] Um exemplo: na Comarca de Lavras do Sul, houve um impasse entre o Estado do Rio Grande do Sul e o Município de Lavras do Sul a respeito da extensão do dever de o Poder Público vir a fornecer transporte escolar gratuito aos alunos da rede pública estadual. Em resumo, o Estado vinha repassando valores ao Município para que executasse a tarefa, e o Município, por entender insuficientes os repasses, e por acreditar que o indigitado dever era ainda do Estado do que seu, interrompeu a prestação do serviço. O ano letivo iniciou e dezenas de crianças pobres, sem condições de custear seu próprio transporte, passaram a faltar às aulas. O Ministério Público ingressou com uma ação civil pública contra ambos os entes federativos, em defesa do direito fundamental à educação dos tais alunos. O juiz da causa, constatando que, efetivamente, houve uma omissão do Poder Executivo (em sentido amplo) em cumprir com um dever fundamental, trabalhou com a noção de que a Constituição tem força normativa e determinou aos entes públicos que, de modo solidário, prestassem o serviço. Determinou, ainda, providências no sentido de que as faltas fossem compensadas com reforço educacional. (Processo n. 108/1.07.0000146-0; juiz prolator: Felipe Valente Selistre). Trata-se, sem dúvidas, de uma *boa decisão*, ilustrativa de uma hipótese em que a intervenção do Direito é legítima no âmbito da política pública. Aos céticos, aliás, uma lembrança: as crianças e adolescentes voltaram às aulas e aproveitaram, regularmente, aquele ano letivo (enquanto, até hoje, Estado e Município discutem qual seria, afinal, o valor justo dos repasses...!).

[546] DWORKIN, Ronald. *O Império do Direito*, op. cit., p. 475.

[547] DWORKIN, Ronald. *O Direito da Liberdade*: A Leitura Moral da Constituição Norte-Americana, op. cit., p. 131.

[548] A respeito deste assunto, aliás, não conheço ninguém que tenha dito coisas mais lúcidas do que Maurício Ramires. Consultar, necessariamente, o seu *Crítica à Aplicação de Precedentes no Direito Brasileiro*. Porto Alegre: Livraria do Advogado, 2010.

coisa, que é correta, é a invocação dos julgamentos anteriores que, quando tidos como acertos institucionais, bem servem como "indício formal" das decisões que se seguirão a ele, e que com ele devem guardar a coerência de princípio.[549] É louvável que as partes compreendam, pois, que a sua causa *integra* a história institucional, e que chamem a atenção do juiz para a necessidade de sua *continuidade*. Agora, outra coisa, bem diferente, é a *fraude* que decorre da utilização de verbetes jurisprudenciais, como se fundamentação fossem, sem a devida reconstrução dos argumentos que foram *decisivos* num e noutro caso. Dworkin explica que, se é verdade que os casos semelhantes devem ser tratados de maneira semelhante (primado da equidade, que exige a aplicação coerente dos direitos), também é verdade que os precedentes não têm força de "promulgação": o juiz deve "limitar a força gravitacional das decisões anteriores à extensão dos argumentos de princípio necessários para justificar tais decisões".[550] E isso já no sistema da *common law*! Que dirá então de países como o Brasil, de tradição jurídica totalmente diferenciada, onde os precedentes não têm (em regra, pelo menos) força normativa vinculante? Então, atenção: para que o precedente agregue padrões "hermeneuticamente válidos" a um provimento atual, ou para que se revele a "força" de um precedente (ou: o que, afinal, ficou decidido naquele caso?), temos de perguntar: quais os argumentos de princípio que o sustentaram?[551] Simples, pois. *Estes argumentos* é que poderão (e deverão) influenciar o novo provimento. Afinal, para os propósitos de uma produção coerente e democrática do Direito,

---

[549] Outro exemplo, este oriundo da 128ª Zona Eleitoral do Estado do Rio Grande do Sul. Durante as eleições municipais de 2008, uma vez iniciada a propaganda eleitoral gratuita, houve críticas duras dos integrantes de uma coligação que representava a "oposição" ao candidato a Prefeito que buscava sua reeleição. Em momento determinado, chegou ao cartório eleitoral o primeiro pedido de resposta, esse oriundo da coligação que representava a "situação", entendendo como ofensivas determinadas expressões que não cabe aqui reproduzir. Na ocasião, a compreensão do Ministério Público e da Justiça Eleitoral foi a de que deveria haver um certo grau de tolerância quanto ao nível do debate, reputando de "normais", naquelas circunstâncias, as críticas questionadas. O direito de reposta foi, portanto, indeferido, com esta fundamentação. Na sequência da campanha, e bem ciente desta decisão, representantes da "situação" devolveram as críticas, que mantiveram tom semelhante, com relação aos integrantes da candidatura oposicionista que, de sua vez, igualmente formularam pedido judicial de reposta. Aqui, chegamos ao ponto: na contestação da coligação "situacionista" vieram transcrições expressas da sentença anterior, então invocada como o "precedente" que lhe havia permitido entender viáveis, juridicamente, críticas que fez. Perfeito: a situação era mesmo análoga e o segundo caso também foi julgado improcedente (processo n. 561-128/08; juiz eleitoral prolator: Felipe Valente Selistre). Esse é um bom exemplo para demonstrar que partes atentas, juntamente com juiz e promotor eleitorais comprometidos com o ideal da coerência e da integridade, efetivamente podem construir, em conjunto, uma compreensão compartilhada do Direito (com efeitos práticos, pois não?). Mesmo que não "quisesse" fazê-lo, o juiz eleitoral, nesta segunda causa, viu-se "constrangido" a ter de se ver com a sua própria argumentação. Esse "constrangimento", que é *virtuoso*, somente passa quem sabe integrar um Estado comprometido com o tratamento igualitário de seus cidadãos.

[550] DWORKIN, Ronald. *Levando os Direitos a Sério*, op. cit., p. 177.

[551] Ibidem, p. 179.

"adequar-se ao que os juízes fizeram é [bem] mais importante do que adequar-se ao que eles disseram".[552]

Também aqui, diga-se, a filosofia vem à fala. Gadamer explica que a reflexão não pode se apropriar acriticamente dos conceitos que utiliza, mas deverá, antes, "adotar o que lhe foi legado do conteúdo significativo original de seus conceitos", afinal, "a conceptualidade em que se desenvolve o filosofar já sempre nos possui, da mesma forma em que nos vemos determinados pela linguagem em que vivemos", de modo que o "conscientizar-se desse pressuposto pertence à honestidade do pensamento".[553] Ou, para ficarmos nas palavras de Dworkin: "caso se reconheça que um precedente específico se justifica por determinada razão; caso tal razão também recomende um determinado resultado no caso em juízo; caso a decisão anterior não tenha sido objeto de uma retratação ou, de algum modo, não tenha sido vista como uma questão de arrependimento institucional, então deve-se chegar a essa decisão no segundo caso".[554]

Então, e fechando aqui este ponto, é isso o que se espera da comparticipação decisória. Assim como a compreensão de um caso prático não parte de um *grau zero* (e, portanto, é mesmo pertinente que *todos os sujeitos processuais* envidem esforços para que a solução do seu caso seja *hermeneuticamente integrada* a uma teoria coerente com a história institucional do Direito), não é qualquer tipo de argumentação que deve ser levada em conta: somente aquela *de princípio*. Se for assim, não haverá protagonismo judicial. O "protagonismo", que é *do Direito*, se dissolverá entre os sujeitos processuais e na própria história jurídico-institucional. Essa é uma exigência do direito compreendido como integridade.

Interrompemos por aqui as nossas observações. São estes os traços que nos pareceram "minimamente necessários" para que déssemos conta de uma "leitura moral" do processo: desenvolvimento em contraditório, decisões com fundamentação "completa" e "completamente fundamentadas" em argumentos de princípio. Estamos convencidos de que estas noções, hermeneuticamente compreendidas, nos colocam em boas condições de levar os direitos (e, decorrentemente, *o Direito*) a sério. Assim, se estivermos corretos, teremos dado um passo consistente para a (já tardia) quebra do "dogma" do protagonismo judicial.

---

[552] DWORKIN, Ronald. *O Império do Direito*, op. cit., p. 297.

[553] GADAMER, Hans-Georg. *Verdade e Método I*: traços fundamentais de uma hermenêutica filosófica, op. cit., p. 33.

[554] DWORKIN, Ronald. *Levando os Direitos a Sério*, op. cit., p. 180.

# Conclusões

I – Nos quadros de um Estado (Social) e Democrático de Direito, como o inaugurado no Brasil com a Constituição de 1988, ocorre um natural deslocamento do centro de decisões do Legislativo e do Executivo para o plano da jurisdição constitucional. É que o Direito, nos quadros de um Estado assim formatado, é sempre um instrumento de transformação, porque regula a intervenção do Estado na economia, estabelece a obrigação da realização de políticas públicas e traz um imenso catálogo de direitos fundamentais-sociais. Trata-se daquilo que se pode denominar de um *acentuado grau de autonomia do direito* (Streck-Morais da Rosa-Aroso Linhares). Disso resulta que a inércia do Executivo e a falta de atuação do Legislativo passam a poder ser supridas pelo Judiciário, justamente mediante a utilização dos mecanismos jurídicos previstos na Constituição que estabeleceu o Estado Democrático de Direito. É a judicialização da política, que se dá de forma contingencial. Essa atuação do Poder Judiciário, contudo, deve ser sempre compatível com um "sentido" da (e de) Constituição (entendida como *topo normativo* e *interpretativo*) que lhe legitimou a intervir. Nesta conformidade, qualquer ato judicial deverá ser compreendido como um ato de jurisdição constitucional.

II – Uma Constituição como a do Brasil, que estabelece um generoso catálogo de direitos fundamentais, adota uma teoria moral específica, a saber, a de que os indivíduos têm direitos morais *contra* o Estado. Bem assim, um Estado Democrático somente encontrará justificativa moral e política se, através do Direito, vier a garantir igual consideração e respeito pelos seus cidadãos. Isso implica reconhecer, entre outras coisas, que a maioria não deve ser sempre a juíza suprema de quando seu próprio poder deve ser limitado para protegerem-se os direitos individuais (em especial, este mesmo direito à igual consideração e respeito). Nessa linha, "faz sentido" defender que um cidadão é titular de um direito fundamental contra o Estado (liberdade de expressão, por exemplo) quando esse direito for necessário para a proteção de sua dignidade, ou então quando de seu reconhecimento depender a manutenção de seu *status* de merecedor de igual consideração e respeito, por parte do Estado, do que os demais integrantes da comunidade.

III – A Constituição deve ser compreendida como um elo de conteúdo entre a Política e o Direito (Streck); de igual forma, ela "funde" questões jurídicas e morais (Dworkin-Habermas). Neste sentido, a Constituição é composta por princípios amplos e abstratos de moralidade política que, juntos, abarcam, sob uma forma excepcionalmente abstrata, todas as dimensões da moralidade política que, em nossa cultura política, podem servir de base ou justificativa para um determinado direito constitucional (individualmente considerado). E a "estratégia" que Dworkin sugere (e que endosso) para a correta interpretação destas cláusulas todas é a chamada "leitura moral da Constituição". Em linguagem bem simples, a proposta é a de que interpretemos estes "dispositivos abstratos" considerando que eles fazem referência a princípios morais de decência e justiça (institucionalização da Moral no Direito); e a de que esta interpretação seja (ao menos minimamente) coerente.

IV – Queiramos ou não, o Direito possui um campo próprio a ser articulado e pensado em linguagem filosófica. Afinal, o direito não pode(ria) estar blindado aos influxos da filosofia. Basta verificar que o cotidiano do Direito tem de se entender com conceitos, categorias e palavras iminentemente filosóficas, tais como "verdade", "valor", etc. Por isso, é possível dizer, com Dworkin, que os juristas serão *sempre* filósofos (e que a "doutrina", articulada filosoficamente, é o "prólogo" de qualquer decisão). Sendo assim, entre filosofar de maneira ignorante (fazer *má* filosofia) ou refletir sobre a adoção de posturas filosóficas que deem conta da complexidade da prática judiciária, não me parece que haja uma verdadeira escolha a fazer. Trata-se, portanto, de acompanhar Lenio Streck na proposta de pensar a Filosofia *no* Direito. E, no nosso caso específico, esta postura implica investigar as conquistas filosóficas proporcionadas pela Filosofia Hermenêutica (Martin Heidegger) e pela Hermenêutica Filosófica (Hans-Georg Gadamer).

V – Desde Heidegger, a hermenêutica passa a ser associada a uma perspectiva fundamental (não como "arte da interpretação", ou coisa do gênero), dizendo agora respeito às condições prévias não só da interpretação de textos, mas de todo pensamento e atividade humana. O filósofo re-elabora a relação entre "compreensão" e "interpretação", dando primazia existencial à primeira, ao afirmar que "interpretar não é tomar conhecimento do que se compreendeu, mas elaborar as possibilidades projetadas no compreender". A partir daí, é possível dizer qualquer significação que se atribua a um ente é, na verdade, uma *interpretação*, visto que toda a atividade do sujeito está calcada em um momento prévio, fundante, de abertura para o mundo. Isso faz com que a linguagem assuma um caráter central, indissociável do pensamento, sendo constituinte e constituidora do saber (Streck). Nessa dimensão, altera-se a concepção corrente do que seja a "verdade", na medida em que não há mais como buscar uma adequação da coisa com o conhecimento, ou vice-versa (não mais se trata de uma "representação do real"). Verdade hermenêutica é "des-velamento", é a *liberdade* que "deixa-ser" o ente. Para a compreensão destas coisas todas, que superam a relação apresentacional (sujeito cognoscente *versus* objeto a ser conhecido) dois teoremas são fundamentais: a *diferença ontológica* (o ser "mostra-se" *no* ente) e o *círculo hermenêutico* (a interpretação já sempre se movimenta no já compreendido e dele se deve alimentar).

VI – Gadamer "apropriou-se" das lições de Heidegger e passou a desenvolver (também ele) uma filosofia hermenêutica, situada em relação de continuidade com a filosofia de seu mestre, tomando como ponto de partida essa descoberta de uma "pré-estrutura" da compreensão. Desse modo, a hermenêutica filosófica gadameriana coloca em questão não o que fazemos, ou o que deveríamos fazer, mas o que nos acontece além do nosso querer e fazer; neste sentido, seu escopo não é (e nem poderia ser) o de estabelecer um método, mas o de descobrir e tornar consciente algo que foi encoberto e ignorado pela disputa sobre os métodos. Por isso é que nos é permitido afirmar que sua principal obra, *Verdade e Método*, é melhor lida enquanto *Verdade contra o Método*. Gadamer deixa claro que compreender e interpretar textos não é um expediente reservado apenas à ciência, mas pertence ao todo da experiência do homem no mundo, de modo que, na sua origem, o fenômeno hermenêutico não é (não poderia ser), de forma alguma, um problema de método.

VII – No campo do Direito Processual, estivemos às voltas com dois desvios: de um lado, convivemos com traços do "liberalismo processual" – típico de um Estado Liberal de Direito –, em cujos quadros o "protagonismo" é inteiramente das partes, sendo o juiz um mero "espectador" desta cena, um "mediador" do conflito, que age de modo "imparcial". De outro vértice, temos a chamada "socialização do processo", correspondente ao marco do Estado Social (*Welfare State*), e que, a pretexto de funcionalizar socialmente o processo (e, decorrentemente, de publicizá-lo), passa a fornecer respostas que dependem cada vez menos da atuação/ fala das partes, na medida em que a jurisdição (enquanto atividade dos juízes) vem revestida de um perfil de "tutela paternalística". Esta é a visão que tem, como pano de fundo, o processo como um mero instrumento da jurisdição. Trata-se, em síntese, de uma teleologia, ou seja, um "finalismo processual". Nenhum destes modelos atende à demanda de um Estado Democrático de Direito, nos quadros do qual não há uma oposição entre Estado e sociedade. Uma compreensão hermenêutica do processo deve harmonizar, portanto, duas noções: a primeira, de que o processo deve propiciar acesso a uma ordem jurídica principiologicamente coerente e justa; a segunda, de que, para tanto, deve viabilizar participação, assegurando que as partes atuem, *decisivamente*, para a construção do provimento jurisdicional. Estas ideias (de que a ordem jurídica transcende a opinião pessoal do juiz, e de que o processo se desenvolve de modo *policêntrico*) fazem com que se quebre o "dogma" do *protagonismo judicial*.

VIII – Para Dworkin, quando alguém encarregado de tomar uma decisão pode fazê-lo sem qualquer limitação estabelecida pelos padrões de uma autoridade superior, ele age com "poder discricionário" no sentido "forte". No estudo do positivismo jurídico de Herbert Hart, o jusfilósofo norte-americano concluirá que o Direito, compreendido como um "sistema de regras" (primárias e secundárias, todas elas compostas por uma *textura aberta*), concede ao juiz este *poder discricionário* no sentido "forte". O autor estadunidense, em contrapartida, conhece não apenas *regras* (*rules*), mas também *princípios* (*general principles of law*), padrões que deveriam ser observados por uma exigência da moralidade, com perfil juridicamente vinculativo (*deontológico*). A justificativa do pensamento de Dworkin está, basicamente, na defesa dos direitos políticos *preferenciais* (*background rights*), notadamente daqueles derivados do *direito abstrato à consideração e respeito* (*right to equal concern and respect*), que preexistem ao Estado (*governnment*) e que, bem por isso, podem ser opostos a ele. É visando ao resguardo *desses direitos* que o juiz deve ter em conta as imposições de *moralidade* representadas pelos tais *princípios* (sobretudo nos chamados *hard cases*). Finalmente, e em contraposição à doutrina do poder discricionário, Dworkin passou a sustentar a existência da "única resposta correta" (*the one right answer*), qual seja, aquela que resolvesse melhor a dupla exigência que se impõe ao juiz: fazer com que a decisão se harmonize o melhor possível com a jurisprudência anterior e ao mesmo tempo a atualize (justifique) conforme a moral política da comunidade.

IX – Para Dworkin, a prática do Direito é interpretativa. E a interpretação, desde Gadamer, tem caráter universal (interpretamos sempre, não apenas textos ou práticas sociais). Além disso, o caráter circular da hermenêutica faz com que o intérprete seja *parte* daquilo que interpreta. O desenvolvimento dessas noções permite uma aproximação entre a *interpretação construtiva* proposta pelo jusfilósofo norte-americano e a hermenêutica filosófica gadameriana. A *interpretação construtiva* consiste, em última análise, na compreensão de algo (um texto, por exemplo) que deve levar em conta fatores históricos (como a "intenção do autor"), mas que, uma vez dirigida por um "interesse" (como a atribuição de um sentido "jurídico" ao texto) do intérprete (também ele "situado" historicamente), resultará na "construção" de um "sentido" novo, mas ainda assim "fiel" ao texto (ou seja, nem por isso deixará de ser uma interpretação "correta"). É dizer, a "criação interpretativa" deve honrar a história sem, contudo, se resumir a esta. Entende-se isto a partir da *lógica da pergunta e resposta* de Gadamer (deve-se compreender o que foi dito como uma *resposta a uma pergunta*, ultrapassando, assim, o que foi dito), com a qual será possível (e necessário) tomar em conta parâmetros históricos, como a "intenção" do legislador e outros similares. A compreensão que se quer deixar clara com isto é a de que o intérprete construtivo do Direito terá, necessariamente, "amarras" com o passado, já que deve *aderir* a uma tradição, e não instaurar uma nova. A influência efetiva da história e do "estar situado" do intérprete, que acabam conformando as suas possibilidades de compreensão, faz com que se reconheça uma certa *autoridade* à tradição. Assim, tornar a tradição questionável será tarefa de uma "consciência hermenêutica", apta a colocar em suspensão os pré-conceitos do intérprete.

X – Dworkin usa a interpretação literária como modelo para o modo central da análise jurídica. Para tanto, propõe um exercício literário: cada romancista deverá criar um capítulo subsequente de uma obra coletiva, assumindo com seriedade a responsabilidade de criar, o quanto possível, um romance único, integrado (ao invés, por exemplo, de uma série de contos independentes com personagens desse nome). O argumento central é o de que cada juiz, assumindo o seu papel de "um romancista na corrente" deve ler o que outros juízes fizeram no passado, não apenas para descobrir o que disseram, mas para chegar a uma opinião sobre o que esses juízes *fizeram* coletivamente, ou seja, como cada um deles (também) formou uma opinião sobre o "romance coletivo" escrito até então; nesses termos, ao decidir o novo caso, cada juiz deve considerar-se como parceiro de um complexo empreendimento em cadeia, sendo que o seu trabalho seria o de continuar essa história no futuro por meio do que faz agora.

XI – Dworkin defende o ponto de que, além de uma "coerência de estratégia", os juízes devem observar uma "coerência de princípio", que exija que os diversos padrões que regem o uso estatal da coerção contra os cidadãos seja coerente no sentido de expressarem uma visão única e abrangente de justiça. Nesse trilho, o "Direito como integridade" supõe que as pessoas têm direito a uma extensão coerente, e fundada em princípios, das decisões políticas do passado. A "integridade política", entendida como a necessidade de que o Estado tenha uma só voz e aja de modo coerente e fundamentado em princípios com todos os seus cidadãos, para estender a cada um os padrões fundamentais de justiça e equidade que usa para alguns, é uma virtude política, uma exigência específica da moralidade política de um Estado (personificado como um "agente moral") que deve tratar os indivíduos com igual consideração e respeito. Dessa forma, o Direito como integridade pede que os juízes admitam, tanto quanto possível, que o Direito é estruturado por um conjunto coerente de princípios, e pede-lhes que os apliquem nos novos casos que se lhes apresentem, de tal modo que a situação de cada pessoa seja justa e equitativa segundo as mesmas normas. E isso exigirá que o juiz ponha à prova sua interpretação, perguntando-se se ela poderia fazer parte de uma teoria coerente que justificasse essa rede como um todo.

XII – No plano do direito processual brasileiro, Ovídio Baptista da Silva já denunciava de há muito que o Direito Processual Civil estaria inegavelmente comprometido com o *paradigma racionalista*, que procurou fazer do Direito uma "ciência" sujeita aos princípios metodológicos utilizados pelas matemáticas, desvinculado da História. A busca pela *certeza do direito*, ideal do racionalismo, foi exacerbada pela desconfiança com que a Revolução Europeia encarava a magistratura e seus compromissos com o *Ancién Regime*, o que desaguou na era das grandes codificações do direito europeu e na criação de um *sistema burocrático* da organização judiciária. Passo inicial para o enfrentamento dessa *crise* seria a reintrodução de juízos de valor na construção do raciocínio jurídico, o que implica a admissão de que o ato jurisdicional é um ato criador de direito e, nesse sentido, um ato de vontade. Dito de outra forma, deve-se reconhecer o Direito como uma ciência hermenêutica, e não matemática, o que implicaria uma espécie de "fortalecimento dos poderes do juiz". Mas isso não significa, de forma alguma, um resvalo rumo ao protagonismo judicial. Trata-se, tão só, de reconhecer aos juízes os poderes que o Iluminismo lhes pretendia ter subtraído. Assim, a *discricionariedade judicial* defendida por Ovídio não é um exercício de um *poder discricionário* no sentido "forte" definido por Dworkin. Na verdade, a *discrição* defendida pelo mestre gaúcho deve ser lida como uma espécie de *proporcionalidade*, padrão que identificamos, com Lenio Streck, como sendo a necessidade de garantir a coerência e a integridade das decisões judiciais.

XIII – Dworkin ensina que *argumentos de princípio* são argumentos em favor de um direito, e que *argumentos de política* são argumentos em favor de algum objetivo de cariz coletivo, geralmente relacionado ao bem comum (noutras palavras: os princípios são proposições que prescrevem direitos; as políticas são proposições que descrevem objetivos). Dworkin defende a tese – e com ele concordamos – de que as decisões judiciais devem ser geradas por princípios, e não por políticas. Isso decorre da promessa de um Estado Democrático (que tenha igual interesse por seus cidadãos) de que seus conflitos mais profundos entre os indivíduos e a sociedade irão, algum dia, em algum lugar, tornar-se finalmente *questões de justiça*. Em todo o caso, os argumentos de princípio somente justificarão uma decisão quando for possível mostrar que o princípio citado é compatível com decisões anteriores que não foram refeitas (rejeitadas), e com decisões que a instituição está preparada para tomar em circunstâncias hipotéticas (universalização da argumentação). Sendo assim, um juiz que siga a concepção do Estado de Direito centrada nos direitos tentará, num caso controverso (antes: em *qualquer* caso), estruturar algum princípio que, para ele, capta, no nível adequado de abstração, os direitos morais das partes que são pertinentes às questões levantadas pelo caso.

XIV – Ovídio, partindo do princípio de que o texto legal deve ser hermeneuticamente compreendido (é o que ele chama de comportar "duas ou mais compreensões"), adverte que não esgotará o juiz a sua atividade com a indicação de que tal ou qual norma legal incidiu sobre o julgado; ele não poderá escolher "livremente" o sentido que lhe pareceu adequado: ele deverá indicar as razões pelas quais optou por um (e não por outro) dos sentidos possíveis da norma. A exigência é a de que a motivação do ato jurisdicional seja "completa", abrangendo tanto a versão aceita pelo julgador quanto as razões pelas quais ele recusara a versão oposta, de modo que a sentença deve conter argumentos convincentes sobre a impropriedade ou a insuficiência das razões do sucumbente. De nada valeria a Constituição assegurar o contraditório se ao julgador fosse possível limitar-se a dizer que o sucumbente participou do processo, fez alegações e produziu provas sobre cujo mérito (demérito), nada se pronuncia. Para nós, esta argumentação será "convincente" na medida em que, além de "completa", seja vazada em argumentos de princípio, compartilhada com os demais sujeitos processuais e com os juízes do passado.

XV – Uma importante tentativa de dar contornos conceituais mais precisos aos princípios, e de sistematizar racionalmente a sua aplicação, é a teoria desenvolvida por Robert Alexy. Para este autor, regras e princípios são *normas* cuja distinção tem natureza *estrutural*. Enquanto os *princípios* seriam normas que ordenam que algo seja realizado na maior medida possível, dentro das possibilidades *fáticas* e *jurídicas* (encerrando, portanto, *mandamentos de otimização*, o que permite sejam eles cumpridos em diferentes *graus*), *regras* seriam normas que somente admitem *cumprimento* ou *descumprimento*. Assim, o conflito entre as regras resolve-se no âmbito da *validade*, o conflito entre princípios dá-se na dimensão do *peso*. O autor alemão sustenta que, quando algo é permitido por um princípio e proibido por outro, uma destas normas há de ceder em face da outra, devendo o choque ser resolvido mediante *ponderação da dimensão do peso dos princípios* sob as circunstâncias do caso. A *lei da ponderação* é a seguinte: quanto mais alto é o grau do não cumprimento ou prejuízo de um princípio, tanto maior deve ser a importância do cumprimento do outro. Trata-se de uma *otimização* do princípio da proporcionalidade em sentido restrito, ou seja, com relação às possibilidades jurídicas.

XVI – O que se coloca em questão, na teoria de Alexy, é o fato de que esta, mesmo querendo ser *pós-positivista*, não consegue superar, em aspectos fundamentais, o arquétipo que sustenta o positivismo jurídico. E isso por uma singela razão: as teorias da argumentação não acompanham a hermenêutica na supressão do esquema sujeito-objeto, problema que fica claro quando se aposta, por exemplo, no mecanismo da *subsunção* (inferência lógico-dedutiva) para a aplicação das regras (isto joga fichas numa espécie de *suficiência ôntica* do texto que veicule a regra). Tenho que é possível, contudo, *no paradigma hermenêutico*, apropriarmo-nos de alguns dos contributos da teoria da argumentação de Alexy. Mas isso somente será possível se mantivermos a vista atenta às advertências de Lenio Streck e Ernildo Stein: a hermenêutica e as teorias da argumentação operam em níveis de racionalidade distintos. Enquanto a primeira funciona como um "vetor de racionalidade de primeiro nível" (estruturante), como diz Stein, a segunda opera no plano lógico, apofântico, mostrativo. Quer dizer, a teoria da argumentação não tem condições de substituir a hermenêutica de perfil filosófico, exatamente porque não há um modo procedimental de acesso ao conhecimento, como já nos ensinou Streck. Se isso for devidamente assimilado (uma coisa é compreender; a outra é explicitar o compreendido), não verei maiores *riscos* para a tese das *boas respostas* no recurso a "mecanismos argumentativos" como o da *ponderação*.

XVII – Nos quadros de um Direito compreendido como integridade, "aplica-se" um princípio *argumentando em favor* dele. Ou melhor, *argumentando em favor dos direitos* (seja da sua garantia, seja da sua concretização). E essa argumentação deve ser guiada pela tarefa de reconstrução da história institucional do direito (preferencial, fundamental) que se visa a resguardar. Assim, para Dworkin serão "adequados" os princípios, enquanto padrões do Direito, na medida em que sirvam de *base* para as instituições e leis da sociedade, de modo a poderem figurar em uma teoria do Direito "bem fundada". Aliás, é por isso, e por uma demanda por *igual consideração e respeito*, que esta justificativa deve ser principiologicamente coerente. Mais especificamente, Dworkin pontuou, ao tematizar o Direito como integridade, que, quando um juiz identifica determinado padrão no Direito como um princípio, isso deve ser compreendido como uma *proposta interpretativa* (o princípio se ajusta a alguma parte complexa da prática jurídica e a justifica; oferece uma maneira atraente de ver, na estrutura dessa prática, a coerência de princípio que a integridade requer). O princípio *orienta* a interpretação da prática judiciária, e deve justificá-la de forma convincente. Nesta ordem de considerações, a regra (se quisermos manter a distinção regra *versus* princípio) não subsiste sozinha, não retira validade de si própria. Ela deve ter algum "sentido" coerente com a integridade do Direito. A esse "sentido", que não é prévio, que não é fixo, que não pode ser aferido proceduralmente, chamo *princípio*.

XVIII – A escola processual do *Formalismo-valorativo*, liderada por Carlos Alberto Alvaro de Oliveira, com o escopo de solucionar a "antinomia existente entre formalismo e justiça", propõe que os "valores essenciais" *efetividade* e *segurança* funcionem, "numa perspectiva deontológica", como "sobreprincípios", ou seja, como orientação do juiz na aplicação de regras e princípios. Estes tais "valores essenciais", para o processualista gaúcho, se encontram em permanente conflito, numa relação proporcional, sendo que esse "conflito" deverá ser solucionado "nos casos não resolvidos pela norma", pelo "órgão judicial, com emprego das técnicas hermenêuticas adequadas", através das quais saberá "ponderar qual dos valores deverá prevalecer". Quer dizer, a "aplicação de princípios" dá-se, aqui, com o recurso à *ponderação*, bem como propôs Robert Alexy. Na minha visão, contudo, o *Formalismo-valorativo* não escapa de uma compreensão "axiológica" da Constituição, o que termina por enfraquecer o seu perfil normativo. Ou seja, fragiliza-se a autonomia do Direito (com todos os riscos que daí decorrem). Tenho que não há "valor" importante o bastante, num ambiente democrático, para que se negue o direito de quem efetivamente o tem. As coisas ficam ainda piores quando se percebe que Alvaro passa a defender a solução de casos *não contemplados pela norma* mediante o recurso à equidade, compreendida como um instrumento do justo concreto, à disposição do juiz. Com isso, volta-se ao positivismo jurídico, já que é ao juiz que cabe *ponderar* e mediar esta abstração normativa, de acordo com seu "sentimento de justiça". Diz Alvaro que, com a equidade, *sai-se da legalidade para ingressar no Direito*; mas já vimos o suficiente para saber que não precisamos ir "além do sistema" para que o Direito produza "justiça". O que se precisa, isso sim, é de uma compreensão adequada dos efeitos da ruptura paradigmática proporcionada pelo "novo" que é a Constituição, e dos novos "sentidos" constitucionais que guiam (e legitimam) a jurisdição. Não há nada na produção democrática do Direito (que atingiu, lembremos, uma auspiciosa autonomia em relação ao Estado, à Política, à Moral etc.) que deva ficar nas mãos da (de resto, insindicável – e bem por isso, antidemocrática) "melhor capacidade de julgamento" de alguém.

XIX – Uma "pauta mínima" para nos auxiliar a guiar a condução do processo jurisdicional propriamente dito é a compreensão hermenêutica da *garantia do contraditório*. Tenho que o processo jurisdicional, para que possa cumprir a missão que lhe entendo cabida (a de ser *condição de possibilidade* de acesso à ordem jurídica justa – principiologicamente coerente), deve contar, necessariamente, com a participação dos interessados, esta desenvolvida em contraditório. Longe de representar a simples possibilidade de as partes se pronunciarem sobre as alegações e provas uma da outra, o *contraditório*, hermeneuticamente compreendido, abrirá o almejado caminho para a casuística reconstrução da história institucional do Direito. O contraditório deve, portanto, permitir que os contraditores problematizem a causa através de *argumentos de princípio*, que deverão ser efetivamente enfrentados na decisão judicial, de modo que esta espelhe não só uma teoria compartilhada entre os atores processuais, mas, substancialmente, *uma teoria principiologicamente coerente com a integridade do Direito*. Nesse fio, o fardo de des-cobrir no Direito uma *boa resposta* (hermeneuticamente-constitucionalmente adequada, ou *correta*, se se quiser) não pode (e não *deve*) ficar depositado nas mãos de um juiz-protagonista, e nem deve depender, de modo exclusivo, da atuação das partes. Atente-se para o fato de que o que *garantirá* um contraditório efetivo é, em última análise, a fundamentação "completa" do provimento jurisdicional, que deve fornecer boas justificativas para descartar a(s) teoria(s) proposta(s) pela(s) parte(s), aí incluídas as razões que expliquem porque e é a *sua teoria* a que melhor interpreta a prática do Direito como um todo. No final, pois, o que está em jogo, tanto com a cláusula do contraditório, como com o cumprimento do dever fundamental de fundamentar decisões, é o *direito fundamental de o cidadão obter boas respostas em Direito*.

## *Posfácio:*
## *dialogando criticamente com a doutrina*

Como viram, proponho ao longo do livro algo que o professor Marcelo Cattoni de Oliveira definiu como uma *refundação neoconstitucionalmente adequada do direito processual civil brasileiro*, por meio de uma releitura da tese da única resposta correta, de Ronald Dworkin, a partir da *Crítica Hermenêutica do Direito*, de Lenio Streck; para tanto, estabeleci um diálogo, por um lado, com o pensamento de Ovídio Baptista e, por outro, com a chamada Escola Mineira de Processo.

Sustento que uma compreensão hermenêutica do processo deveria harmonizar pelo menos duas noções: a primeira, de que o processo deve propiciar acesso a uma ordem jurídica principiologicamente coerente e, portanto, justa; a segunda, de que, para tanto, deve viabilizar participação, assegurando que as partes atuem, decisivamente, para a construção do provimento jurisdicional.

Notem que endossei, para tanto, a concepção de que o procedimento é a atividade de preparação de provimentos estatais, caracterizado por uma interconexão normativa entre os atos que o compõem, pela qual o cumprimento de uma norma de sequência é pressuposto da incidência de outra norma e da validade do ato nela previsto; e de que o processo é uma *espécie* de procedimento, caracterizado pela participação, na atividade de preparação, dos interessados, juntamente com o autor do próprio provimento; e isso de uma forma bastante específica, ou seja: em contraditório (Cattoni de Oliveira, a partir da tese de Fazzalari, na leitura desenvolvida por Aroldo Plínio Gonçalves).

Claro que o contraditório, aqui, transcende a mera bilateralidade de audiência. Trata-se, isso sim, da garantia de participação efetiva de todos os interessados no processo de formação do provimento jurisdicional. E isso implica, no contexto de uma teoria dworkiniana, assegurar que os contraditores problematizem a causa com *argumentos de princípio*, a serem efetivamente enfrentados na decisão judicial, de modo que esta espelhe não só uma teoria compartilhada entre os atores processuais, mas, substancialmente, *uma teoria principiologicamente coerente com a integridade do Direito*. Quer dizer, defendo a concretização do dever fundamental de fundamentar as decisões judiciais em argumentos de princípio.

Percebo, contudo, com os olhos postos nos estudos que vêm sendo desenvolvidos sobre o processo no Brasil na contemporaneidade, que estamos distantes do modelo processual que sugeri. Alheia às conquistas filosóficas do século XX (refiro-me especificamente à viragem linguístico-ontológica), e nem sempre atenta à discussão central da teoria democrática do direito (a questão da legitimidade do provimento jurisdicional, para a qual contribuiu, fortemente, o debate Hart-Dworkin), a doutrina processual brasileira estabelece uma discussão às vezes *cega*, às vezes simplesmente *desencaminhante*. Cega porque não enfrenta a problemática radicalmente filosófica que envolve os problemas da interpretação e do método; desencaminhante porque, sem que tenha dado esse primeiro passo (ou seja, sem permitir que se coloquem as *manifestações da razão prática* no campo das possibilidades do conhecimento teórico), propõe soluções frágeis para a questão democrática.

Nesta vereda pretendo, com o presente *pós-escrito*, estabelecer um breve diálogo crítico com alguns autores representativos do estágio atual do pensamento brasileiro sobre o processo civil. É o caso dos processualistas que compõem a *Escola Mineira de Processo*, forjada na matriz habermasiana, com quem tenho aprendido muito; da *comissão de notáveis* formada para elaboração do anteprojeto do Novo Código de Processo Civil Brasileiro (estes ainda fortemente influenciados, como se verá, pelos supostos da Escola da Instrumentalidade do Processo); de Darci Guimarães Ribeiro, que tem defendido uma forma bastante particular de protagonismo judicial no Brasil (segundo o autor, o Poder Judiciário está mais legitimado do que as demais funções do Estado para a implementação de uma democracia participativa); e de Daniel Mitidiero, que vem propondo a edificação de um processo civil de corte *cooperativo*, e que convidou a Crítica Hermenêutica do Direito ao debate em artigo doutrinário recentemente publicado.

Vejam como ficou.

## 1. Os desvios do anteprojeto do novo Código de Processo Civil brasileiro, ou: por que não se consegue obter uma "sintonia fina" (sic) entre a Constituição e a legislação infraconstitucional?

Tramita no parlamento brasileiro o Projeto n. 166 de 2010, que tem por objetivo a edição de um novo Código de Processo Civil Brasileiro.[555] O momento seria propício, pois, para que se promovesse uma ampla discussão a respeito do processo jurisdicional no País, e sobre a questão democrática que o orienta, a partir da Constituição de 1988. Não vou discutir aqui sobre se era necessária, ou mesmo oportuna, uma nova codificação. Quero apenas demonstrar, a partir da análise do discurso que subsidiou o anteprojeto, algumas das razões pelas quais ficaremos, com a sua (provável) aprovação, tão ou mais distantes do que estamos hoje das posturas que uma teoria comprometida com princípios requer. Primeiro, porque o projeto reforça, ao invés de combater, o protagonismo judicial, apostando na instrumentalidade do processo como eixo para a construção da sua teoria de base. Segundo, porque a comissão não demonstrou uma preocupação sinceramente democrática com a decisão judicial, em nada avançando, neste crucial aspecto, com relação ao velho positivismo jurídico.

Vejamos como isso ocorre.

No texto que apresenta o anteprojeto, lê-se que a Comissão de juristas responsável pela sua elaboração[556] assumiu um duplo desafio: "resgatar a crença no judiciário e tornar realidade a promessa constitucional de uma justiça pronta e célere"; célere também foi a montagem do anteprojeto:[557] falando em nome da comissão, o Ministro Luiz Fux – então, do Superior Tribunal de Justiça; hoje, do Supremo Tribunal Federal –, anunciou que o "tempo não nos fez medrar e de pronto a Comissão enfrentou a tormentosa questão da morosidade judicial".[558] Afinal de contas, o "Brasil clama por um processo mais ágil, capaz de dotar o país de um instrumento que

---

[555] Tomo por referência, no presente escrito, o texto divulgado em publicação oficial impressa do Senado da República em julho de 2010. Disponível em <www.senado.gov.br/senado/novocpc>.

[556] Participaram da comissão Adroaldo Furtado Fabrício, Benedito Cerezzo Pereira Filho, Bruno Dantas, Elpídio Donizete Nunes, Humberto Theodoro Júnior, Jansen Fialho de Almeida, José Miguel Garcia Medina, José Roberto dos Santos Bedaque, Luiz Fux, Marcus Vinícius Furtado Coelho, Paulo Cezar Prinheiro Carneiro e Teresa Arruda Alvim Wambier, sendo esta a relatora-geral dos trabalhos.

[557] Anotam Mitidiero e Marinoni que a comissão recebeu um prazo de 180 dias, contados do dia 1º de novembro de 2009, para a entrega do anteprojeto, que foi apresentado oficialmente ao Presidente do Senado Federal em 08 de junho de 2010. MITIDIERO, Daniel Francisco; MARINONI, Luiz Guilherme. *O Projeto do CPC*: Críticas e Propostas. São Paulo: Revista dos Tribunais, 2010, p. 63.

[558] Exposição de Motivos, cit.

possa enfrentar de forma célere, sensível e efetiva, as misérias e as aberrações que passam pela Ponte da Justiça".[559] Acrescentou-se: "essencial que se faça menção a *efetiva* satisfação, pois, a partir da dita terceira fase metodológica do direito processual civil, o processo passou a ser visto como instrumento, que deve ser idôneo para o reconhecimento e a adequada concretização de direitos".[560]

Por partes. É preciso esclarecer ao leitor não iniciado em processo civil que, para fração considerável da doutrina contemporânea, a chamada "ciência processual" foi orientada por três fases metodológicas mais ou menos bem demarcadas: o *praxismo*, o *processualismo* e o *instrumentalismo*.[561]

De acordo com essa visão, até a segunda metade do século XIX, seria impróprio cogitar da existência de um direito processual civil como um ramo autônomo do direito; nesse período, o direito processual civil seria tratado como algo eminentemente prático, sem qualquer teorização maior, uma mera sequência ordenada de formalidades. O *praxismo* faria com que o processo fosse concebido como um mero *apêndice* do direito material.[562]

A outra fase metodológica, o *processualismo*, teria origem na obra de Oskar Bülow, tido como o primeiro autor a estabelecer de forma sistemática os fundamentos da autonomia do direito processual; a partir daí, teriam passado a predominar a técnica e a construção dogmática das bases científicas dos institutos processuais. A empresa voltara-se para a acentuação da separação entre direito material e processo e para a construção e aperfeiçoamento conceitual do processo, então definitivamente separado do direito material. Tal postura metodológica, contudo, teria incorrido no "grave equívoco de ver o processo como a medida de todas as coisas, a forma prevalecendo sobre o fundo".[563] No tópico, observam Alvaro de Oliveira e Mitidiero que "a ciência processual, porque de berço pandectística, nasce comprometida com a neutralidade axiológica inerente a esse momento da ciência jurídica alemã", ou seja, "os processualistas alemães do final do século XIX imaginavam estar fundando uma ciência processual atemporal, infensa à história. Vale dizer: descomprometida com a

---

[559] Exposição de Motivos, cit.

[560] Ibidem.

[561] OLIVEIRA, Carlos Alberto Alvaro de; MITIDERO, Daniel Francisco. *Curso de Processo Civil*, v. 1: Teoria Geral do Processo Civil e Parte Geral do Direito Processual Civil. São Paulo: Atlas, 2010, p. 12. Registro que Alvaro de Oliveira e Mitidiero entendem ter sido inaugurada uma quarta fase metodológica, qual seja, o *Formalismo-valorativo*. A esse tema, que deixo por ora em aberto, voltarei no final do trabalho.

[562] Ibidem, p. 13.

[563] Ibidem, p. 14.

cultura".[564] O equívoco consistiria no fato de se teorizar o processo no modelo epistemológico das ciências exatas, desconectando os institutos de direito processual da realidade social. Haveria sido perdido o sentido *instrumental* do processo em relação à realização do direito material.

Esse o contexto propício para que se chegue ao *instrumentalismo*: o processo passaria a ser visto como instrumento de realização do direito material, cabendo "à jurisdição o papel de declarar a vontade concreta do direito".[565] O juiz passaria a ser "ativo", e a jurisdição, a ocupar o papel central da teoria do processo. Concebido como *instrumento*, o processo torna-se objeto de um enfoque técnico, no qual se privilegia a sua *efetividade*.[566]

Tal como consta no anteprojeto. Então, é isto que significa o compromisso da Comissão com esta chamada *terceira fase metodológica* da ciência processual: na dicção do anteprojeto, o processo é concebido como um *instrumento de realização de direitos*, um "método de resolução de conflitos",[567] que deve, sobretudo, ser *efetivo*.

Aqui, situo o primeiro ponto digno de crítica: o processo democrático é, nesta quadra da história, qualquer coisa menos um *instrumento da jurisdição*.

Permitam-me aqui um corte epistemológico. Parece-me imprescindível retomar, a essas alturas, algumas das premissas de minha pesquisa. No seguinte ponto: o que a Constituição do Brasil, no marco de um Estado Democrático de Direito, tem a dizer sobre o processo jurisdicional democrático?

Uma interpretação fiel a Dworkin aponta que se responda a essa pergunta mediante uma "leitura moral" do texto constitucional. Explicando, o jusfilósofo estadunidense sugere que todos os operadores do Direito interpretem os dispositivos constitucionais considerando que eles fazem referência a "princípios morais de decência e justiça", isso como forma de inserir a "moralidade política no próprio âmago do direito constitucional".[568] De acordo com Dworkin, não se trata de uma novidade, mas de algo que já acontece naturalmente. Na medida em que os juristas sigam (qualquer) uma estratégia coerente para interpretar a Constituição,

---

[564] OLIVEIRA, Carlos Alberto Alvaro de; MITIDERO, Daniel Francisco. *Curso de Processo Civil*, volume 1: op. cit., p. 14.

[565] Ibidem, p. 14.

[566] Consultar, necessariamente: DINAMARCO, Cândido Rangel. *A Instrumentalidade do Processo*. 12. ed. São Paulo: Malheiros, 2005.

[567] Exposição de Motivos, cit.

[568] DWORKIN, Ronald. *O Direito da Liberdade*: A Leitura Moral da Constituição Norte-Americana. São Paulo: Martins Fontes, 2006, p. 02.

já estarão – segundo ele – fazendo uso da leitura moral a respeito dos valores que julgam estarem inseridos no texto constitucional.[569] Anoto que, com essa chamada "leitura moral", Dworkin apenas dá uma roupagem mais específica à postura interpretativa do Direito que pontua toda a sua obra. Para ele, no particular, trata-se de interpretar determinados dispositivos da Constituição norte-americana (sobretudo a *Declaração de Direitos*) como referências a princípios morais abstratos, que devem ser incorporados como limites aos poderes do Estado. Em resumo, Dworkin sustenta que os princípios estabelecidos na Declaração de Direitos, tomados em conjunto, comprometem os Estados Unidos da América com os seguintes ideais jurídicos e políticos: "o Estado deve tratar todas as pessoas sujeitas a seu domínio como dotadas do mesmo status moral e político; deve tentar, de boa-fé, tratar a todas com a mesma consideração (*equal concern*); e deve respeitar todas e quaisquer liberdades individuais que forem indispensáveis para esses fins".[570]

Essa sugestão de leitura de dispositivos constitucionais como "referências a princípios morais", a serem "incorporados como limites aos poderes do Estado" tem repercussões importantes na interpretação construtiva do que a Constituição determina no campo da decisão judicial. Parece correto afirmar que, com Dworkin, as cláusulas constitucionais que pontuam o processo jurisdicional, como a do devido processo legal (art. 5º, LIV), do contraditório e da ampla defesa (art. 5º, LV), devem ser interpretadas de modo a conformar no processo uma *forma de controle da atividade judicial* (e não um *instrumento* da atividade estatal). Lembremos que Dworkin sempre pensou em princípios como argumentos morais em favor de direitos, e, portanto, contrários à chamada discricionariedade judicial (basta lembrar seu célebre debate com Hart). Congruentemente, também aqui os princípios têm o sentido de "limite", de "controle" do poder estatal.

Além disso, qualquer proposta interpretativa de perfil dworkiniano sempre pré-compreende o compromisso fundamental assumido pelo Estado Democrático de Direito, qual seja, o de que tratará os cidadãos com igual consideração e respeito. Daí a afirmação de que a democracia é "uma parceria no autogoverno coletivo, na qual todos os cidadãos têm a oportunidade de serem ativos e parceiros iguais".[571] Quer dizer, para Dworkin é inerente à noção de autogoverno (própria da democracia) uma concepção de "participação moral", na qual se estabeleça um vínculo en-

---

[569] DWORKIN, Ronald. *O Direito da Liberdade*: A Leitura Moral da Constituição Norte-Americana, op. cit., p. 03.

[570] Ibidem, p. 10-1.

[571] DWORKIN, Ronald. *A Virtude Soberana*: A Teoria e a Prática da Igualdade. São Paulo: Martins Fontes, 2005, p. 497.

tre um indivíduo e um grupo pelo qual seja *justo* que o indivíduo seja responsável pelos atos do grupo. Assim, "uma comunidade política não pode fazer de nenhum indivíduo um membro moral se não der a essa pessoa uma *participação* em qualquer decisão coletiva, um *interesse* nessa decisão e uma *independência* em relação à mesma decisão".[572]

Portanto, observem: em primeiro lugar, as cláusulas constitucionais que tratam do processo jurisdicional, interpretadas a partir de seus princípios instituidores (ou, se se quiser, a partir de uma leitura moral), apontam para o fato de que o processo limita e controla o poder público; em segundo, não se garante o autogoverno sem que se assegure a participação dos interessados na construção das decisões que lhe afetam (é o que Dworkin chama de *participação moral*[573]).

Daí por que – numa síntese apertada, admito – é indevido falar em processo como *instrumento* de alguma atividade estatal. Processo jurisdicional democrático é muito mais do que isso. É espaço de controle e de asseguração de participação – conceito este que, para Dworkin, deita raízes no direito à igual consideração e respeito, que pauta toda a atividade pública.[574] De resto, imagino que ninguém discorde sinceramente do fato de que a produção da decisão judicial é uma questão de democracia.

Vale dizer que estas concepções me aproximam daquilo que os autores da chamada *Escola Mineira de Processo* vêm escrevendo – em especial, André Leal e Dierle Nunes. O primeiro destaca que não haverá *jurisdição* sem que um procedimento assegure as condições para que os afetados pelas decisões possam participar da construção e interpretação normativas, bem como fiscalizá-las[575] – o que me parece, além de correto, congruente com as premissas que alinhei acima. O segundo enfatiza que esse necessário procedimento deverá ser pautado por um contraditório que tem, entre as suas dimensões fundamentais, a da *garantia de influência*; assim é que se viabiliza participação paritária: evitando focos de centralidade (aliás, incompatíveis com o perfil democrático dos Estados de direito

---

[572] DWORKIN, Ronald. *O Direito da Liberdade*: A Leitura Moral da Constituição Norte-Americana, op. cit., p. 37-8.

[573] Ibidem, p. 36.

[574] Tenha-se bem presente que a *participação*, para Dworkin, tem um perfil não apenas formal, mas *material*, defluentes da cláusula da igualdade; assim, os direitos de "participar no processo político são igualmente valiosos para duas pessoas apenas se esses direitos tornam provável que cada um receba igual respeito, e os interesses de cada um receberão igual atenção não apenas na escolha de funcionários políticos, mas nas decisões que esses funcionários tomam". DWORKIN, Ronald. *Uma Questão de Princípio*. 2. ed. São Paulo: Martins Fontes, 2005, p. 91.

[575] LEAL, André Cordeiro. *Instrumentalidade do Processo em Crise*. Belo Horizonte: Mandamentos, Faculdade de Ciências Humanas, FUMEC, 2008, *passim*.

da alta modernidade[576]) e tornando o cidadão simultaneamente autor e destinatário do provimento – coisa que, para mim, casa bem com o ideal dworkiniano de autogoverno.

Não bastassem essas ponderações, cabe salientar que a chamada instrumentalidade do processo, na influente leitura de Cândido Rangel Dinamarco, não se resume à concepção, simpática a muitos, de um "processo como instrumento da realização de direitos"; na verdade, o processo é colocado pelo prestigiado processualista como o *instrumento de uma jurisdição que atende a escopos metajurídicos*, a saber, o social e o político (colocados ao lado do escopo jurídico). Equivale a dizer, deixa-se de reconhecer o caráter cooriginário entre direito e política, com o que o direito perde sua almejada *autonomia*. A própria jurisdição é um instrumento do Estado para que alcance seus objetivos. Ou seja, abre-se mão do aprendizado histórico que nos legou o constitucionalismo emergente do segundo pós-guerra. Não há dúvidas: para Dinamarco, o tribunal *não é* (e nem *deve ser*) o fórum do princípio.

Além disso – que o diga André Leal –, há muito mais de Bülow (tido como o iniciador da fase metodológica do *processualismo*, como se viu) em Dinamarco do que se supõe. Leal demonstra que, em Bülow, o processo já era, em grande medida, um instrumento da jurisdição (no esquema da relação jurídica, de corte obrigacional, "dizer o direito" era uma atividade marcadamente *judicial*, pouco dependente do papel das partes, *viabilizada* pelo processo). E, é preciso dizê-lo, adaptações contingenciais da obra bülowiana, que dão a entender que ela permaneceria sustentável nas sociedades contemporâneas, feitos alguns ajustes, acabam fracassando na tarefa de construção de uma teoria processual *radicalmente* democrática. Basta recordar que o modelo bülowiano não teve a preocupação de pensar o processo na perspectiva do controle da atividade judicial. Aliás, pelo contrário: o modelo de Bülow propiciaria uma espécie de *controle judicial do direito*. Em definitivo, uma vez centrada a teoria processual na jurisdição, tornam-se indiscerníveis o ato que, por norma procedimental, incumbe ao juiz praticar, com o ato de "dizer o direito": o ato será sempre, desde que *decida* (a lide, o mérito), jurisdicional.[577]

---

[576] NUNES, Dierle José Coelho. Apontamentos Iniciais de um Processualismo Constitucional Democrático, op. cit., p. 351.

[577] LEAL, André Cordeiro. *Instrumentalidade do Processo em Crise*, op. cit. p. 30-1. De acordo com Leal, Bülow *não concebeu o processo como meio de controle da atividade dos juízes*, mas como um "instrumento de viabilização de um movimento hipoteticamente emancipatório pela atividade criadora do direito pela magistratura nacional alemã"; ou, mais especificamente, seu escopo foi o de "apresentar, com base na releitura do direito romano, fundamentos histórico-sociológicos pretensamente autorizativos da migração do controle social pela magistratura alemã e de justificar, a partir daí, a adoção de técnicas que permitissem a desvinculação dos julgadores das abordagens formalistas ou legalistas na aplicação do direito". Ibidem, p. 62-3.

Nesta coordenada, não chega a surpreender que a Comissão busque uma justiça mais "sensível" (*sic*). A confiança na sensibilidade, na capacidade pessoal do julgador, é exatamente um dos traços marcantes do chamado *movimento social de processo* (o qual Bülow integrou), com todas as suas apostas no reforço da função judicial – coisa que fecha bem com a doutrina positivista da discricionariedade judicial e, no campo filosófico, com o solipsismo próprio do paradigma representacional.[578]

Aliás, por aqui já se começa a entender melhor porque a Comissão tropeça no seu primeiro objetivo, o de "estabelecer expressa e implicitamente verdadeira sintonia fina com a Constituição".[579] Segundo defendi – aqui e ao longo do livro –, uma teoria processual democrática teria de conceber o processo como o espaço de legitimação/construção do provimento jurisdicional, no qual a cláusula do contraditório tem um papel instituidor, fundamental. Levar o contraditório a sério, na linha do que

---

[578] De acordo com Dierle Nunes, é no horizonte de problematização dos efeitos deletérios do liberalismo e de uma tentativa de melhoria da técnica processual que germina o movimento da *socialização processual*, idealizada por autores como Menger, Klein e Bülow, a partir do qual se enfraquece o papel das partes e reforçam-se os poderes dos magistrados. Com efeito, Anton Menger assumiu uma postura crítica aos ideais liberais, principalmente o da igualdade formal, anotando que, na luta de classes, os ricos sempre eram privilegiados com a passividade judicial; daí a sua defesa de um reforço da função judicial, sendo que o magistrado deveria assumir um duplo papel: de *educador* (extraprocessualmente, deveria instruir os cidadãos a respeito do direito vigente) e de *representante dos pobres* (endoprocessualmente, deveria assumir a representação da classe mais pobre). Essas lições – segue Dierle – acabaram sendo decisivas na moldagem da primeira legislação tipicamente socializadora, qual seja, a Ordenança processual civil do império austro-húngaro, de 1895, obra do jurista Franz Klein, aluno de Menger, e nomeado secretário ministerial do Ministério da Justiça em 1891. Klein enxergava um enorme significado político, econômico e social do processo, que passava a ser visto como uma "instituição estatal de bem-estar social", com o objetivo de pacificação social. Dando prioridade à função *social* do processo sobre as demais, Klein estrutura um modelo técnico de procedimento oral no qual há reforço nos poderes do juiz, que deverá participar mais intensamente não só na direção do processo, mas também no acertamento dos fatos. NUNES, Dierle José Coelho. *Processo Jurisdicional Democrático*: Uma Análise Crítica das Reformas Processuais, op. cit. p. 77-87. Confira-se, com reforço, o texto do próprio Menger: "Sólo un punto de vista ha dejado de sostenerse quizá en aquella amplia discusión, y eso que el grupo popular, a quien afecta, comprende por lo menos cuatro quintas partes de la nación entera: tal punto de vista es el que interesa a las clases pobres. No hay duda de que el socialismo dispone en Alemania de muy distinguidos escritores; pero no tienen éstos los conocimientos jurídicos adecuados, indispensables para hacer una crítica eficaz de una ley tan vasta. De otro lado, merced al influjo de Lasalle, Marx y Engels, la crítica del socialismo alemán se dirige casi exclusivamente al aspecto económico de nuestra condición, sin parar mientes em que la cuestión social es em realidad, ante todo y sobre todo, un problema de la ciencia del Estado y del Derecho. Perteneciendo yo a esa pequeña minoría de juristas alemanes, que sostienen en el campo de Derecho los intereses del proletariado, he estimado como un deber tomar en esta importante cuestión nacional la defensa de los desheredados." MENGER, Antonio. *El Derecho Civil y Los Pobres*. Buenos Aires: Editorial Atalaya, 1947, p. 32.

[579] *Exposição de Motivos*, cit. Os objetivos são cinco, a saber: "1) estabelecer expressa e implicitamente verdadeira sintonia fina com a Constituição Federal; 2) criar condições para que o juiz possa proferir decisão de forma mais rente à realidade fática subjacente à causa; 3) simplificar, resolvendo problemas e reduzindo a complexidade de subsistemas, como, por exemplo, o recursal; 4) dar todo o rendimento possível a cada processo em si mesmo considerado; e, 5) finalmente, sendo talvez este último objetivo parcialmente alcançado pela realização daqueles mencionados antes, imprimir maior grau de organicidade ao sistema, dando-lhe, assim, mais coesão". Ibidem.

pretendo ter deixado claro, implica refundar o processo a partir da Constituição. Importa, via contraditório, garantir participação e influência na construção do provimento jurisdicional (que, por sua vez, deve reconstruir, principiologicamente, a história institucional do direito).

Numa palavra, importa balizar *como se decide* num ambiente processual democrático. Tarefa que a Comissão tratou *como madrasta*. Veja-se que, em pleno século XXI, o anteprojeto prestigiou o chamado "livre convencimento motivado" (*sic*), selado como "garantia de julgamentos independentes e justos".[580] Entretanto, penso, na linha de Lenio Streck, que o projeto do novo CPC deveria se preocupar sobremodo com a teoria da decisão, exigindo explicitamente o respeito à coerência e à integridade das decisões, para evitar que o "livre convencimento" se transforme em "alvedrio do juiz". Aliás, cabe a pergunta: por que, depois de uma intensa luta pela democracia e pelos direitos fundamentais, enfim, pela inclusão nos textos legais-constitucionais das conquistas civilizatórias, *continuaríamos a delegar ao juiz a apreciação discricionária* nos casos de regras (textos legais) que contenham vaguezas e ambiguidades e nas hipóteses dos assim denominados *hard cases*? Volta-se, sempre, ao lugar do começo: *o problema da democracia e da (necessária) limitação do poder*. Discricionariedades, arbitrariedades, inquisitorialidades, positivismo jurídico: tudo está entrelaçado.[581]

Enfim.

Não é que a Comissão não tenha percebido o problema (sério) de um sistema jurídico que albergue decisões diferentes para casos idênticos (decisões incoerentes em princípio, portanto). Visualizou-se na "dispersão excessiva da jurisprudência" um fator que "acaba por conduzir a distorções do princípio da legalidade e à própria ideia [...] de Estado

---

[580] *Exposição de Motivos*, cit.

[581] Adoto, aqui, a linha expositiva de Lenio Streck, que abordou temática idêntica relacionada à produção do novo Código de Processo Penal no texto: Novo Código de Processo Penal: O Problema do Sincretismo de Sistemas (Inquisitorial e Acusatório). In: *Revista de Informação Legislativa*, v. 183, p. 117-40, 2009. Neste artigo, Lenio acompanha, em linhas gerais, a interpretação que sugiro para a cláusula do contraditório, como deixa antever através do seguinte trecho: "Aliás, muito embora trate de processo administrativo, parece que o voto do Min. Gilmar Mendes, proferido no MS 24.268/04, pode vir a se constituir em um fio de esperança *se o transportarmos para o direito processual penal*. Explico: penso que seria um avanço considerável – arrisco em dizer, uma verdadeira revolução copernicana no direito processual de *terrae brasilis* – se o direito brasileiro *tomasse a sério o princípio do contraditório* (nos moldes da jurisprudência do Tribunal Constitucional alemão citado pelo Min. Gilmar), *através do qual a pretensão à tutela jurídica corresponde à garantia consagrada no art. 5º., LV, da CF*, contendo a garantia de os sujeitos processuais verem a) seus argumentos considerados (*Recht auf Berücksichtigung*), b) o que exige do julgador capacidade, apreensão e isenção de ânimo (*Aufnahmefähigkeit und Aufnahmebereitschaft*) para contemplar as razões apresentadas; c) agregue-se que o dever de conferir atenção ao direito das partes não envolve apenas a obrigação de tomar conhecimento (*Kenntnisnahmeplicht*), mas também a de considerar, séria e detidamente, as razões apresentadas (*Erwägungsplicht*)".

Democrático de Direito".[582] Ademais, pontuou-se que, "se todos têm que agir em conformidade com a lei, ter-se-ia, *ipso facto*, respeitada a isonomia", chamando-se a atenção para o fato de que essa "relação de causalidade, todavia, fica comprometida como decorrência do desvirtuamento da liberdade que tem o juiz de decidir com base em seu entendimento sobre o sentido real da norma".[583] Mas a falta de uma teoria do direito abrangente das dimensões *normativa* e *conceitual* (no sentido que Dworkin empresta a estas expressões[584]) no horizonte do anteprojeto fez que com que a empresa passasse ao largo de uma solução mais consistente.

Em função disso, para resolver um problema *de princípio* (quebra da cláusula da igualdade, do dever fundamental de o Estado devotar igual consideração e respeito pelos seus cidadãos), a Comissão aposta numa solução *utilitarista-pragmaticista*: a padronização de decisões pela jurisprudência dos tribunais superiores (sob a inspiração do *neoliberalismo processual*,[585] como diria Dierle Nunes).

Lê-se, com efeito, na exposição de motivos do anteprojeto:

> Prestigiou-se, seguindo-se direção já abertamente seguida pelo ordenamento jurídico brasileiro, expressado na criação da Súmula Vinculante do Supremo Tribunal Federal (STF) e do regime de julgamento conjunto de recursos especiais e extraordinários repetitivos (que foi mantido e aperfeiçoado) tendência a criar estímulos para que a jurisprudência se uniformize, à luz do que venham a decidir tribunais superiores e até de segundo grau, e se estabilize.
> Essa é a função e a razão de ser dos tribunais superiores: proferir decisões que *moldem* o ordenamento jurídico, objetivamente considerado. A função paradigmática que devem desempenhar é inerente ao sistema.

---

[582] *Exposição de Motivos*, cit.

[583] Ibidem.

[584] Dworkin afirma que uma teoria geral do direito deve ser ao mesmo tempo normativa e conceitual. Normativa no sentido de que deve conter uma teoria da legislação, da decisão judicial e da observância/respeito da lei (ainda que assentadas em uma teoria moral e política mais geral); conceitual, no sentido de que fará uso da "filosofia da linguagem e, portanto, também da lógica e da metafísica". DWORKIN, Ronald. *Levando os Direitos a Sério*. São Paulo: Martins Fontes, 2002, p. IX-X. A ideia central – com a qual concordo – é que essas questões todas são conexas e não podem, absolutamente, ser trabalhadas/pensadas em separado.

[585] Trata-se, para Dierle Nunes, de uma tentativa de adequação do texto da Constituição de 1988 (com a sua plêiade de direitos sociais positivados) ao fortalecimento do sistema financeiro e da lógica do livre mercado. Fez-se então necessária, de acordo com o autor, a "criação de um modelo processual que não oferecesse perigos para o mercado, com o delineamento de um protagonismo judicial muito peculiar, em que se defenderia o reforço do papel da jurisdição e o ativismo judicial, mas não se assegurariam as condições institucionais para um exercício ativo de uma perspectiva socializante ou, quando o fizesse, tal não representasse um risco aos interesses econômicos e políticos do mercado e de quem o controla"; o tal modelo – segue Dierle – deveria garantir: a) uma uniformidade decisional que asseguraria uma alta produtividade decisória, de acordo com critérios de excelência/eficiência requeridos pelo mercado financeiro; e b) a defesa da máxima sumarização da cognição, enfraquecendo a importância do contraditório e da estrutura compartipativa processual. NUNES, Dierle José Coelho. *Processo Jurisdicional Democrático*: Uma Análise Crítica das Reformas Processuais, op. cit., p. 159.

Por isso é que esses princípios foram expressamente formulados. Veja-se, por exemplo, o que diz o novo Código, no Livro IV: "A jurisprudência do STF e dos Tribunais Superiores deve nortear as decisões de todos os Tribunais e Juízos singulares do país, de modo a concretizar plenamente os princípios da legalidade e da isonomia".[586]

Pois bem. Deixando de lado, por ora, a questão da prenunciada "função paradigmática" de *moldagem* do ordenamento jurídico que a Comissão tributa aos tribunais superiores, quero apenas aqui chamar a atenção para um aspecto (que deveria ser) muito caro ao direito brasileiro: no País, *a jurisprudência dominante não é lei e não tem força de lei,* como adverte Adalberto Hommerding,[587] seguindo aqui a lição de Lenio Streck.[588]

Quem enfrentou muito bem esse tema, em trabalho recentemente publicado, foi Maurício Ramires.[589] Maurício explica que "dizer que o modelo brasileiro de direito tem a lei por núcleo central não é apenas fazer uma constatação histórica sobre a pertença do sistema jurídico nacional à tradição romano-germânica ou ao modelo da *civil law*"; trata-se, antes, de uma leitura sincera do art. 5º, II, da CR, que, quando estabelece que "ninguém será obrigado a fazer ou deixar de fazer alguma coisa senão em virtude de lei" dá ao sistema como um todo um caráter *legicêntrico*.[590] Desta forma, no País, ressalvadas as súmulas vinculantes (única "jurisprudência" com vetor vinculante, exceção prevista na própria CR), precedentes não podem servir como fundamentação suficiente de uma decisão judicial: eles possuem um caráter meramente *persuasivo*, cuja autoridade sempre estará em xeque. Daí que se deveria tomar por uma "aberração", no Brasil, confundir o texto de um julgado com texto de lei.[591]

No entanto, não é esta a direção para a qual apontam os notáveis da Comissão. Repare-se que a preocupação assinalada no anteprojeto, como se viu, é a de "criar estímulos para que a jurisprudência se uniformize", não necessariamente a partir da autoridade constitucional/legal dos argumentos que a constroem (pelo menos não se recolhe, da *Exposição de Motivos*, nenhum aceno mais incisivo nesta direção): mas, sempre, "à luz

---

[586] *Exposição de motivos*, cit.

[587] HOMMERDING, Adalberto Narciso. *Fundamentos para uma Compreensão Hermenêutica do Processo Civil*. Porto Alegre: Livraria do Advogado, 2007, p. 275.

[588] STRECK, Lenio Luiz. *Jurisdição Constitucional e Hermenêutica:* Uma Nova Crítica do Direito. Porto Alegre: Livraria do Advogado, 2002, p. 397.

[589] RAMIRES, Maurício. *Crítica à Aplicação de Precedentes no Direito Brasileiro*. Porto Alegre: Livraria do Advogado, 2010.

[590] Ibidem, p. 61. Maurício ainda observa que a exceção ao art. 5º, II, da CR, advinda com a introdução do art. 103-A na CR, não chega a alterar essa característica do sistema brasileiro.

[591] Ibidem, p. 66-7.

do que venham a decidir tribunais superiores e até de segundo grau", com a finalidade de que "se estabilize".[592]

Mesmo que o preço a pagar seja, como nas hipóteses de *rejeição liminar da demanda* (ampliadas pelo anteprojeto[593]), a quebra da cláusula do contraditório (já que se inviabiliza o debate, de forma adequada à lógica neoliberal da produtividade a qualquer preço[594]).

De qualquer forma, entendam: o que quero deixar claro é que não é qualquer tipo de *estabilidade* que logrará, como se almeja, *concretizar os princípios da legalidade e da isonomia*. Até porque não se respeitam ou violam princípios isoladamente: é sempre a comum-unidade de princípios que se manifesta em cada uma das propostas interpretativas lançadas pelos envolvidos (inclusive o juiz) no processo jurisdicional. Definitivamente, não se preserva isonomia no processo, por exemplo, sem contraditório efetivo; não há qualquer ganho democrático em se *estabilizar jurisprudência* que não conte com coerência e integridade.

Nesse fio, de acordo com Adalberto, "é preciso que se denunciem as reformas legislativas *ad hoc*, que têm levado, sistematicamente, à concentração de poder nos tribunais superiores"; já que não se pode "em nome de uma 'instrumentalidade quantitativa', solapar uma 'instrumentalidade qualitativa'", ou seja: não se pode, a pretexto de abreviar o tempo necessário para o julgamento, adotar medidas anti-hermenêuticas, que velem a possibilidade do "encontrar-se com a singularidade do caso".[595] Explicando melhor, qualquer reforma, para atender a esta "instrumentalidade qualitativa", deveria manter o papel de *garantia* do processo, resguardando-se o contraditório, o juiz natural, a fundamentação das decisões, ou seja: "o direito fundamental de acesso à justiça não pode ser ferido por uma 'política utilitarista', pois compreende o respeito aos princípios constitucionais do processo".[596]

---

[592] *Exposição de motivos*, cit.

[593] Agora, o juiz rejeitará liminarmente a demanda quando: "I – manifestamente improcedente o pedido, desde que a decisão proferida não contrarie entendimento do Supremo Tribunal Federal ou do Superior Tribunal de Justiça, sumulado ou adotado em julgamento de casos repetitivos; II – o pedido contrariar entendimento do Supremo Tribunal Federal ou do Superior Tribunal de Justiça, sumulado ou adotado em julgamento de casos repetitivos; III – verificar, desde logo, a decadência ou a prescrição" (art. 317).

[594] NUNES, Dierle José Coelho. *Processo Jurisdicional Democrático*: Uma Análise Crítica das Reformas Processuais, op. cit., p. 171. Aliás, cabe mesmo a pergunta: de que adianta formular regra no sentido de que o fato de o juiz estar diante de matéria de ordem pública não dispensa a obediência ao princípio do *contraditório* (art. 10), se, artigos adiante, propõe-se a manutenção do sistema de julgamento de improcedência liminar?

[595] HOMMERDING, Adalberto Narciso. Fundamentos para uma Compreensão Hermenêutica do Processo Civil, cit., p. 275.

[596] Ibidem, p. 279.

Teimo em repetir, pois: não é mediante *moldagem* do ordenamento jurídico, via *jurisprudência dominante* de *tribunais superiores*, que se garantirá isonomia. Somente com *coerência de princípios* é que se assegura a *virtude soberana* (Dworkin) da igualdade de tratamento.

Concluindo, insisto, mais uma vez invocando Lenio Streck, que um sistema processual será democrático e legítimo – e estará em "sintonia fina" (*sic*) com a Constituição – se contiver um contraditório devidamente equalizado, exigindo a apreciação dos argumentos dos sujeitos processuais à saciedade, e uma decisão controlada a partir do dever de fundamentar (*accountability*), aliado à obediência da integridade e da coerência, vale dizer: uma decisão somente se legitima na medida em que consiga se situar numa cadeia de decisões (DNA do direito), vedados ativismos, protagonismos e discricionariedades.[597]

## 2. Um debate com Darci Guimarães Ribeiro: qual o papel do processo na construção da democracia?

Darci Guimarães Ribeiro publicou, em 2009, um artigo interessantíssimo, de nome *O Papel do Processo na Construção da Democracia: Para uma Nova Definição da Democracia Participativa*,[598] no qual apresenta uma concepção diferenciada das exigências que uma democracia contemporânea – como a brasileira – requer. O texto chamou minha atenção por uma série de fatores que serão, adiante, esquadrinhados. Mas, em especial, pela sua conclusão: ali há uma clara aposta numa certa forma de *protagonismo judicial* como eixo para o aprimoramento do "espírito participativo do indivíduo na concretização da democracia contemporânea".[599] A oportunidade, pois, é excelente para que se faça o contraste com os fundamentos da *teoria hermenêutica do processo jurisdicional democrático* que apresento.

Vejamos.

Darci inicia dizendo que o Estado deve propiciar que a cidadania, na condição de elemento essencial da democracia, seja exercida na sua plenitude; contudo, isso não diminui a tarefa do *cidadão ativo* (Arendt) de pressionar as instituições para a concretização de seus interesses. Nesse sentido, o exercício de legítimas pretensões sociais perante o Poder Judiciário acaba transformando o juiz num ator determinante para a democracia, ou seja: "a própria democracia se realiza quando resolvido o caso

---

[597] STRECK, Lenio Luiz. *Novo Código de Processo Penal:* O Problema do Sincretismo de Sistemas (Inquisitorial e Acusatório), cit.

[598] In: RIBEIRO, Darci Guimarães. *Da Tutela Jurisdicional às Formas de Tutela.* Porto Alegre: Livraria do Advogado, 2010, p. 95-106.

[599] Ibidem, p. 95.

apresentado ao Poder Judiciário".[600] Essa é a largada de uma dura crítica à noção corrente de *democracia representativa*, que deveria ceder espaço, cada vez mais, à chamada *democracia participativa*, na qual o indivíduo tenha meios (no caso, garantias processuais) de se defrontar com o posto, provocando o aprimoramento do debate democrático.

O primeiro passo é questionar o sentido atual do vocábulo *povo*, elemento componente da expressão *democracia*, o que é feito a partir da conhecida pergunta de Friedrich Müller[601] (*quem é o povo?*), e na divisão, por este proposta, entre *povo-ativo* (participante de decisões políticas); *povo-ícone* (instância global de atribuição de legitimidade); e povo destinatário das decisões e atuações públicas (sendo este o principal foco de interesse do artigo).[602]

O tal *povo-destinatário* seria o povo para o qual se erige o Estado, sobre quem recaem todos os deveres positivos (prestações) e negativos (não interferência) do poder público. O ponto defendido por Darci é o de que o direito fundamental de acesso irrestrito ao Poder Judiciário (art. 5º, XXXV, da CR) tem a nota distintiva de permitir que a democracia seja exercida por *todos*, ao contrário do que ocorre, por exemplo, no que pertine às capacidades de votar e ser votado. Nesse sentido, a definição de *povo* deve ser tão ampla quanto o acesso à justiça (compreensiva tanto dos *excluídos* como dos *ativos*), quer dizer: qualquer indivíduo que seja sujeito de interesses juridicamente tutelados deve ser compreendido nesse ideário.[603]

Com essas notas, o autor sugere que a democracia, na sua faceta *representativa*, atingiu um esgotamento, uma crise de legitimidade. Não se logrou colocar a *vontade geral* como centro de poder (na verdade, diversos núcleos de poder coexistiriam); não se vê a busca, pelos representantes populares, dos interesses de toda a coletividade (mas sim dos grupos que os colocaram no poder); não se conseguiu engajar os cidadãos a participar ativamente na prática política (nas democracias consolidadas o povo é *apático e desinteressado*, para falar com as palavras de Bobbio). Enfim, a democracia representativa não teria cumprido a sua promessa fundamental de *representar* o povo.[604] E é a partir destas reflexões que Darci propõe, se não o *ocaso* da representatividade, pelo menos uma transição gradual em

---

[600] RIBEIRO, Darci Guimarães. *Da Tutela Jurisdicional às Formas de Tutela*, op. cit., p. 96.

[601] MÜLLER, Friedrich. *Quem é o Povo? A Questão Fundamental da Democracia*. 3 ed. São Paulo: Max Limonad, 2003.

[602] RIBEIRO, Darci Guimarães. O Papel do Processo na Construção da Democracia: Para uma Nova Definição da Democracia Participativa. In: *Da Tutela Jurisdicional às Formas de Tutela*, cit., p. 97.

[603] Ibidem, p. 99.

[604] Ibidem, p. 99-100.

favor da participatividade, mediante o uso adequado dos mecanismos legais de participação.

Reforça a convicção do processualista gaúcho a percepção de que se está diante de "uma crise ética sem precedentes na história da nossa sociedade", temperada pela "falência institucional dos poderes executivo e legislativo, justamente os que mais deveriam estar próximos ao cidadão, tendo em vista seu imenso respaldo eleitoral".[605] Nesta vereda, o acesso ao Poder Judiciário teria um sentido de abertura do Estado em favor dos indivíduos, que têm, nesta porta, um expectativa justificada de "concretização das promessas ainda não realizadas e que dificilmente o serão através do Executivo e do Legislativo"; veja-se que o "processo", aqui, ganha os contornos de um "valioso instrumento público posto a serviço do povo para viabilizar a essência da democracia que está configurada nos direitos e garantias fundamentais".[606]

E aqui se chega ao ponto mais importante – e controverso – do texto: Darci sugere que, no contexto dessa atual crise ética e institucional, aparece o Judiciário "em franca vantagem para a implementação da democracia participativa, porquanto é o mais legitimado das três funções do Estado para realizar as promessas da modernidade", sendo, ainda, o "mais ético" dos poderes de Estado.[607] E, no âmbito do Judiciário, a concretização dos direitos não se deve limitar ao "plano abstrato normativo": a lei (produto da democracia representativa e, portanto, com legitimidade em suspensão) deve ser interpretada a partir de uma escolha política que aponte para a "concreção dos valores inseridos na Constituição"; neste sentido, é o processo que deve pautar a criação do Direito – e não (mais) a lei.[608]

Pois bem. A – sofisticada, diga-se – leitura política de Darci Ribeiro a respeito das exigências de uma democracia autêntica, e o foco de centralidade enfeixado na principiologia processual (legitimação procedimental decorrente do contraditório, motivação das decisões, etc.) fornece-me uma excelente pauta para um diálogo crítico com os supostos da minha *teoria hermenêutica do processo jurisdicional democrático*. Quero investigar as razões pelas quais nosso discurso por vezes se aproxima e, também, o que os torna em alguma medida inconciliáveis.

Para que o debate seja proveitoso, contudo, é necessário voltar alguns passos e explicitar um pouco melhor o meu lugar de fala. Note-se:

---

[605] RIBEIRO, Darci Guimarães. *Da Tutela Jurisdicional às Formas de Tutela*, op. cit., p. 102.
[606] Ibidem, p. 103.
[607] Ibidem, p. 104-105.
[608] Ibidem, p. 104-105.

nos quadros do chamado *Constitucionalismo Contemporâneo*,[609] o Poder Judiciário efetivamente acaba assumindo, de certa forma, um papel de protagonista. Mas isso não se dá em virtude de um privilégio ético dos juízes ou da crise de representatividade dos Poderes Executivo e Legislativo, mas como uma decorrência da própria normatividade constitucional. A assimilação deste aspecto é determinante para que se possa diferenciar a – digamos assim – *missão* do Poder Judiciário numa democracia constitucional, em contraponto à teoria política proposta por Darci Ribeiro. Adianto: não se trata de *criar* o Direito *contra* a lei mediante a concreção de *valores* constitucionais; trata-se antes de *interpretar* a lei *conforme* a Constituição – que, exatamente por ser *normativa*, não é uma ordem concreta de *valores*.

É o que passo a explicar – permitindo-me aqui uma breve remissão a um tema trabalhado, com maior fôlego, em meu livro.

Como viram, estou entre aqueles que defendem que a Constituição de 1988 inaugurou, no Brasil, o marco de um Estado Democrático de Direito. Isso significa dizer que, contingencialmente, a nossa vida política passa por um acentuado deslocamento do centro de decisões do Legislativo e do Executivo para o plano da justiça constitucional (afinal, a mesma Constituição que abre as portas do Judiciário – via garantia de acesso – regula a intervenção do Estado na economia, estabelece a obrigação de realização de políticas públicas e institucionaliza direitos fundamentais). Vale lembrar que reconheço a chamada *força normativa*[610] da Constituição (na verdade, a Constituição é *topo normativo*) e suas características *dirigente e compromissória*[611] – o que implica dizer que a "constituição programático-dirigente não substitui a política, mas torna-se premissa material da política",[612] donde resulta que as "inércias do Executivo e falta de atuação do Legislativo passam a poder ser supridas pelo Judiciário, justamente

---

[609] Cabe a referência de que o termo *neoconstitucionalismo* – adotado no meu trabalho – foi recentemente abandonado por Lenio Streck em detrimento da expressão *Constitucionalismo Contemporâneo*. A ideia é evitar mal-entendidos e ambiguidades teóricas, na medida em que o termo *neoconstitucionalismo* também vem sendo utilizado para albergar a institucionalização de uma recepção acrítica da Jurisprudência dos Valores no Brasil, da teoria da argumentação de Robert Alexy e do ativismo judicial norte-americano. Conferir, a propósito disso: STRECK, Lenio Luiz. *Verdade e Consenso*: Constituição, Hermenêutica e Teorias Discursivas, 4ª ed. São Paulo: Saraiva, 2011, p. 35-37.

[610] Conferir: HESSE, Konrad. *A Força Normativa da Constituição*. Porto Alegre: Sergio Fabris, 1991.

[611] CANOTILHO, José Joaquim Gomes. *Constituição Dirigente e Vinculação do Legislador*: Contributo para a Compreensão das Normas Constitucionais Programáticas. 2. ed. Coimbra: Coimbra Editora, 2001. Permitam-me remetê-los, uma vez mais, ao texto principal deste livro, no qual defendo, com Lenio Streck, a concepção de que o constitucionalismo dirigente e compromissório não está esgotado.

[612] CANOTILHO, José Joaquim Gomes. *Constituição Dirigente e Vinculação do Legislador*: Contributo para a Compreensão das Normas Constitucionais Programáticas, cit., p. 487.

mediante a utilização dos mecanismos jurídicos previstos na Constituição que estabeleceu o Estado Democrático de Direito".[613]

Deveras, estou, com Lenio Streck, junto aos defensores das teorias materiais-substanciais da Constituição, que trabalham com a perspectiva de que a implementação dos direitos fundamentais-sociais (substantivados no texto democrático da Constituição) afigura-se como condição de possibilidade da validade da própria Constituição, naquilo que ela representa de elo conteudístico que une política e direito.[614]

Portanto, percebam: o Poder Judiciário não *substitui* os Poderes Executivo e Legislativo, nem os diminui; apenas, para concretizar *direitos* (e não *valores* – esta distinção, na qual insisto, é muito importante[615]), *supre as suas omissões*. Compete, então, ao Poder Judiciário examinar se o indivíduo tem, ou não, *direitos*; e, se os tiver, cabe torná-los acessíveis.

Como fazê-lo de maneira não arbitrária?

A resposta é: a partir de uma compreensão correta do sentido da Constituição. Aqui retomo uma discussão tematizada no capítulo inaugural de minha pesquisa: qualquer ato judicial é ato de jurisdição constitucional (Streck), de modo que é dever do juiz examinar, antes de qualquer outra coisa, a compatibilidade do texto normativo infraconstitucional com a Constituição.[616] E essa conformidade, essa verdadeira *filtragem constitucional permanente*, há de ser feita a partir de um sentido *material* do que requer a Constituição (por isso falei em *substancialismo*). Aqui, a palavra

---

[613] STRECK, Lenio Luiz. *Hermenêutica Jurídica e(m) Crise*: Uma Exploração Hermenêutica da Construção do Direito. 10. ed. rev., atual. e ampl. Porto Alegre: Livraria do Advogado, 2011, p. 63.

[614] STRECK, Lenio Luiz. *Verdade e Consenso*: Constituição, Hermenêutica e Teorias Discursivas, cit., p. 81-82.

[615] Esta distinção é tematizada expressamente na discussão a respeito do conceito de princípio: ou bem os princípios têm densidade normativa – e, portanto, são ou não aplicados –, ou bem não a tem – e, neste caso, é possível tratá-los como mandados de otimização, como preconiza, por exemplo, Robert Alexy. ALEXY, Robert. *Teoría de los Derechos Fundamentales*. Madrid: Centro de Estudios Constitucionales, 1997. Veja-se que o jusfilósofo alemão, ao identificar estrutural e operacionalmente *princípios* com *valores*, acaba retirando o caráter normativo daqueles, em detrimento de uma *relação de preferibilidade* (como se um princípio fosse mais importante do que o outro, de acordo com uma determinada escala de valores). CHAMON JUNIOR, Lúcio Antônio. *Tertium non Datur*: Pretensões de Coercibilidade e Validade em Face de Uma Teoria da Argumentação Jurídica no Marco de uma Compreensão Procedimental do Estado Democrático de Direito. In: OLIVEIRA, Marcelo Andrade Cattoni de (Coord.). *Jurisdição e Hermenêutica Constitucional no Estado Democrático de Direito*. Belo Horizonte: Mandamentos, 2004, p. 104-109. Dworkin pensa o contrário: os princípios *forçam* o reconhecimento de direitos e a determinação de deveres jurídicos mesmo quando estes parecem ser inconvenientes ante os argumentos axiológicos/teleológicos. DWORKIN, Ronald. *Levando os Direitos a Sério*, cit., p. 123-4. A razão está com Dworkin. Não é que os direitos não tenham justificativa moral, ou não sejam representativos de um conjunto de valores importantes para uma comunidade política. Mas direitos, quando existem, têm de ser respeitados; já os *valores* comportam o escalonamento e a relação de preferibilidade.

[616] STRECK, Lenio Luiz. *Jurisdição Constitucional e Hermenêutica*: Uma Nova Crítica do Direito, cit., 2002, p. 362.

está com Ronald Dworkin. O autor norte-americano desenvolveu uma teoria que, se de um lado, reconhece o caráter (inexoravelmente) interpretativo do Direito, de outro, nega aos juízes a prática de um decisionismo arbitrário, defendendo a existência das já prenunciadas *respostas corretas* em Direito. Com isso, apesar de Dworkin admitir a invasão da demanda política no âmbito do Direito, ele rejeita a ideia de que o juiz seja o principal ator desta cena, trabalhando e delimitando, hermeneuticamente, as suas responsabilidades enquanto agente político e como intérprete. E isso tudo é feito, em Dworkin, com o reconhecimento da autonomia do Direito. São aportes como esses que nos permitirão afirmar que o protagonista da dinâmica instaurada neste Estado Democrático de Direito *é o Direito* (e isso porque, repita-se, a Constituição assim possibilita e determina), e não o juiz individualmente considerado.

Posto isso, cabe a pergunta: no que, efetivamente, discordo de Darci Ribeiro? Afinal, ambos concordamos que o Poder Judiciário tem um papel destacado no arranjo democrático contemporâneo; que os juízes são agentes políticos importantes, e que se devem assumir como tais; que a legitimidade procedimental pauta a construção de um Direito democrático.

A primeira resposta, creio, já está dada: é que, como se viu claramente, o processualista gaúcho chega às referidas conclusões a partir de uma abordagem mais *sociológica* do que a por mim endossada. Há uma diferença entre as nossas aproximações do problema. Enquanto eu trabalho a chamada *judicialização da política* como uma contingência do concerto constitucional contemporâneo, Darci a referenda a partir de uma espécie de *observação de segunda ordem*, que o leva a pensar que o Poder Judiciário tem melhores condições de cumprimento das promessas democráticas do que as demais funções do poder estatal.

Reparem. Darci aposta no Poder Judiciário, entre outras razões, porque entende que os Poderes Executivo e Legislativo passam por uma crise institucional e ética, e porque é um cético com relação às suas reais possibilidades de redenção. Isso fica claro, por exemplo, quando se utiliza como argumento o alto "grau de credibilidade social que usufrui o Judiciário quando comparado ao Executivo e ao Legislativo, pois é o mais ético deles".[617] Em outras palavras, Darci chega ao protagonismo do Poder Judiciário a partir de uma crítica político-sociológica, de uma desconstrução das bases de legitimidade da democracia representativa – e não propriamente de uma reflexão conectada com uma pauta constitucional.

---

[617] RIBEIRO, Darci Guimarães. O Papel do Processo na Construção da Democracia: Para uma Nova Definição da Democracia Participativa. In: *Da Tutela Jurisdicional às Formas de Tutela*, cit., p. 105.

De minha parte, contudo, não me sinto à vontade para fazer coro ao discurso da "derrocada" da democracia representativa. Por uma singela razão: o exercício do poder popular por intermédio de representantes é um dos princípios fundamentais da mesma Constituição cuja legitimidade reconheço e defendo (art. 1º, parágrafo único, da CR). Teimo em defender o texto constitucional mesmo quando este diz aquilo que não quero ouvir (e nem estou afirmando que seja este o caso: estou apenas dizendo que não entro nesta discussão).

Argumentando a partir da própria Constituição, reafirmo que qualquer democracia aceitável deve dar conta da reciprocidade constitutiva entre a soberania popular e os direitos fundamentais: não se promove um sem o outro. Não há uma relação de oposição entre estes vetores. E é dessa tensão que, desde o ponto de vista que defendo, emerge a possibilidade da permanente discussão judicial dos direitos – e, decorrentemente, este certo protagonismo do Poder Judiciário. Não de um suposto privilégio ético ou moral da categoria dos juízes sobre os administradores públicos ou legisladores. Nem como estratégia política.

Entendam: a própria Constituição determina que se reconheça a força cogente das chamadas *decisões coletivas* (justamente aquelas que são, bem ou mal, adotadas pelos representantes escolhidos pelo tal *povo-ativo* do qual nos fala Darci Ribeiro, com Müller). Então, não vejo como se possa endossar a estratégia a suspensão da validade da lei em prol de um Direito criado pelos tribunais, mesmo quando deferida e assegurada a participação dos interessados na construção da solução do caso. O que proponho, como disse acima, é que o processo se encarregue da mediação entre estas duas autonomias: pública (leis democraticamente votadas, que tenham conteúdo conforme a Constituição) e privada (autodeterminação dos indivíduos). Numa *comunidade de princípios* como a proposta por Dworkin, uma não tem sentido sem a outra.

Seja como for, Darci acerta na mosca quando afirma que os cidadãos de fato não se sentem representados diante de um Judiciário decisionista e de processos legislativos incoerentes ou obscuros.[618] Este é, precisamente, o problema: algo que, com Dworkin, poderíamos chamar de falta de *legitimação moral* da autoridade. Como resgatá-la?

Referi alhures que, para Dworkin, esta questão é resolvida mediante a aplicação de sua teoria integrativa: à noção corrente de autolegislação (Kant, Rousseau), o jusfilósofo norte-americano agrega o ideal da integridade, como forma de garantir uma coerência principiológica que assegure a legitimidade da coerção oficial. Por outro lado, Darci – se bem

---

[618] RIBEIRO, Darci Guimarães. O Papel do Processo na Construção da Democracia: Para uma Nova Definição da Democracia Participativa. In: *Da Tutela Jurisdicional às Formas de Tutela*, cit., p. 102.

entendi suas reflexões – adota uma teoria diferente, mais próxima daquela que Dworkin denomina de *pragmatismo jurídico*, uma "teoria que é ao mesmo tempo radical na história do pensamento jurídico e de grande importância para a prática jurídica contemporânea", que defende, numa de suas influentes formulações, que "qualquer pessoa com poder político deve usar esse poder para tentar tornar as coisas melhores de qualquer maneira possível, dada sua posição institucional e seu grau de poder"; nesse sentido, seria missão dos juízes o aperfeiçoamento da comunidade política.[619] Dito de outra forma, um pragmatista crê que uma decisão judicial é um acontecimento político, de modo que juízes e advogados devem voltar a sua atenção para o problema prático imediato que qualquer acontecimento político apresenta: como podemos tornar as coisas melhores?[620] Percebam: *aqui sim*, estimula-se uma prática rigorosamente política no âmbito do Poder Judiciário.

De minha parte, entretanto, pelas razões que expus aqui e ao longo de meu livro, vejo em posturas como essa uma ameaça para a autonomia do Direito. Ao contrário do prestigiado processualista gaúcho, vejo mais riscos do que ganhos na postura de se fazer *política* via Poder Judiciário. Não noto qualquer ganho democrático na transformação de juízes em legisladores.[621] Repito que, na estrutura proposta por Dworkin, o tribunal opera como *fórum do princípio*, ou seja: não lhe compete discutir o que é melhor para a comunidade como um todo. Cabe-lhe, isso sim, a preservação de direitos. São *os direitos* o centro gravitacional do Direito.

Explicando melhor, a nota distintiva emergente do Estado Democrático de Direito é, precisamente, a acentuação do grau de autonomia do Direito, alcançado diante dos fracassos da falta de controle da e sobre a Política. Essa *autonomia* (em face das outras dimensões que se comunicam com o Direito, como a Economia e a Moral) deve ser entendida como uma "ordem de validade, representada pela força normativa de um direito produzido democraticamente e que institucionaliza (ess)as outras dimensões com ele intercambiáveis".[622] Claro que isso acaba implicando uma diminuição do espaço da vontade geral, na medida em que cresce o controle jurisdicional (especialmente contramajoritário) sobre a constitucionalidade das leis. E é por isso mesmo que a minha preocupação principal

---

[619] DWORKIN, Ronald. *A Justiça de Toga*. São Paulo: editora WMF Martins Fontes, 2010. p. 35.

[620] Ibidem, p. 73.

[621] Aliás, sobre os riscos de se apostar num *governo de juízes*, desde a tradição norte-americana até a realidade brasileira, vale conferir o excelente ensaio de Clarissa Tassinari, Revisitando o Problema do Ativismo Judicial: Contributos da Experiência Norte-Americana. Anima: *Revista Eletrônica do Curso de Direito da OPET*, v. 4, p. 60-78, 2010.

[622] STRECK, Lenio Luiz. *Hermenêutica Jurídica e(m) Crise*: Uma Exploração Hermenêutica da Construção do Direito, op. cit., p. 369-370.

– ao contrário daquela que guia o texto de Darci – é com a implementação de mecanismos de *controle* da atividade judicial, com o combate da discricionariedade judicial.

Concluindo o raciocínio, são congruentes com a linha argumentativa desenvolvida por Darci as afirmações de que a lei serve, apenas, como "mera baliza de interpretação", e, principalmente, de que não há "interpretação sem escolha política".[623] Mas não com a minha – em que pesem nossos evidentes pontos de contato, explicitados ao longo deste escrito. A despeito de eu reconhecer que qualquer interpretação juridicamente coerente depende de sua inserção numa teoria política mais geral, estou com Lenio Streck quando este aponta a distinção entre *decisão* e *escolha*. Compreendam: a decisão jurídica não pode ser entendida como um ato em que o juiz, diante de várias possibilidades de solução, escolhe a mais adequada. O provimento jurisdicional não se dá a partir de uma *escolha*, mas, sim, a partir do compartilhamento com algo que se antecipa: a compreensão daquilo que a comunidade política (lembremos novamente da comunidade de princípios dworkiniana) constrói como um direito. Equivale a dizer: é o modo como se compreende o sentido do Direito projetado pela comunidade política que "condicionará a forma como a decisão jurídica será realizada de maneira que, somente a partir desse pressuposto, é que podemos falar em respostas corretas ou respostas adequadas".[624]

Numa palavra final, pois: Darci admite a discricionariedade na tomada de decisões públicas; e, sendo assim, acredita que seja melhor, para o caráter democrático da comunidade, que elas sejam tomadas pelo Poder Judiciário do que pelo Executivo ou pelo Legislativo, pelos bastantes motivos que transcrevi; e eu, por outro lado, nego o caráter de *escolha política* da decisão judicial. É isso, em suma, que explica a pontual dissintonia de nossa argumentação.

### 3. Continuando o debate com o Formalismo-valorativo de Daniel Mitidiero, ou: "colaboração no processo civil" é um princípio?

Ao longo do livro, produzi uma crítica hermenêutica aos supostos do *Formalismo-Valorativo*, importante escola processual que teve em Carlos Alberto Alvaro de Oliveira seu iniciador e que tem em Daniel Francisco Mitidiero – com algumas distinções importantes com relação à obra do

---

[623] RIBEIRO, Darci Guimarães. O Papel do Processo na Construção da Democracia: Para uma Nova Definição da Democracia Participativa. In: *Da Tutela Jurisdicional às Formas de Tutela*, cit., p. 104.

[624] STRECK, Lenio Luiz. *O Que É Isto: Decido Conforme Minha Consciência?* Porto Alegre: Livraria do Advogado Editora, 2010, p. 97.

primeiro, hoje percebo – seu expoente de maior destaque. Pretendo agora ratificar e ampliar minhas observações originais. O momento é oportuno pela seguinte razão: em artigo doutrinário recentíssimo (*Colaboração no Processo Civil como Prêt-à-porter: Um Convite ao Diálogo para Lenio Streck*[625]), Mitidiero chamou a *Crítica Hermenêutica do Direito* para um minueto. Respondendo às críticas que Lenio dirige ao chamado "princípio da cooperação processual" no seu *Verdade e Consenso*, Daniel propõe-se, no seu artigo, à tarefa de discutir "qual o papel da colaboração no processo civil, o que significa, qual a sua funcionalidade e quais as eventuais consequências do seu descumprimento".[626] O resultado é um texto enxuto, elegante e esclarecedor: tanto de encontros como de desencontros entre as nossas respectivas teorias de base.

Pois bem. Para tornar a coisa toda mais compreensível, é preciso, em primeiro lugar, situar as referências que Lenio faz à cooperação processual no contexto de sua crítica mais geral ao chamado *panprincipiologismo* (emprego generalizado do vocábulo *princípio* para designar *standards* interpretativos, geralmente originários de construções pragmaticistas, como verdadeiros axiomas com pretensões dedutivistas).

Qual é o problema? Lenio explica[627] que, ainda hoje, mesmo no campo da assim denominada "crítica do direito", há setores que acreditam na tese de que "é com os princípios que o juiz deixa de ser a boca da lei" (*sic*), como se os princípios fossem esse componente "libertário" da interpretação do direito (e da decisão dos juízes). Dito de outro modo, é como se a fórmula para superar o positivismo legalista fosse uma espécie de retorno à jurisprudência dos interesses, à jurisprudência dos valores, ao movimento do direito livre. Tudo como se o grande problema da teoria do direito fosse o *paleojuspositivismo* (Ferrajoli).[628]

Com efeito, o advento da "era dos princípios constitucionais" (*sic*) – expressão que alcançou lugar comum especialmente nas teorias neoconstitucionalistas –, consequência não apenas do surgimento de novos textos constitucionais, mas, fundamentalmente, decorrentes de uma revolução paradigmática ocorrida no Direito, parcela considerável dos juristas optou por considerar os princípios constitucionais como *um sucedâneo dos*

---

[625] MITIDIERO, Daniel Francisco. Colaboração no Processo Civil como Prêt-à-porter: Um Convite ao Diálogo para Lenio Streck. In: *Revista de Processo*, 194, ano 36. Abril de 2011. Esclareço que Lenio me convidou para responder, com ele, às críticas de Mitidiero. O texto está em fase final de produção. De todo modo, adianto, neste posfácio, algumas de minhas reflexões sobre o assunto.

[626] Ibidem.

[627] Em mais de um texto; mas, de maneira particularmente clara, no inédito Neoconstitucionalismo, Positivismo e Pós-Positivismo: Um Debate com Luigi Ferrajoli.

[628] Ibidem.

*princípios gerais do direito* ou como sendo o "suporte dos valores da sociedade" (o que seria isso, ninguém sabe).[629]

"Positivação dos valores": assim se costuma anunciar os princípios constitucionais, circunstância que facilita a "criação" (*sic*), em um segundo momento, de todo tipo de "princípio" (*sic*), como se o paradigma do Estado Democrático de Direito fosse a "pedra filosofal da legitimidade principiológica", *da qual pudessem ser retirados tantos princípios quantos necessários para solver os casos difíceis ou "corrigir" (sic) as incertezas da linguagem.*[630]

É nesse arranjo que Lenio identifica um incontável (e incontrolável) elenco de "princípios" utilizados amplamente na cotidianidade dos tribunais e da doutrina, sendo, a grande maioria deles, tautológica e com nítida pretensão retórico-corretiva. Resumidamente, pois, o ponto é que a diversidade de "princípios", bem como a ausência de critérios para a sua identificação, acaba se colocando como um embaraço para as teorias que tratam das condições de possibilidade da institucionalização de princípios efetivamente de índole constitucional. E veja-se o tamanho do problema: no âmago da teoria integrativa dworkiniana, os princípios ingressam na prática do Direito *justamente para combater a discricionariedade judicial e para restringir as liberdades interpretativas...!*

Seja como for, é no âmbito desse *general attack* à vulgarização da invocação de princípios na argumentação jurídica que aparece a referência ao cognominado *princípio da cooperação processual*, segundo Lenio, um *prêt-à-porter* que propiciaria que juízes e advogados colaborassem entre si, de modo a alcançarem a justiça no caso concreto. A bronca central do autor contra esse "princípio" é relacionada à sua minguada normatividade, que o leva a questionar: "Mas, e se as partes não cooperarem? Em que condições um *standard* desse quilate pode efetivamente ser aplicado? Há sanções no caso de 'não cooperação'? Qual será a ilegalidade ou inconstitucionalidade decorrente da sua não aplicação?"; por fim, Lenio arremata:

> A "cooperação processual" não é um princípio; não está dotada de densidade normativa; as regras que tratam dos procedimentos processuais não adquirem espessura ontológica face à incidência desse *standard*. Dito de outro modo, a "cooperação processual" – nos moldes que vem sendo propalada – "vale" tanto quanto dizer que todo processo deve ter instrumentalidade ou que o processo deve ser tempestivo ou que as partes devem ter boa fé. Sem o caráter deontológico, o *standard* não passa de elemento que "ornamenta" e for-

---

[629] STRECK, Lenio Luiz. Neoconstitucionalismo, Positivismo e Pós-Positivismo: Um Debate com Luigi Ferrajoli, op. cit.
[630] Ibidem.

nece "adereços" à argumentação. Pode funcionar no plano performativo do direito. Mas, à evidência, não como "dever ser".[631]

Bom. Daí em diante, Daniel Mitidiero esforça-se em resgatar a *dignidade* da colaboração no processo civil, visando a demonstrar que se cogita tanto de um *modelo de processo civil*, como também de um *princípio*.

Deixo de lado, por ora, a questão de saber se a colaboração é um modelo processual consistente com os quadros de um Estado Democrático de Direito.[632] Centro a discussão em saber se, de fato, a colaboração configura um *princípio jurídico*.

Com efeito, Daniel afirma que a colaboração seria um princípio jurídico em virtude do fato de que este *impõe um estado de coisas a ser promovido*,[633] sendo que o *fim* da colaboração estaria em servir de elemento para organização de um *processo justo* (idôneo a alcançar uma *decisão justa*).

Aqui, um corte epistemológico é imprescindível. Primeiro, destaco desde já que a noção de princípio como portadores de uma dimensão finalística a ser executada pouco tem a ver com a acepção trabalhada por Lenio, Dworkin ou por mim. Retomarei esse ponto na sequência destas reflexões. Segundo, temo que seja necessário investigar melhor o que o Mitidiero entende como sendo *processos* e *decisões justas* (e para tanto é preciso falar um pouco sobre o *Formalismo-Valorativo*).

Começo pelo segundo aspecto. Como explicitei em meu livro, o *Formalismo-Valorativo* surgiu, inicialmente, como uma "concepção nova", elaborada por Alvaro de Oliveira, com o objetivo de contrapor o "excesso de formalismo" na lida com o processo; mais especificamente, seu propósito era o de solucionar a "antinomia existente entre formalismo e justiça", problemática que se atravessa como um obstáculo à "adequada realização do direito material e dos valores constitucionais".[634] O caso é que o *formalismo*, na dicção do citado processualista, diz respeito à totalidade formal do processo, "compreendendo não só a forma, ou a formalidade, mas especialmente a delimitação dos *poderes*, *faculdades* e *deveres* dos sujeitos processuais, coordenação de sua atividade, ordenação do procedimento

---

[631] STRECK, Lenio Luiz. *Verdade e Consenso*: Constituição, Hermenêutica e Teorias Discursivas, cit., p. 583.

[632] Adianto que há pontos de contato relevantes com a minha proposta de uma teoria hermenêutica do processo jurisdicional democrático, tais como a rejeição da jurisdição como polo metodológico do processo civil, e o ponto (central) de não se encarar o Estado Constitucional como *inimigo* da sociedade civil.

[633] Noção que se tributa à obra de Humberto Ávila. Consultar, necessariamente: ÁVILA, Humberto. *Teoria dos Princípios*: Da Definição à Aplicação de Princípios Jurídicos. 6. ed. São Paulo: Malheiros, 2006.

[634] OLIVEIRA, Carlos Alberto Alvaro de. O Formalismo-Valorativo no Confronto com o Formalismo Excessivo. *Revista da Ajuris*. Porto Alegre, n. 104, 2006, p. 55.

e organização do processo", tudo isso com vistas a que sejam "atendidas as suas finalidades primordiais"; nesse sentido, a "forma" tem a tarefa de indicar "as fronteiras para o início e o fim do processo, circunscrever o material a ser formado, e estabelecer dentro de quais limites devem cooperar e agir as pessoas atuantes no processo para o seu desenvolvimento", trazendo consigo, então, a ideia de "organização da desordem, emprestando previsibilidade a todo o procedimento"; neste sentido, é a forma que impede que a realização do procedimento fique deixada "ao simples querer do juiz", funcionando como "uma garantia de liberdade contra o arbítrio dos órgãos que exercem o poder do Estado".[635] O formalismo processual também serviria ao controle dos "eventuais excessos de uma parte em face da outra, atuando por conseguinte como poderoso fator de igualação (pelos menos formal) dos contendores entre si".[636]

Todavia – segue Alvaro de Oliveira –, o formalismo (elemento fundador da efetividade e da segurança do processo), assim como o próprio processo, seria polarizado por um *fim*, ou seja, por *valores*, que seriam histórica e culturalmente situados; nesse sentido, o processo refletiria "toda uma cultura", constituindo-se na expressão "das concepções sociais, éticas, econômicas, políticas, ideológicas e jurídicas, subjacentes a determinada sociedade e a ela características, e inclusive de utopias".[637]

É dessa conjuntura que emergem os fundamentos do *Formalismo-Valorativo*. A proposta (inicial) é a de que seja estabelecido um poder "ordenador, organizador e coordenador" que se preste para a "organização de um processo justo", assim entendido aquele que alcance as "finalidades últimas do processo em tempo razoável" e que colabore para a "justiça material da decisão".[638] Esclarece o autor que não há como se pensar nos "fins" do processo sem que esta noção se entrelace com a de "valores"; e os "valores mais importantes para o processo", na sua ótica, seriam "por um lado a realização da justiça material e a paz social, por outro, a efetividade, a segurança e a organização interna e justa do processo (*fair trial*)", sendo que "os dois primeiros estão mais vinculados aos fins do processo, os três últimos ostentam uma face instrumental em relação àqueles".[639]

Já na sua acepção mais recentemente divulgada, afirma-se, com o *Formalismo-Valorativo*, ter sido atingida uma nova *fase metodológica* da compreensão do processo civil (lembremos das outras três: *praxismo, pro-*

---

[635] OLIVEIRA, Carlos Alberto Alvaro de. O Formalismo-Valorativo no Confronto com o Formalismo Excessivo, op. cit., p. 56.

[636] Ibidem, p. 57.

[637] Ibidem, p. 59.

[638] Ibidem, p. 60.

[639] Ibidem, p. 56.

*cessualismo* e *instrumentalismo*[640]). Nas palavras de Alvaro de Oliveira e Mitidiero,

> Tudo conflui, pois, à compreensão do processo civil a partir de uma nova fase metodológica – o *formalismo-valorativo*. Além de equacionar de *maneira adequada* as relações entre direito e processo, entre processo e Constituição, e colocar o processo no centro da teoria do processo, o formalismo-valorativo mostra que o formalismo do processo é formado a partir de *valores – justiça, igualdade, participação, efetividade, segurança –*, base axiológica a partir da qual ressaem *princípios, regras e postulados* para sua elaboração dogmática, organização, interpretação e aplicação.[641]

Pois bem. Este recorte da teoria processual em questão já me fornece o material necessário para que eu possa confrontá-la com o paradigma hermenêutico e retomar a questão central deste tópico: saber se a colaboração é, ou não, um *princípio jurídico*.

E a resposta é negativa: de fato, a cooperação processual, na forma como Daniel Mitidiero a concebe, *não é um princípio jurídico* – pelo menos, não no sentido proposto por Dworkin e Streck.

Entendam bem. Na leitura de Lenio – por mim secundada –, os princípios constitucionais instituem o *mundo prático* no direito, de modo que essa institucionalização representa um ganho qualitativo para o direito: a partir dessa revolução paradigmática, o juiz tem um dever (*have a duty to*, como diz Dworkin) de decidir de forma correta. Trata-se do dever de resposta correta, correlato ao direito fundamental de resposta correta (no caso, adequada à Constituição). Sendo mais claro, para Lenio, a legitimidade de uma decisão será auferida no momento em que se demonstra que a regra por ela concretizada é *instituída* por um princípio. Desse modo, tem-se o seguinte: não há regra sem um princípio instituidor. Sem um princípio instituinte, a regra não pode ser aplicada, uma vez que não será portadora do caráter de legitimidade democrática.

Nesta vereda, não há aplicação jurídica que não seja *instituída, justificada*, por princípios.

Note-se, portanto, que o próprio conceito de *princípio* (assim como o de *norma*) é um *conceito interpretativo*. Dworkin pontuou, ao tematizar o Direito como integridade, que, quando um juiz identifica determinado padrão no Direito como um princípio, isso deve ser compreendido como

---

[640] O *instrumentalismo* teria sido superado, segundo Alvaro de Oliveira e Mitidiero, por três razões: uma, por assinalar função puramente declaratória à jurisdição; duas, porque as relações entre processo e Constituição não se colocariam apenas no plano das garantias, devendo ser pensadas a partir de uma nova teoria das normas e dos direitos fundamentais; e três, porque a colocação da jurisdição como centro do processo negligenciaria a dimensão participativa que a democracia haveria conquistado no direito contemporâneo. OLIVEIRA, Carlos Alberto Alvaro de; MITIDERO, Daniel Francisco. *Curso de Processo Civil*, cit., p. 15.

[641] Ibidem, p. 15.

uma *proposta interpretativa*: "o princípio se ajusta a alguma parte complexa da prática jurídica e a justifica; oferece uma maneira atraente de ver, na estrutura dessa prática, a coerência de princípio que a integridade requer".[642] É isso: o princípio *orienta* a interpretação da prática judiciária, e deve justificá-la de forma convincente.

Pensemos ainda no seguinte: para Dworkin, o princípio é um padrão de julgamento, ligado a uma justificativa moral, que deve ser aplicado na defesa de direitos. Sem que estes direitos (ligados, sobretudo, à igualdade) sejam respeitados, não estaremos em uma democracia. A sua defesa, portanto, não é um *favor* da maioria, mas o resguardo da legitimidade de um Estado Democrático de Direito. Além disso, o princípio é um padrão que, diferentemente das regras, não determina imediatamente um comportamento, apesar de seu perfil *deontológico* (diz o que *deve ser*, tem pretensão de eficácia). Essas premissas fazem com que se compreenda melhor a noção que Lenio transmite quando diz que cada regra tem um princípio que a *institui*. Claro: se o Direito deve ser coerentemente produzido, e se essa coerência é principiológica, evidentemente que toda a *regra* (como manifestação do Direito) deve encontrar justificativa no emaranhado de princípios que o integra. A regra não subsiste sozinha, não retira validade de si própria. Ela deve ter algum "sentido" coerente com a integridade do Direito. A esse "sentido", que não é prévio, que não é fixo, que não pode ser aferido proceduralmente, dá-se o nome de *princípio*.

Então, atenção: *princípios jurídicos e respostas corretas* (constitucionalmente-hermeneuticamente adequadas) *são faces de uma mesma moeda*. Qualquer acepção que relegue aos princípios um caráter aplicativo residual, ou que defira ao julgador zonas de discricionariedade, *estará em rota de colisão com o conceito de princípio aqui referendado*.

E é nesses exatos desvios que, creio, incorrem as teses de Daniel Mitidiero. Penso que a sua *cooperação processual*, situada no esquadro mais geral do *Formalismo-Valorativo*, não inibe a tomada de decisões discricionárias. Não foi concebida para a conformação de respostas corretas. Vou além: na verdade, não me parece que isso (a discricionariedade judicial) seja um problema satisfatoriamente tematizado pelos formalistas-valorativos.

Permito-me a realização de um exercício à margem, para sustentar o que afirmo. Quero demonstrar que, apesar de Daniel Mitidiero dizer que não se confunde a sua *decisão justa* – resultado de um *processo justo*, formatado pelas diretrizes do *Formalismo-Valorativo* – com uma decisão *conforme a justiça da consciência do julgador*, esta distinção não se verifica na prática.

---

[642] DWORKIN, Ronald. *O Império do Direito*. 2. ed. São Paulo: Martins Fontes, 2003, p. 274.

Vejamos.

Tomo por referente o recente *Curso* de Alvaro de Oliveira e Mitidiero, no qual se enunciam alguns *casos práticos*, tomados como eixo para ilustração das lições propostas pelos prestigiados autores. Limito-me, aqui, a analisar dois deles, os *casos práticos* de números 3 e 4, assim propostos:

Caso prático nº 3
Determinada empresa adquiriu um veículo mediante financiamento com alienação fiduciária. Alegando não estar paga a dívida e indicando a mora do devedor, o credor fiduciário ajuizou demanda de busca e apreensão, pleiteando concessão da liminar prevista no art. 3º do Decreto-lei nº 911/69, que foi indeferida em 1º grau de jurisdição. Foi arbitrário o órgão judicial por negar vigência à regra de lei, ou haveria fundamentos principiais capazes de justificar a decisão?[643]

E

Caso prático nº 4
Em caso de atropelamento de pessoa, necessitada de imediato atendimento médico, aforada demanda postulando a reparação de danos contra o causador do acidente, sendo pobre o autor, invocando o art. 273, §2º, o juízo negou pedido antecipatório de tutela, sob fundamento de irreversibilidade dos efeitos da antecipação. Pode-se afirmar correta a decisão, visto que atendeu ao disposto na lei processual?[644]

Ambos os *casos práticos* são trabalhados pelos autores no capítulo que trata dos *direitos fundamentais processuais*. Trata-se de destaque importante, já que se anuncia que, "no marco teórico do formalismo-valorativo, a disciplina mínima do processo civil só pode ser buscada na Constituição", de modo que "a fórmula mínima do processo justo está em estruturar-se o formalismo processual de modo a nele terem lugar os direitos fundamentais", tais como o contraditório e a motivação da sentença.[645]

Vejam-se agora, feitas as apresentações, as considerações dos processualistas para os transcritos *casos difíceis*, nos quais se identificou "evidente conflito entre os princípios da efetividade e do contraditório".[646]

Para eles,

a antecipação da busca e apreensão, autorizada por regra de lei, entra em conflito direto com o direito ao contraditório, sem ao menos trazer à liça qualquer conflito com outro direito fundamental, pois nem sequer se exige para a concessão da liminar a evidência do perigo na demora. Inexistindo conflito entre direitos fundamentais, impõe-se preservado o único existente, que é o da segurança jurídica. De tal sorte, o juiz, ao indeferir a liminar, no **Caso Prático nº 3**, de modo nenhum foi arbitrário, tendo julgado de acordo com o direito

---

[643] OLIVEIRA, Carlos Alberto Alvaro de; MITIDERO, Daniel Francisco. *Curso de Processo Civil*, op. cit., p. 23.
[644] Ibidem, p. 24.
[645] Ibidem, p. 28.
[646] Ibidem, p. 42.

ao processo justo (CRFB, art. 5°, LIV), assim entendido o processo que assegura aos litigantes "o contraditório e ampla defesa, com os meios e recursos a ele inerentes" (CRFB, art. 5°, LV).[647]

Já no

**Caso Prático n° 4**, a restrição generalizada e indistinta estatuída no §2° do art. 273 privilegia demasiadamente e de forma engessada o ponto de vista da parte demandada em detrimento do autor da providência, pois também este pode correr risco de sofrer prejuízo irreparável, em virtude de alguma irreversibilidade fática de alguma situação da vida. Essa realidade determina a eficácia relativa da regra mencionada, devendo o conflito entre o direito ao processo justo, o princípio da efetividade e o acesso à justiça, assegurado no art. 5°, XXXV, CRFB, ser arbitrado pelo juiz em favor do provável titular do direito em discussão, mormente porque a hipótese cuida de direito à saúde e à vida.[648]

Com efeito. Pelo que se constata, os casos foram criados para exemplificar situações em que a aplicação direta dos direitos fundamentais constitucionais implica que se recuse vigência a disposições infraconstitucionais (aliás, uma delas pré-constitucional, no caso da busca e apreensão, e a outra pós-constitucional, no caso da antecipação de tutela). Até aí, tudo certo. Uma *applicatio* jurídica, na concepção que propus, efetivamente endossa o perfil normativo da Constituição, que deve ser concretizada tanto na falta de lei quanto *apesar desta*, quando se reconhecer incompatibilidade de dispositivo infraconstitucional com um *sentido* de (e da) Constituição.

Aponto, ainda, que o resultado das aplicações jurídicas sugeridas no *Curso* também estão aparentemente corretas. É bastante razoável sustentar que a regra (pré-constitucional) de uma Lei editada em pleno regime militar, e que autoriza, sem mais, a busca e apreensão do bem alienado fiduciariamente sem que se propicie sequer a fala do devedor, não se compatibiliza com uma compreensão democrática da cláusula constitucional do contraditório (lembremos da separação que André Leal sugere, entre o mero ato judicial, legitimado aprioristicamente, e o provimento jurisdicional, este construído em contraditório). Também, é plausível sugerir que a expressão "irreversibilidade do provimento antecipado", prevista no art. 273 do CPC (na redação da Lei n. 8.952/94), deve ser objeto de *filtragem constitucional*, que faça com que a *regra* da não concessão da tutela antecipada ceda a um *princípio* instituidor, que é como se manifestou, na especificidade, o argumento principiológico do acesso à justiça.

O que chama a atenção, contudo, é a maneira como os processualistas gaúchos defendem suas interpretações. Veja-se a fragilidade dos

---

[647] OLIVEIRA, Carlos Alberto Alvaro de; MITIDERO, Daniel Francisco. *Curso de Processo Civil*, op. cit., p. 42.

[648] Ibidem, p. 42.

argumentos tidos como *decisivos* numa e noutra hipótese. No caso 3, a justificativa para a negativa de vigência do decreto de 69 não é a sua inconstitucionalidade pura e simples, como seria de se supor, mas o fato de que *o conflito da regra de lei com o direito ao contraditório não envolve nenhum outro conflito com outro direito fundamental*, ou seja, a justificativa é a de que *inexiste, no caso, conflito entre direitos fundamentais*. Já no caso 4, identifica-se conflito *entre o direito ao processo justo, o princípio da efetividade e o acesso à justiça, arbitrado pelo juiz em favor do provável titular do direito em discussão*, em especial, *porque a hipótese cuida de direito à saúde e à vida*.

Ora bem. O que não fica claro é: por que há conflito entre efetividade e acesso à justiça, no segundo caso, e não se reconhece este mesmo conflito no primeiro? Em se admitindo, por hipótese, a constitucionalidade do decreto que regulamenta o processo sobre alienação fiduciária (e os autores gaúchos não afirmam a sua inconstitucionalidade, frise-se), não haveria um direito fundamental a que ele fosse cumprido? Ou, para falarmos com os argumentos dos próprios formalistas-valorativos, não haveria aí também um *conflito entre a efetividade* (perseguida pela financeira) *e o contraditório* (invocado como garantia do devedor de poder influenciar no provimento jurisdicional)? Mais: no caso no qual se identifica, efetivamente, o conflito: qual o critério para a sua resolução? Repare-se que o conflito teve de ser *"arbitrado"* (*sic*) pelo juiz, "mormente" (leia-se: não exclusivamente) porque "a hipótese cuida de direito à saúde e à vida". Já que se fala em "arbitramento", fica em aberto a questão: o conflito poderia então ter sido *"arbitrado"* noutra direção?

O que se verifica, a partir desse singelo exercício, é que as decisões alvitradas pelos processualistas gaúchos podem até ser consideradas corretas isoladamente, mas *seus fundamentos não se integram validamente na abrangente história institucional do direito*. Na verdade, é possível dizer que os casos foram resolvidos de forma discricionária. As mesmas razões que justificaram as soluções corretas acima alinhadas poderiam ter motivado o seu exato oposto. Fica difícil, assim, diante da falta de DNA dos argumentos empregados na solução dos problemas processuais, distinguir a *justiça discricionária da consciência do julgador* de uma *decisão justa* como a que propõem os formalistas-valorativos, não?

Alguém poderia questionar: e o que isso tem a ver com o fato de a cooperação processual ser, ou não, um princípio jurídico? Respondo: *tudo*.

É que isto se dá, entre outras razões, justamente pelo fato de que, que em ambos os exemplos citados, *argumentos principiais somente foram invocados de forma residual*, quer dizer, apenas na existência de aparentes *conflitos entre direitos fundamentais*. Ou seja: *nem sempre seria necessário ar-*

*gumentar em favor de princípios*. O que é intencional, frise-se. São de Daniel Mitidiero – que, juntamente com Luiz Guilherme Marinoni, comentou o projeto no NCPC – as afirmações de que "é preciso ver que nossa Constituição não é tão somente uma Constituição principiológica", e de que "diante do direito constitucional brasileiro, não é possível afirmar sequer que todos os direitos fundamentais possuem estrutura normativa principial"; para o autor, a Constituição apresenta, além de princípios e regras, "critérios para interpretação/aplicação destas espécies normativas (isto é, postulados normativos)".[649]

Aí o equívoco: como diz Lenio, princípios não são princípios porque a Constituição assim o diz, mas a Constituição é principiológica porque há um conjunto de princípios que conformam o paradigma constitucional, de onde exsurge o Estado Democrático de Direito. Insisto: os princípios *sempre* atuam *como determinantes* para a concretização do direito e, em todo caso concreto, eles devem conduzir para a determinação da resposta adequada. *As regras constituem modalidades objetivas de solução de conflitos*. Elas "regram" o caso, determinando o que deve ou não ser feito. Os princípios autorizam esta determinação; eles fazem com que o caso decidido seja dotado de autoridade que – hermeneuticamente – vem do reconhecimento da *legitimidade*.

Na verdade, essa história de distinguir regras e princípios (e postulados!) com base na sua estrutura ou redação revela um impasse *de princípio*. Conforme situa Rafael Tomaz de Oliveira, não há uma cisão radical entre regras e princípios, que estão, de modo permanente, implicados na prática interpretativa que é o direito; há, isso sim, uma *diferença* entre regra e princípio, porque, quando nos ocupamos de controvérsias jurídicas e procuramos argumentar para resolvê-las, somos levados a nos comportar de modo distinto quando argumentamos com regras e quando argumentamos com princípios (estes compostos de elementos *transcendentes*, na medida em que com eles sempre ultrapassamos a pura objetividade em direção a um todo contextual coerentemente construído).[650] Desta forma – concordo com Rafael –, a questão central do problema envolvendo a distinção entre regras e princípios passa necessariamente pela problematização do conceito de princípio, e não, simplesmente, por uma discussão estrutural de como deve se dar essa classificação que se ocupa em distinguir duas espécies normativas.[651]

---

[649] MITIDIERO, Daniel Francisco; MARINONI, Luiz Guilherme. *O Projeto do CPC*, cit., p. 69-72.

[650] OLIVEIRA, Rafael Tomaz de. *Decisão Judicial e o Conceito de Princípio*: a hermenêutica e a (in)determinação do direito. Porto Alegre: Livraria do Advogado, 2008, p. 201.

[651] Ibidem, p. 201.

Retomando agora o foco, repare-se como essas questões efetivamente se intercruzam: para quem entende que os princípios nem sempre são aplicáveis, bem como para quem não defende que os princípios guiam a construção de respostas corretas, parece trivial defender a colaboração processual (assim como a *moderação*, a *felicidade*, o *rodízio* etc.) como princípio(s), não? *Esse* é o cerne da crítica de Lenio: a falta de *normatividade* de um "princípio" (*sic*) como esse.

Enfim.

Dito isso, não quero perder a oportunidade de enfatizar que, da excelente tese de doutorado de Daniel Mitidiero[652] recolho mais convergências com as minhas propostas do que divergências. A ênfase que o autor dá, por exemplo, à cláusula do contraditório na construção de um processo democrático,[653] bem como à motivação das decisões judiciais,[654] em grande medida nos aproxima.

Mas isso não transforma a cooperação processual em princípio. Qual, afinal, a sua normatividade?

Vejam lá: o cognominado princípio da cooperação processual impõe regras de conduta ao juiz. Pensemos então na dimensão do *esclarecimento*: o juiz teria o dever de se esclarecer junto das partes quanto às dúvidas que tenha sobre suas alegações, pedidos ou posições em juízo. Maravilha. Mas, parafraseando Lenio, e se o juiz não coopera? E se não se esclarece junto das partes das dúvidas que teve e decide a causa mesmo assim? Será mesmo plausível sustentar, por exemplo, que nesta hipótese o juiz deverá ser responsabilizado por perdas e danos com base no art. 133 do CPC?

Quanto ao mais – deveres de diálogo e de prevenção –, convenham que já decorrem de uma compreensão constitucionalmente adequada da cláusula do contraditório, conforme coloquei ao longo do trabalho. A sua violação é, sim, inconstitucional. Mas não por conta da quebra do princípio da cooperação processual.

Então, definitivamente: cooperação processual, na formulação proposta por Daniel Mitidiero, *não é um princípio jurídico, já que não possui caráter deontológico*. E esta conclusão não é alterada pela reivindicação de que a colaboração processual "determina a conformação e a compreensão das regras inerentes à estrutura mínima do processo justo",[655] o que,

---

[652] MITIDIERO, Daniel Francisco. *Colaboração no Processo Civil*: Pressupostos Sociais, Lógicos e Éticos, 2ª ed. São Paulo: Editora Revista dos Tribunais, 2011.

[653] Ibidem, p. 100-103.

[654] Ibidem, p. 149-156.

[655] MITIDIERO, Daniel Francisco. Colaboração no Processo Civil como Prêt-à-porter: Um Convite ao Diálogo para Lenio Streck, cit.

na ótica do processualista gaúcho, guindaria à cooperação à categoria de princípio jurídico *mesmo na acepção proposta por Lenio*.

Isso não é, absolutamente, o suficiente. Lembremos que, para Lenio, os princípios retiram seu conteúdo normativo de uma convivência intersubjetiva que emana dos vínculos existentes na moralidade política da comunidade, ou seja: os princípios são *vivenciados* ("faticizados") por aqueles que participam da comunidade política e que determinam a formação comum de uma sociedade; *é exatamente por esse motivo que tais princípios são elevados ao* status *da constitucionalidade*.[656]

É isso, numa palavra final, que parece faltar à cooperação processual: essa *normatividade* que eleva os princípios ao *status* da constitucionalidade.

---

[656] STRECK, Lenio Luiz. *Verdade e Consenso*: Constituição, Hermenêutica e Teorias Discursivas, cit, p. 57.

# Referências

ALEXY, Robert. *Constitucionalismo Discursivo*. Porto Alegre: Livraria do Advogado, 2007.

———. *Teoria de los Derechos Fundamentales*. Madrid: Centro de Estudios Constitucionales, 1997.

ÁVILA, Humberto. *Teoria dos Princípios*: Da Definição à Aplicação de Princípios Jurídicos. 6. ed. São Paulo: Malheiros, 2006.

BAPTISTA DA SILVA, Ovídio. *Curso de Processo Civil*: Processo de Conhecimento. 4. ed. São Paulo: Revista dos Tribunais, 1998, v. I.

———. *Da Função à Estrutura*. Disponível em <www.baptistadasilva.com.br>. Acesso em: fev. 2009.

———. *Da Sentença Liminar à Nulidade da Sentença*. Rio de Janeiro: Forense, 2002.

———. *Jurisdição e Execução na Tradição Romano-Canônica*. 3. ed. Rio de Janeiro: Forense, 2007.

———. *Jurisdição, Direito Material e Processo*. Rio de Janeiro: Forense, 2008.

———. *Processo e Ideologia*: O Paradigma Racionalista. 2. ed. Rio de Janeiro: Forense, 2006.

———. *Verdade e Significado*. In: ROCHA, Leonel Severo; STRECK, Lenio Luiz. *Constituição, Sistemas Sociais e Hermenêutica*. Porto Alegre: Livraria do Advogado, 2005.

BAUMAN, Zigmunt. *Modernidade Líquida*. Rio de Janeiro: Jorge Zahar, 2001.

BEDAQUE, José Roberto. *Efetividade do Processo e Técnica Processual*. São Paulo: Malheiros, 2006.

CANOTILHO, José Joaquim Gomes. *Constituição Dirigente e Vinculação do Legislador*: Contributo para a Compreensão das Normas Constitucionais Programáticas. 2. ed. Coimbra: Coimbra Editora, 2001.

CAPPELLETTI, Mauro. *Juízes Legisladores?* Porto Alegre: Sergio Antonio Fabris, 1999.

CHAMON JUNIOR, Lúcio Antônio. *Tertium non Datur*: Pretensões de Coercibilidade e Validade em Face de Uma Teoria da Argumentação Jurídica no Marco de uma Compreensão Procedimental do Estado Democrático de Direito. In: OLIVEIRA, Marcelo Andrade Cattoni de (Coord.). *Jurisdição e Hermenêutica Constitucional no Estado Democrático de Direito*. Belo Horizonte: Mandamentos, 2004.

DENTI, Vittorio. *Un Progetto per la Giustizia Civile*. Bologna : Il Mulino, [s. d.].

DESCARTES, René. *Discurso do Método; Regras para a Direção do Espírito*. São Paulo: Martin Claret, 2007.

DINAMARCO, Cândido Rangel. *A Instrumentalidade do Processo*. 12. ed. São Paulo: Malheiros, 2005.

DWORKIN, Ronald. *A Justiça de Toga*. São Paulo: editora WMF Martins Fontes, 2010

———. *A Virtude Soberana*: A Teoria e a Prática da Igualdade. São Paulo: Martins Fontes, 2005.

———. *Levando os Direitos a Sério*. São Paulo: Martins Fontes, 2002.

———. *O Direito da Liberdade*: A Leitura Moral da Constituição Norte-Americana. São Paulo: Martins Fontes, 2006.

———. *O Império do Direito*. 2. ed. São Paulo: Martins Fontes, 2003.

———. *Uma Questão de Princípio*. 2. ed. São Paulo: Martins Fontes, 2005.

ENGISCH, Karl. *Introdução ao Pensamento Jurídico*. 10. ed. Lisboa: Calouste Gulbenkian, 2008.

FAZZALARI, Elio. *Instituições de Direito Processual*. Campinas: Bookseller, 2006.

GADAMER, Hans-Georg. *Hermenêutica em Retrospectiva*: A Virada Hermenêutica. Petrópolis, RJ: Vozes, 2007, v. II.

──. *Hermenêutica em Retrospectiva*: Heidegger em Retrospectiva. 2. ed. Petrópolis, RJ: Vozes, 2007.

──. *Verdade e Método I*: Traços Fundamentais de Uma Hermenêutica Filosófica. 6. ed. Petrópolis: Vozes; Bragança Paulista: Editora Universitária São Francisco, 2004.

──. *Verdade e Método II*: Complementos e Índice. 2. ed. Petrópolis: Vozes; Bragança Paulista: Editora Universitária São Francisco, 2002.

GOMES, Luis Flávio. "Candidatos Fichas-Sujas": STF Afasta o Risco da Hipermoralização do Direito. In: *Carta Forense*, p. 11, dez. 2008.

HABERMAS, Jürgen. *Direito e Democracia:* Entre Facticidade e Validade. Rio de Janeiro: Tempo Brasileiro, 1997, v. I.

HART, Herbert. *O Conceito de Direito*. Lisboa: Calouste Gulbenkian, 1988.

HEIDEGGER, Martin. *A Caminho da Linguagem*. 3 ed. Petrópolis, RJ: Vozes; Bragança Paulista, SP: Editora Universitária São Francisco, 2003.

──. *Marcas do Caminho*. Petrópolis, RJ: Vozes, 2008.

──. *Ser e Tempo*. Petrópolis: Vozes; Bragança Paulista: Editora Universitária São Francisco, 2006.

HESSE, Konrad. *A Força Normativa da Constituição*. Porto Alegre: Sergio Antonio Fabris, 1991.

HOMMERDING, Adalberto Narciso. *Fundamentos para uma Compreensão Hermenêutica do Processo Civil*. Porto Alegre: Livraria do Advogado, 2007.

──. *Invalidades Processuais*: Análise das Questões Objetivas dos Concursos para Ingresso na Carreira da Magistratura. Santa Rosa: Coli, 2009.

JOVILET, Régis. *As Doutrinas Existencialistas*: de Kierkegaard a Sartre. Porto: Livraria Tavares Martins, 1957.

KANT, Immanuel. *Fundamentação da Metafísica dos Costumes e Outros Escritos*. São Paulo: Martin Claret, 2005.

KAUFMANN, Arthur. A Problemática da Filosofia do Direito ao Longo da História. In: KAUFMANN, Arthur; HASSEMER, Winfried (Orgs.). *Introdução à Filosofia do Direito e à Teoria do Direito Contemporâneas*. Lisboa: Fundação Calouste Gulbekian, 2002.

──. Filosofia do Direito, Teoria do Direito, Dogmática Jurídica. In: KAUFMANN, Arthur; HASSEMER, Winfried (Orgs.). *Introdução à Filosofia do Direito e à Teoria do Direito Contemporâneas*. Lisboa: Fundação Calouste Gulbekian, 2002.

KELSEN, Hans. *Teoria Pura do Direito*. 7. ed. São Paulo: Martins Fontes, 2006.

KUHN, Thomas S. *A Estrutura das Revoluções Científicas*. São Paulo: Perspectivas, 1998.

LAGES, Cíntia Garabini. Processo e Jurisdição no Marco do Modelo Constitucional do Processo e o Caráter Jurisdicional Democrático do Processo de Controle Concentrado de Constitucionalidade no Estado Democrático de Direito. In: OLIVEIRA, Marcelo Andrade Cattoni de (Coord.). *Jurisdição e Hermenêutica Constitucional no Estado Democrático de Direito*. Belo Horizonte: Mandamentos, 2004.

LEAL, André Cordeiro. *Instrumentalidade do Processo em Crise*. Belo Horizonte: Mandamentos, Faculdade de Ciências Humanas, FUMEC, 2008.

LEAL, Rosemiro Pereira. *Teoria Processual da Decisão Jurídica*. São Paulo: Landy, 2002.

MENGER, Antonio. *El Derecho Civil y Los Pobres*. Buenos Aires: Editorial Atalaya, 1947.

MIRANDA, Jorge. *Manual de Direito Constitucional*. 6. ed. Coimbra: Coimbra Editora, 1997, Tomo I.

MITIDIERO, Daniel Francisco. *Colaboração no Processo Civil*: Pressupostos Sociais, Lógicos e Éticos. 2ª ed. São Paulo: Revista dos Tribunais, 2011.

──. O Problema da Invalidade dos Atos Processuais no Direito Processual Civil Brasileiro Contemporâneo. In: *Revista Ajuris*. Porto Alegre, n. 96, dez. 2004.

──. Colaboração no Processo Civil como Prêt-à-porter: Um Convite ao Diálogo para Lenio Streck. In: *Revista de Processo*, 194, ano 36. Abril de 2011.

──; MARINONI, Luiz Guilherme. *O Projeto do CPC*: Críticas e Propostas. São Paulo: Revista dos Tribunais, 2010.

MOREIRA, José Carlos Barbosa. Reflexões sobre a Imparcialidade do Juiz. In: *Temas de Direito Processual*: Sétima Série. São Paulo: Saraiva, 2001.

──. Reformas Processuais e Poderes do Juiz. In: *Temas de Direito Processual*: Oitava Série. São Paulo: Saraiva, 2004.

MÜLLER, Friedrich. *Quem é o Povo? A Questão Fundamental da Democracia*. 3 ed. São Paulo: Max Limonad, 2003.

NETTO, Menelick de Carvalho. A Hermenêutica Constitucional sob o Paradigma do Estado Democrático de Direito. In: OLIVEIRA, Marcelo Andrade Cattoni de (Coord.). *Jurisdição e Hermenêutica Constitucional no Estado Democrático de Direito*. Belo Horizonte: Mandamentos, 2004.

NEVES, António Castanheira. *O Actual Problema Metodológico da Interpretação Jurídica – I*. Coimbra: Coimbra Editora, 2003.

NUNES, Dierle José Coelho. Apontamentos Iniciais de um Processualismo Constitucional Democrático. In: OLIVEIRA, Marcelo Andrade Cattoni de; MACHADO, Felipe (Coord.). *Constituição e Processo*: a Contribuição do Processo ao Constitucionalismo Democrático Brasileiro. Belo Horizonte: Del Rey, 2009.

———. *Processo Jurisdicional Democrático*: Uma Análise Crítica das Reformas Processuais. Curitiba: Juruá, 2008.

OHLWEILER, Leonel. O Contributo da Jurisdição Constitucional para a Formação do Regime Jurídico-Administrativo. In: *Revista do Instituto de Hermenêutica Jurídica*, Porto Alegre: Instituto de Hermenêutica Jurídica, n. 2, v. 1, p. 285, 301, 2008.

———. Estado, Administração Pública e Democracia: Condições de Possibilidade para Ultrapassar a Objetificação do Regime Administrativo. In: *Anuário do Programa de Pós-Graduação em Direito da UNISINOS*. São Leopoldo, 2003.

OLIVEIRA, Carlos Alberto Alvaro de. A Garantia do Contraditório. In: *Revista da Ajuris*. Porto Alegre, n. 74, 1998.

———. O Formalismo-Valorativo no Confronto com o Formalismo Excessivo. In: *Revista da Ajuris*. Porto Alegre, 2006.

———. O Processo Civil na Perspectiva dos Direitos Fundamentais. In: *Do Formalismo no Processo Civil*. 2. ed. São Paulo: Saraiva, 2003.

———; MITIDERO, Daniel Francisco. *Curso de Processo Civil*, v. 1: Teoria Geral do Processo Civil e Parte Geral do Direito Processual Civil. São Paulo: Atlas, 2010.

OLIVEIRA, Marcelo Andrade Cattoni de. Processo e Jurisdição Constitucional. In: OLIVEIRA, Marcelo Andrade Cattoni de (Coord.). *Jurisdição e Hermenêutica Constitucional no Estado Democrático de Direito*. Belo Horizonte: Mandamentos, 2004.

OLIVEIRA, Rafael Tomaz de. *Decisão Judicial e o Conceito de Princípio*: a hermenêutica e a (in)determinação do direito. Porto Alegre: Livraria do Advogado, 2008

OMMATI, José Emílio Medauar. A Teoria Jurídica de Ronald Dworkin: o Direito Como Integridade. In: OLIVEIRA, Marcelo Andrade Cattoni de (Coord.). *Jurisdição e Hermenêutica Constitucional no Estado Democrático de Direito*. Belo Horizonte: Mandamentos, 2004.

PICÓ I JUNOY, Joan. *Las Garantías Constitucionales del Proceso*. Barcelona: Bosch, 1997.

RAMIRES, Maurício. *Crítica à Aplicação de Precedentes no Direito Brasileiro*. Porto Alegre: Livraria do Advogado, 2010.

RIBEIRO, Darci Guimarães. *Da Tutela Jurisdicional às Formas de Tutela*. Porto Alegre: Livraria do Advogado, 2010.

ROCHA, Leonel Severo. *Epistemologia Jurídica e Democracia*. 2. ed. São Leopoldo: Unisinos, 2003.

———; SCHARTZ, Germano; CLAM, Jean. *Introdução à Teoria do Sistema Autopoiético do Direito*. Porto Alegre: Livraria do Advogado, 2005.

SCHROTH, Ulrich. Hermenêutica Filosófica e Jurídica. In: KAUFMANN, Arthur; HASSEMER, Winfried (Orgs.). *Introdução à Filosofia do Direito e à Teoria do Direito Contemporâneas*. Lisboa: Fundação Calouste Gulbekian, 2002.

SICHES, Luis Recaséns. *Nueva Filosofia de la Interpretación del Derecho*. 2. ed. México: Editorial Porrúa, 1973.

SILVA FILHO, José Carlos Moreira da. *Hermenêutica Filosófica e Direito*: O Exemplo Privilegiado da Boa-Fé Objetiva no Direito Contratual. Rio de Janeiro: Lúmen Júris, 2003.

STEIN, Ernildo. Breves Considerações Históricas sobre as Origens da Filosofia no Direito. In: *Revista do Instituto de Hermenêutica Jurídica*, n. 5, v. 1, 2005.

———. *Compreensão e Finitude*: Estrutura e Movimento da Interrogação Heideggeriana. Ijuí: Unijuí, 2001.

——. *Novos Caminhos para uma Filosofia da Constitucionalidade*: Notas Sobre a Obra Jurisdição Constitucional e Hermenêutica – Uma Nova Crítica do Direito, de Lenio Luiz Streck. Porto Alegre, 2003. Disponível em <www.ihj.org.br>. Acesso em: fev. 2009.

——. *Seis Estudos Sobre "Ser e Tempo"*. 3. ed. Petrópolis: Vozes, 2005.

STEINER, George. *Heidegger*. Lisboa: Dom Quixote, 1990.

STRECK, Lenio Luiz. A Constituição (ainda) Dirigente e o Direito Fundamental à Obtenção de Respostas Corretas. In: *Revista do Instituto de Hermenêutica Jurídica*. Porto Alegre: Instituto de Hermenêutica Jurídica, n. 6, v. 1, 2008.

——. Apresentação do livro. In: ROSA, Alexandre Morais da; LINHARES, José Manuel Aroso. *Diálogos com a Law & Economics*. Rio de Janeiro: Lumen Juris, 2009.

——. Constituição e Hermenêutica em Países Periféricos. In: *Constituição e Estado Social:* os Obstáculos à Concretização da Constituição. Coimbra: Coimbra Editora, 2008.

——. Da Interpretação de Textos à Concretização de Direitos: A Incindibilidade entre Interpretar e Aplicar a Partir da Diferença Ontológica (Ontologische Differetz) entre Texto e Norma. In: COPETTI, André; STRECK, Lenio Luiz; ROCHA, Leonel Severo. *Constituição, Sistemas Sociais e Hermenêutica*. Porto Alegre: Livraria do Advogado, 2005.

——. Hermenêutica (Jurídica): Compreendemos Porque Interpretamos ou Interpretamos Porque Compreendemos? Uma Resposta a Partir do *Ontological Turn*. In: *Anuário do Programa de Pós-Graduação em Direito da UNISINOS*. São Leopoldo, 2003.

——. *Hermenêutica Jurídica e(m) Crise*: Uma Exploração Hermenêutica da Construção do Direito. 5. ed. rev. Porto Alegre: Livraria do Advogado, 2004.

——. ——. 10. ed. rev. Porto Alegre: Livraria do Advogado, 2011.

——. Hermenêutica, Constituição e Processo, ou de "Como Discricionariedade não Combina com Democracia": O Contraponto da Resposta Correta. In: OLIVEIRA, Marcelo Andrade Cattoni de; MACHADO, Felipe (Coord.). *Constituição e Processo*: A Contribuição do Processo ao Constitucionalismo Democrático Brasileiro. Belo Horizonte: Del Rey, 2009.

——. *Jurisdição Constitucional e Hermenêutica:* Uma Nova Crítica do Direito. Porto Alegre: Livraria do Advogado, 2002.

——. Novo Código de Processo Penal: O Problema do Sincretismo de Sistemas (Inquisitorial e Acusatório). In: *Revista de Informação Legislativa*, v. 183, p. 117-40, 2009.

——. O Papel da Constituição Dirigente na Batalha contra Decisionismos e Arbitrariedades Interpretativas. In: COUTINHO, Jacinto Nelson de Miranda; BOLZAN DE MORAIS, José Luis; STRECK, Lenio Luiz (Orgs.). *Estudos Constitucionais*. Rio de Janeiro: Renovar, 2007.

——. *O Princípio da Proibição de Proteção Deficiente (Untermassverbot) e o Cabimento de Mandado de Segurança em Matéria Criminal*: Superando o Ideário Liberal-Individualista Clássico. Disponível em: <www.leniostreck.com.br>. Acesso em: fev. 2009.

——. *O Que É Isto*: Decido Conforme Minha Consciência? Porto Alegre: Livraria do Advogado Editora, 2010.

——. *Verdade e Consenso*: Constituição, Hermenêutica e Teorias Discursivas. Rio de Janeiro: Lumen Juris, 2006.

——. ——, 4ª ed. São Paulo: Saraiva, 2011.

TASSINARI, Clarissa. Revisitando o Problema do Ativismo Judicial: Contributos da Experiência Norte-Americana. In: *Revista Eletrônica do Curso de Direito da OPET*, v. 4, p. 60-78, 2010.

THEODORO JÚNIOR, Humberto. Constituição e Processo: Desafios Constitucionais da Reforma do Processo Civil no Brasil. In: OLIVEIRA, Marcelo Andrade Cattoni de; MACHADO, Felipe (Coord.). *Constituição e Processo*: A Contribuição do Processo ao Constitucionalismo Democrático Brasileiro. Belo Horizonte: Del Rey, 2009.

VIEIRA, José Ribas; TAVARES, Rodrigo de Souza; VALLE, Vanice Regina Lírio do. *Ativismo Jurisdicional e o Supremo Tribunal Federal*. Disponível em <www.conpedi.org>. Acesso em: maio 2009.

ZAFFARONI, Eugenio Raúl. *Poder Judiciário*: Crise, Acertos e Desacertos. São Paulo: Revista dos Tribunais, 1995.